EL APRENDIZAJE DE LA FELICIDAD

Christine Carter

El aprendizaje
de la felicidad

10 pasos
para fomentar la felicidad
en los niños... y en sus padres

U R A N O
Argentina – Chile – Colombia – España
Estados Unidos – México – Perú – Uruguay – Venezuela

Título original: *Raising Happiness – 10 Simple Steps for More Joyful Kids and Happier Parents*
Editor original: Ballantine Books, an imprint of The Random House Publishing Group, A Division of Random House, Inc., New York
Traducción: Victoria Simó Perales

1.ª edición Enero 2012

ISBN: 978-84-7953-804-0
E-ISBN: 978-84-9944-187-0
Depósito legal: NA - 3.466 - 2011

Fotocomposición: Ediciones Urano, S. A.
Impreso por: Rodesa, S. A. – Polígono Industrial San Miguel
Parcelas E7-E8 – 31132 Villatuerta (Navarra)

Impreso en España – *Printed in Spain*

Para mis padres,
Tim y Sylvia Carter,
las personas que primero me enseñaron
lo importantes que son los padres y abuelos
para aprender cómo ser felices.

Y para mis hijas,
Fiona y Molly,
mis musas y los grandes amores de mi vida.

Índice

INTRODUCCIÓN

El arte y la ciencia
de criar niños felices

Jamás ni tú ni yo llevaremos a cabo un trabajo tan importante como el que realizamos entre las paredes de nuestro hogar.

HAROLD B. LEE

Hace poco tiempo, asistí como observadora a un seminario de educación parental que versaba sobre la depresión, el suicidio y los trastornos de ansiedad entre los niños, problemas que, a día de hoy, alcanzan la proporción de epidemias. El conferenciante formuló una pregunta retórica al público que abarrotaba la sala: «¿Qué pediríamos para nuestros hijos, por encima de todo?». Al unísono, la audiencia respondió con un apabullante: «Felicidad».

Naturalmente.

Como padres, deseamos que nuestros retoños crezcan para convertirse en adultos felices; pero, por desgracia, a veces tenemos la sensación de que la personalidad de un niño está grabada en sus genes. «Timmy es un sol; derrocha optimismo. Ben, en cambio, es el típico tristón, y fíjate, se han criado en la misma familia. ¡Está claro que yo no he influido en ello!», exclamó una amiga mía recientemente. La buena noticia es que en realidad sí ejercemos una gran influencia en la personalidad infantil: la educación afecta muchísimo a la postura emocional de nuestros hijos ante la vida. Su personalidad no viene predeterminada de nacimiento, como tampoco su capacidad para ser felices. Casi la mitad (quizá más) de los factores que influyen en la dicha infantil guardan relación con el medio en el que se cría un niño. Eso no significa que el código genético carezca de importancia; la tiene. No obstante, «a un gen le resulta biológicamente imposible actuar con independencia del contexto —explica Daniel Goleman, experto en inteligencia social y emocional—. Los genes están *diseñados* para dejarse regular por las señales de su entorno inmediato». Esas señales incluyen, como es lógico, las que nosotros, como padres, transmitimos.

De manera que podemos hacer mucho por garantizar la felicidad de nuestros hijos y, de paso, la nuestra. De hecho, la tarea tiene una oferta especial de «dos por uno»: enseña a tus hijos las estrategias que necesitan para ser felices, y también tú incrementarás tu dicha.

¿Qué significa tener una infancia feliz? La felicidad, tal y como yo la entiendo, es mucho más que un estado de ánimo alegre o un talante optimista. En realidad, una vida feliz está llena de todo tipo de emociones constructivas. Por ejemplo, las emociones positivas con relación al pasado, tales como gratitud, perdón y agradecimiento, constituyen factores importantes de una existencia dichosa, al igual que las emociones positivas con relación al futuro, como optimismo, fe y confianza. Las investigaciones sociológicas han demostrado una y otra vez que las personas encuentran la felicidad en sus relaciones con otros seres humanos. Los buenos sentimientos como el amor, la bondad y la empatía nos ayudan a crear esos vínculos. Y las emociones positivas enraizadas en el presente, como la alegría y la satisfacción, constituyen factores indispensables de una infancia dichosa.

En gran medida, los niños adquieren distintas pautas de pensamiento, sentimientos y conducta en función de lo que nosotros les enseñamos sobre el mundo y las relaciones, y también de nuestras expectativas. Esos hábitos influyen profundamente en su grado de felicidad. Y ése es, precisamente, el tema del libro: cómo fomentar el tipo de destrezas, hábitos y posturas mentales que sienten las bases de un amplio espectro de emociones positivas durante la infancia y más allá.

Las bases científicas

Todo el contenido de esta obra se apoya en investigaciones científicas relativas a la felicidad. Gran parte de dichos trabajos proceden de un nuevo campo de estudios conocido como «psicología positiva». Los científicos sociales tendían a centrarse exclusivamente en las carencias personales y sociales: qué entristece tanto a los depresivos, en qué consiste el autismo, por qué algunas culturas son racistas y otras albergan violentos conflictos de clases. En términos generales, las ciencias sociales tradicionales buscan comprender la disfunción y paliar el sufrimiento. Sin embargo, a lo largo de los últimos años, científicos sociales procedentes de ámbitos diversos han optado por prestar atención a los aspectos opuestos: ¿qué hace felices a las personas dichosas? ¿Por qué las familias funcionales lo son? En lugar de trabajar para transformar algo negativo en neutral —conseguir que un depresivo funcione con normalidad, quizás—, esta ciencia pretende incrementar la felicidad de los niños y sus padres, sea cual sea el punto de partida.

Como socióloga y consejera delegada del Centro de Investigación para el Incremento del Bienestar de la Universidad de California en Berkeley, me dedico a poner al alcance del gran público la psicología, la sociología y la neurología que estudian cómo criar niños felices. Aclarado este punto, este libro trata también sobre mí y mi familia. Tengo dos hijas: Molly, de seis años, y Fiona, de ocho. Ya no estoy casada con su padre, Mike, pero ambos nos esforzamos mucho en formar un buen equipo de crianza. Mis padres (las niñas los llaman Nonie y Dadu) forman parte de nuestra vida cotidiana. Así pues, este libro representa la intersección entre mi cerebro y mi corazón: plasma tanto mis conocimientos intelectuales en el ámbito de las ciencias sociales como mis experiencias reales, a veces duras, como madre que se esfuerza a diario por llevar la teoría a la práctica.

Nunca es demasiado pronto —ni demasiado tarde— para leer este libro

La felicidad requiere creatividad constante.

BABA AMTE

Esta obra no se refiere a criaturas de una edad determinada, porque tanto niños como adultos de todas las edades se beneficiarán de estrategias cuya capacidad para incrementar la felicidad humana ha sido científicamente demostrada. *El aprendizaje de la felicidad* trata de cómo crear el contexto adecuado para que los más jóvenes prosperen. Y no es necesario tener hijos para sacar partido a esta obra. Pensad en la cantidad de personas que se relacionan con niños a diario: maestros, abuelos, trabajadores sociales, tías y tíos, bibliotecarios, canguros...; la lista es interminable. Algunos de ellos pasan mucho tiempo a diario con nuestros retoños. Esas personas también influyen en la capacidad de los niños para ser felices. Éste es un libro que todos deberíamos leer durante el embarazo y seguir consultando durante la adolescencia de nuestros hijos.

¿Y por qué? Según una serie de estudios llevados a cabo por la Fundación para la Salud Infantil Lucile Packard, sólo la mitad de los padres considera excelente la salud emocional y conductual de sus hijos en términos generales, y un 67 por ciento teme que sus hijos adolescentes padezcan un grado de estrés excesivo. Sin embargo, según los mismos estudios, los adultos conceden más importancia al bienestar infantil que a cualquier otro aspecto, incluidos el cuidado de la salud, el bienestar de los ancianos, el coste de la vida, el terrorismo y la guerra de Irak. Más de dos terceras partes de los adultos afirman estar «extremadamente preocupados» por el bienestar de sus hijos, y esta inquietud trasciende cualquier límite de sexo, estatus social, grupo étnico, edad o ideología política.

Tenemos motivos para estar preocupados: casi una tercera parte de los alumnos de secundaria afirman haberse sentido tristes o desesperanzados casi a diario durante un período de dos semanas o más. La tristeza y la desesperanza persistentes se consideran indicios de depresión clínica, y la depresión juvenil se relaciona con trastornos de ansiedad, tendencias suicidas, obesidad y problemas de relación. Los jóvenes deprimidos tienen muchas más probabilidades de recurrir a las drogas o al alcohol, abandonar los estudios y tender a la promiscuidad sexual.

La buena noticia es que podemos desarrollar en nuestros hijos la habilidad de ser felices. La nueva ciencia de las emociones positivas demuestra la realidad de este principio, por absurdo que parezca. Lo que hacemos y decimos a nuestros hijos determina su éxito y su felicidad en un grado mucho mayor que cualquier talento natural o tendencia innata. Por ejemplo:

Durante el embarazo
La ansiedad y el estrés maternos durante el embarazo pueden predisponer al niño al nerviosismo y el temor. El estrés podría llegar a dañar el sistema nervioso de la criatura mermando su capacidad de tranquilizarse y prestar atención. Afortunadamente, este tipo de programación no suele ser permanente en el cerebro del recién nacido, de modo que es posible corregir el daño si sabemos cómo hacerlo.

Durante la lactancia y la primera infancia
Los padres y otros educadores pueden educar emocionalmente a los niños prácticamente desde el nacimiento y seguir haciéndolo a lo largo de toda la infancia. La educación emocional, quizá la habilidad que más contribuye a la felicidad y la prosperidad en la edad adulta, es la capacidad de comprender y regular las propias emociones. Los pequeños que saben regular sus emociones son más capaces de tranquilizarse cuando se sienten mal, de tal modo que experimentan emociones negativas durante períodos de tiempo más breves. Además, los niños educados emocionalmente comprenden y se relacionan mejor con los demás, crean amistades más fuertes y se desenvuelven mejor en el colegio.

Durante la adolescencia

Las prácticas relativas a la crianza siguen siendo muy importantes. Pese a la creencia popular de que los adolescentes son seres atormentados y difíciles, lo cierto es que el 70 por ciento de los jóvenes de esta edad se consideran felices; no obstante, el entorno doméstico y escolar de los integrantes de este amplio porcentaje es muy distinto al de los adolescentes infelices. Una investigación reciente demuestra que unas buenas prácticas de crianza mitigan la fragilidad genética: los adolescentes en posesión de un gen que los hace particularmente vulnerables al consumo de drogas son mucho menos propensos a consumirlas si sus padres se involucran y son comprensivos.

Es posible enseñar a hablar a un loro viejo. Aunque tus hijos sean mayores, aún pueden aprender a ser felices. Si, por ejemplo, fomentas la gratitud en tu hogar, incrementarás la felicidad de tus hijos hasta en un 25 por ciento. Está en tu mano sembrar las semillas de la dicha adulta en tu familia, y te queda mucho tiempo por delante. El cerebro se desarrolla con rapidez en la primera infancia, pero no deja de hacerlo cuando crecen. Como padres, tenemos dos largas décadas para inculcar en nuestros hijos hábitos que les serán útiles a lo largo de toda su vida. Y como comprobarás en el primer capítulo, el cerebro conserva su plasticidad incluso en la madurez. Eso significa que *tú* también puedes aprender a ser más feliz. Nunca es demasiado pronto ni demasiado tarde para empezar a asimilar y a transmitir los buenos hábitos que contribuyen a la felicidad.

¿De verdad la felicidad es tan importante?

Infinidad de padres me preguntan con timidez —pero con regularidad— qué relación hay entre la dicha y la prosperidad. Cuando lo hacen, el quid de la cuestión parece ser el siguiente: si me centro en la felicidad de mis hijos, ¿seguirán siendo los primeros de la clase? ¿Los aceptarán en una buena universidad? Te sorprendería saber con cuánta frecuencia la gente me pregunta si mis hijos son «dichosos hasta un extremo cargante». En una cultura tan centrada en el éxito, la felicidad puede parecer vana. Molesta. Desde luego, no la consideramos algo tan serio como para merecer el esfuerzo y la destreza que requiere alcanzarla.

Incluso si das prioridad al éxito de tus hijos por encima de su alegría, deberías leer este libro: la felicidad constituye una tremenda ventaja en un mundo centrado en los resultados. Por lo general, las personas felices llegan más alto que las infelices tanto en el ámbito laboral como en el amoroso. Reciben más elogios, tienen oficios más prestigiosos y ganan sueldos más altos. Tienen más probabilidades de contraer matrimonio y, una vez casados, se sienten más satisfechos de su vida conyugal.

Las personas dichosas disfrutan de mejor salud y viven más tiempo. Cada capítulo de este libro describe los beneficios que las emociones positivas reportan a la salud, el rendimiento y el bienestar. En sus revolucionarias investigaciones al respecto, la psicóloga Barbara Fredrickson ha descubierto que las emociones positivas:

- Expanden nuestro pensamiento en el sentido de que nos hacen más flexibles, más capaces de adoptar una visión global y más creativos.

- Se acumulan y aumentan con el tiempo, de tal modo que nos transforman a mejor ayudándonos a adquirir los recursos —fuerza, sabiduría, amistad y resiliencia [capacidad de recuperación]— que necesitamos para prosperar.

- Determinan, por encima de cualquier otro factor, la capacidad de superación en los momentos difíciles; las emociones positivas ayudan al cuerpo y a la mente a gestionar el estrés, los retos y los sentimientos negativos.

¿Y qué pasa con las emociones negativas? ¿Acaso no son importantes? ¿Es posible, o deseable siquiera, ser feliz todo el tiempo? Por lo visto, entre las personas muy dichosas, aquellas que no gozan de felicidad completa disfrutan de mayores ingresos, mejores resultados académicos, mayor satisfacción laboral y capacidad de implicación política que los más felices. De ello se deduce que quienes albergan cierto sentimiento de descontento —ya sea insatisfacción con el estado de cosas o deseos de mejora— están más motivados para actuar y, por ende, para triunfar. En el trabajo y en la vida civil, el deseo de mejorar nos estimula: a elegir un nuevo líder, a buscar un trabajo mejor, a negociar un aumento.

Sin embargo, parece ser que el grupo de los más felices cuenta con más amistades y es más afortunado en el amor. Desdeñar a la pareja o a las amistades no ayuda demasiado a reforzar los vínculos. De hecho, juzgar al cónyuge de forma superpositiva —quizá incluso atribuyéndole cualidades de las que carece— contribuye al éxito de la unión. El matrimonio de mi amiga Casey corrobora esta conclusión. En su despedida de soltera, nos dijo convencida: «¿Os imagináis cuántas chicas se van a tirar de los pelos el día que Mark se case?» Nos dio un ataque de risa entonces, y todavía ahora le tomamos el pelo al recordarlo, pero ella lo dijo de corazón. Le pregunté si seguía sintiendo lo mismo quince años y dos hijos después. Su respuesta exacta fue: «¡Pero bueno, míralo! ¡Cualquiera se puede dar cuenta de que es el no va más! Y ha cumplido todas mis expectativas».

Moraleja: tanto las emociones positivas como las negativas poseen sus propias virtudes y todas son importantes. Para triunfar, deberíamos albergar cierta insatisfacción en los ámbitos laboral y político. Para ser verdaderamente felices, tendríamos que esforzarnos por reparar —quizás incluso exagerar— en lo bueno de nuestras relaciones. La satisfacción y la aceptación de las personas que nos rodean son esenciales, en último término, para ser dichosos, de modo que deberíamos enseñar a los niños a cuidar —tal vez hasta idealizar— sus relaciones más importantes. Este libro te ayudará a enseñar a tus hijos a cultivar emociones positivas, pero también a comprender las negativas para que actúen en su favor y no en su contra.

Todo lo dicho pretende aclarar que la felicidad no es un concepto frívolo o superfluo, sino el estado del ser que más debemos fomentar en nosotros mismos y en nuestros hijos, tanto por su valor intrínseco como por su capacidad de fomentar otros aspectos que nos importan, como el éxito social y profesional.

Abajo la culpa, arriba la dicha

Lo más importante de cuanto aprendió con el transcurso de los años fue que jamás llegaría a ser una madre perfecta, pero que sí podía encontrar mil modos de ser una buena madre.

JILL CHURCHILL

Pese a lo mucho que ansiaríamos dársela a nuestros hijos, no existe la infancia ideal, y espero que no uses este libro para tratar de crearla. De hecho, como comentaremos en el tercer capítulo, buscar la perfección —la propia, como padres, o la de nuestros hijos— rara vez conduce a la felicidad absoluta. Ni tú ni yo seremos jamás un padre o una madre perfectos. No obstante, como siempre sucede ante cualquier empresa merecedora de un esfuerzo genuino, todos podemos esforzarnos por ser unos padres estupendos.

Los progenitores ya tienen suficientes preocupaciones como para que venga otro experto a engrosar la lista de cosas que tal vez estén haciendo mal. Me traen sin cuidado los errores que cometas en la educación de tus hijos: todos nos equivocamos constantemente, sobre todo yo. (A lo largo de *El aprendizaje de la felicidad*, habrá tiempo de sobra para hablarte de mis muchos errores, pruebas y lamentaciones.) El truco, cómo no, es aprender de nuestros fallos.

En ocasiones, el remordimiento que nos provoca la idea de no ser buenos padres no es sino un aviso de que nos estamos equivocando. Sin embargo, como tantas otras personas que buscan la excelencia en su rol parental, a veces siento angustia o me invade el sentimiento de culpa por errores del pasado o por cosas sobre las que carezco de control. En esos casos, los remordimientos no son tanto una sirena de alarma como una elección: conscientemente o no, elijo medirme por un listón poco realista, o escojo cavilar sobre un error en lugar de perdonarme a mí misma. Me siento culpable cuando podría optar por agradecer la oportunidad de haber aprendido algo difícil, o el giro positivo que han tomado los acontecimientos. Y el sentimiento de culpa consume mi energía en el presente, una energía que me serviría para criar a mis hijas de forma más eficiente si no me dejara distraer por el pasado.

La alternativa a dejarnos invadir por la angustia o el remordimiento es centrarnos en lo que podemos hacer bien. Podemos transmitir a los niños hábitos que contribuyen a la felicidad, como poner en práctica la gratitud de forma consciente. Inculcarles optimismo y enseñarles a perdonar. Hacer de las comidas familiares un acontecimiento importante. Ayudar a nuestros retoños a forjar amistades y mostrarles cómo superar el dolor cuando están tristes o enfadados. Y, lo que es más importante, podemos potenciar el sentimiento de felicidad en nosotros mismos.

Ahora bien, ¿tenemos que hacer todas esas cosas —emprender los diez pasos descritos en este libro— de una vez? ¿O siempre?

Desde luego que no. Cualquiera de los pasos que propongo a lo largo de estas páginas, *por sí solo*, incrementará la dicha de nuestros hijos de forma importante. Así pues, no busques en este libro una excusa más para sentirte culpable por cometer errores de vez en cuando. Líbrate del remordimiento que te inspira no ser perfecto/a. Empieza a considerar tus fallos educativos como caminos genuinos de crecimiento. Disfruta el esfuerzo que haces por criar niños felices y por convertirte tú mismo/a en una persona más dichosa. Todas esas cosas valen la pena por y en sí mismas. En vez de alimentar el remordimiento, opta por la dicha.

La educación de los hijos ofrece una maravillosa oportunidad de encontrar la felicidad en el caos de la vida. Cuando uno se implica en el proceso educativo, es frecuente que tropiece y se caiga. Pero más a menudo, con algo de suerte, nos sorprenderá la belleza y el misterio de todo el proceso. Ayer por la noche, durante la cena, mi amiga Lisa describió el momento más feliz que había experimentado durante la semana: viendo a su hija de preescolar saltar a la cuerda en un escenario durante una asamblea escolar. Con el ceño fruncido y una concentración inquebrantable, Helen saltó adelante y atrás, con los dos pies y a la pata coja, al ritmo de «I'm Walking on Sunshine». Lisa creyó estallar de orgullo, no por la actuación estelar de Helen, sino porque su hija ponía en ello todo su ser. La felicidad para la pequeña fue aprender a saltar a la cuerda *y* tener el valor de hacerlo delante de sus 350 compañeros de escuela.

El aprendizaje de la felicidad nos enseña a ser como Lisa: a no vivir a medias el proceso de la crianza, sino a implicarnos en él con todo nuestro ser. A sorprendernos, conmovernos, deleitarnos constantemente. Ser padres no consiste en mojarse la punta de los pies; requiere tirarse a la piscina, de cabeza. Diane Ackerman comentó una vez: «No quiero llegar al final de mi vida y descubrir que la he vivido sólo a lo largo. Quiero vivirla también a lo ancho». Este libro trata de cómo experimentar la anchura de la vida y enseñar a nuestros hijos a hacer lo mismo. Habla de cómo criar niños felices y, en el proceso, incrementar nuestra dicha también.

En último término, *El aprendizaje de la felicidad* consiste en hacer del mundo un lugar mejor. Cuando evolucionamos como padres, nuestro mundo mejora notablemente. En esta cultura, tan rica en bienes materiales pero tan pobre en espiritualidad, a menudo olvidamos que nuestra tarea como padres no es sólo importante: es esencial. Es básica... para el bienestar de nuestros hijos y para el bien del mundo.

UNO

Primer paso:
Ponte primero tu propia máscara de oxígeno

Nada ejerce mayor influencia psicológica (...) en los niños que la vida que sus padres no han podido vivir.

CARL JUNG

Confesiones de una madre egoísta

A mis amigos y vecinos, mi vida les parece una locura. «Haces demasiadas cosas», me dicen constantemente. Tengo un *blog*, y por supuesto he escrito este libro. Dirijo el Centro de Investigación para el Incremento del Bienestar de la Universidad de Berkeley en California. Cada mes, pronuncio varias conferencias sobre cómo criar niños felices, y doy clases de crianza infantil, lo que me encanta. Formo parte de varias comisiones, tanto de la escuela como de la parroquia. Procuro recoger a mis hijas del colegio varias veces a la semana. Tengo la suerte de contar con un horario laboral flexible, de modo que a menudo me pongo a trabajar a las... a ver... cuatro y media de la mañana.

Creo que el secreto para conservar la cordura (y la salud) como madre trabajadora e involucrada consiste en hacer más y no menos; o sea, más por ti misma. Procuro ir al gimnasio varias veces por semana, aunque mis clases favoritas en ocasiones se imparten dentro del horario familiar que considero preferencial. Paso mucho tiempo con mis amigos, con y sin las niñas, cenando fuera, riendo a carcajadas y compartiendo intimidades. Pinto y leo por placer. Asisto a retiros de meditación. Tal vez haga muchas cosas, pero suelo ser rabiosamente feliz, lo mires como lo mires.

Mi bienestar sólo se tambalea cuando tiendo a poner hasta la última necesidad de mis hijas por delante de las mías. El agotamiento me provoca dolor de garganta. Cuando estaba acabando de escribir este libro, no dormía demasiado (como me levanto a las cuatro y media de la mañana para trabajar, tengo que acostarme a la misma hora que las niñas), y durante las últimas semanas apenas había ido al gimnasio. Trabajaba mucho, de manera que trataba de aprovechar al máximo el rato que pasaba con las chicas. Pero sabía que, para volver a sentirme en forma, necesitaba tiempo libre (sin mis hijas) para hacer algo que llenase mi alma. ¿Y si no? En ese caso, además de dolerme la garganta, empezaría a pagarlo con las niñas. Y en lugar de sacar el máximo partido a las pocas horas que pasaba con Molly y Fiona, la calidad de nuestros encuentros dependería del tiempo que tardase en enfadarme con ellas por culpa de lo agotada e irritada que estaba. Tenía que canjear algunas de las horas que dedicaba a la familia por «tiempo para mí» para hacer ejercicio o salir con los amigos.

Esta decisión puede parecer egoísta, sobre todo por parte de una madre que está comprometida de corazón en la crianza de su descendencia. ¿*Soy* egoísta? ¿Tendría que trabajar menos y pasar más tiempo con las niñas, o trabajar *más* para proporcionarles mayor estabilidad económica? ¿Debería estar haciendo más y mayores sacrificios personales por mis pequeñas? ¿Saldrían ellas beneficiadas si pasaran más tiempo conmigo? ¿Serían más felices o contarían con más recursos de mayores si los domingos por la tarde las acompañara a montar en bici en lugar de ponerme a pintar? ¿O no será una actitud narcisista pensar siquiera que el bienestar de las pequeñas mejora con cada minuto adicional que les dedico?

Conozco la respuesta a estas preguntas: mi felicidad personal, que se alimenta del tiempo que me dedico a mí misma, beneficia a las niñas. He leído estudios científicos que lo corroboran.

Así que abajo los remordimientos y arriba la dicha. En este capítulo descubrirás por qué es tan importante que empieces por ponerte una máscara de oxígeno; por qué deberías ocuparte de tu propia felicidad antes de enseñar a tus hijos las estrategias que necesitan para ser dichosos. De paso realizarás un recorrido turístico por el resto del libro y te daré muchos consejos que contribuirán a tu propia alegría.

Este capítulo aborda también otra cuestión de la que debes ocuparte *antes* de ponerte a pensar en tus hijos: tu matrimonio, si estás casado/a, o tu relación con el padre o la madre de tus retoños, si lo hay. La calidad del matrimonio es un componente esencial de la felicidad de los padres, y puede afectar enormemente a la dicha infantil. Tanto es así que más de la mitad de este capítulo está dedicada a la importancia de llevarse bien con el otro progenitor.

«¿Dices que arregle mi matrimonio? Pero tú estás separada, ¿no?» Es cierto: todos los consejos científicamente demostrados que daré a continuación y que versan sobre cómo reforzar el vínculo matrimonial fracasaron en mi caso, pero te aseguro que lo intenté. Creí que a fuerza de pura voluntad sería capaz de arreglar mi matrimonio. Pero no fue así, y ahora sé que ningún esfuerzo hubiera podido salvarlo.

En consecuencia, es muy posible que muchos de vosotros estéis pensando que no deberíais seguir mis consejos matrimoniales porque a mí no me ayudaron. Afortunadamente, todas las recomendaciones de este libro están basadas en investigaciones científicas, no en mis opiniones. Lo cual es fantástico, porque la verdad es que yo he fracasado a menudo, y no sólo en mi matrimonio. Si me paro a pensarlo, me he equivocado al menos una vez en relación con todo lo que expongo a lo largo de estas páginas. Por ejemplo, durante largos períodos de mi vida no supe poner en práctica la gratitud (capítulo 4) y descuidé a mis amigos (capítulo 2). Pasé toda la infancia adoptando una actitud perfeccionista e inflexible (capítulo 3). En ocasiones, he sido demasiado permisiva con mis hijas; otras veces, excesivamente autoritaria (capítulo 7). En dos ocasiones, hice elecciones fatales en relación con los cuidados infantiles (capítulo 9). Como madre, he cometido *muchísimos* errores.

Por eso en la actualidad me declaro fanática de las ciencias sociales. A fuerza de estudiar infinidad de investigaciones en busca de maneras de corregir mis errores, he aprendido y he crecido como persona y como madre. En ocasiones, los estudios señalaban un camino totalmente opuesto al que yo había emprendido; otras respaldaban algo que ya intuía, pero que no había podido corroborar. ¿Sabes cuál es una de las cosas más importantes que he aprendido? Empieza por ocuparte de ti mismo/a y de tu matrimonio. Antes de preocuparte por la felicidad de tus hijos, instálate —y haz lo mismo con tu matrimonio, si estás casado/a— en un lugar más feliz.

¿Por qué dar prioridad a la propia felicidad?

En tanto que padres, nuestra felicidad influye en la dicha de los niños en infinidad de sentidos. Abundantes investigaciones demuestran que existe una relación significativa entre la depresión materna y «conductas negativas» de los niños, como el mal comportamiento y otros problemas conductuales. Parece ser que la depresión parental induce a las criaturas a adoptar actitudes difíciles; además, nos resta efectividad como padres. A los pequeños les inquieta ver a sus padres preocupados e infelices, y su mala conducta lo expresa. Los progenitores deprimidos también experimentan más dificultades para educar de manera eficaz, por lo que les cuesta más corregir el mal comportamiento de forma constructiva. Las madres depresivas tienden a mostrarse menos receptivas y menos dinámicas a la hora de atender las necesidades de sus hijos, y suelen participar con menor frecuencia en juegos emocionalmente positivos con los niños. Los hijos de las depresivas crónicas —mujeres cuyos sentimientos de tristeza y desesperación persisten en el tiempo— poseen menos capacidad lectora, se expresan con un lenguaje más pobre y se relacionan peor. Y no sólo la depresión tiene consecuencias. La ansiedad materna (un problema al que soy propensa) provoca ansiedad a los niños.

De modo que si dejo de ponerme la máscara de oxígeno (no durmiendo bastante o no haciendo suficiente ejercicio, por ejemplo) y me deprimo o tiendo a estar ansiosa, mis hijas lo acusarán. Afortunadamente, las pruebas demuestran que la ecuación también funciona a la inversa: cuando hago lo necesario para garantizar mi propia felicidad, mis pequeñas también se benefician.

Sucede así, en primer lugar, porque los niños imitan a sus padres, sobre todo los más pequeños. Los jóvenes reproducen las emociones de sus progenitores desde un estadio tan temprano como los seis días de edad: la imitación constituye su principal recurso para crecer y aprender. De modo que, si damos ejemplo de felicidad —y dominamos las habilidades que conllevan—, es muy probable que los más jóvenes nos imiten. Poniendo en práctica usos tan importantes para la felicidad como la amabilidad y la generosidad, por ejemplo, aumento las probabilidades de que mis hijas sean amables y generosas.

Y dado que, según las investigaciones, las emociones de las personas tienden a converger —cuanto más tiempo pasamos juntos, más nos parecemos emocionalmente—, parece obvio concluir que cuanto más feliz sea yo, más dichosas serán mis hijas. Mi amiga y colega Dacher Keltner (dirigimos juntas el Centro de Investigación para el Incremento del Bienestar), junto con el personal de su equipo, llevó a cabo una serie de interesantes estudios que demuestran que las personas unidas por lazos muy estrechos tienden a parecerse con el paso del tiempo. Los investigadores probaron que las emociones y las reacciones emocionales de los amigos y las parejas empezaban a asemejarse al cabo de un año de relación. Por ende, la parte más débil de la relación tiende a adoptar la postura emocional de la otra. Por eso los hijos de padres que suelen adoptar puntos de vista constructivos acostumbran a ser optimistas también; en tanto que seres humanos, estamos programados para la imitación. Otro estudio, que buscaba determinar en qué medida un talante emocional parecido entre padres e hijos podía atribuirse a factores genéticos, fracasó: aunque la investigación estableció que, según las estadísticas, los progenitores felices tienen más probabilidades de engendrar retoños felices, no pudo señalar ningún componente genético. Igual que las de amigos y parejas, las emociones de padres e hijos se parecen mucho, pero no porque los implicados estén cortados por el mismo patrón, por así decirlo.

En términos generales, las emociones son, simple y llanamente, contagiosas (hablaremos más de ello en el capítulo 5). Un investigador de ciencias políticas de la Universidad de California en San Diego, y un sociólogo de Harvard, han demostrado recientemente que la felicidad es la que más se transmite de todas. A partir de un análisis de las relaciones interpersonales llevado a cabo a lo largo de veinte años, han concluido que la dicha depende en parte del grado de alegría de las personas con las que nos relacionamos. Tener amigos, vecinos y hermanos alegres cerca de ti (en la edad adulta) incrementa tus probabilidades de ser feliz. En otras palabras, las emociones positivas de un miembro de la comunidad se expanden con facilidad a los demás.

Como decía, acepta el consejo de las líneas aéreas: primero ponte tu máscara de oxígeno y *después* ayuda a los que te rodean a sujetarse la suya. *No* digo que *no* ayudes a los demás; digo que si te desmayas por falta de oxígeno, no vas a ser de gran utilidad a nadie. En mi caso, he descubierto que necesito cierto grado de paz y equilibrio antes de implicarme de verdad en la crianza de unas niñas felices, bondadosas y seguras de sí mismas.

Cómo ser feliz

Debes comprender que la verdadera felicidad está en ti. No malgastes tiempo y esfuerzo buscando paz, satisfacción y alegría en el mundo exterior. Recuerda que los actos de tener y conseguir no te reportarán felicidad, sólo dar. Ábrete. Comparte. Sonríe. Abraza.

OG MANDINO

En estos últimos años los científicos han dicho muchas cosas (como muy oportunamente explico en este libro) acerca de lo que se requiere para encontrar una verdadera felicidad y dar sentido a la vida. Aunque este libro se centra en los niños y en cómo inculcarles las destrezas necesarias para ser felices, casi todos los principios expuestos en él se pueden aplicar también a los adultos. Nunca es demasiado tarde para experimentar más dicha, por desgraciada que haya sido la infancia. Aunque en cierto momento, los investigadores afirmaron que el grado de felicidad estaba predeterminado en cada ser humano (que hiciéramos lo que hiciéramos, siempre tenderíamos a experimentar la misma cantidad de dicha durante toda la vida), ahora poseemos pruebas irrefutables de que no es así. Ten en cuenta, por ejemplo, que los niveles de felicidad de un 25 por ciento de los adultos que participaron en cierta investigación extensiva varió de manera significativa en un período de 17 años. El grado de dicha del 10 por ciento de los participantes subió tres puntos o más en una escala de diez. De modo que debemos considerar la felicidad más como un conjunto de hábitos que como un rasgo inscrito en los genes.

Hay muchas formas de incrementar la alegría, y no necesariamente unas son mejores que otras. En cierta ocasión, los lectores de mi *blog* se enzarzaron en un encendido debate sobre si, para recuperar el equilibrio y rejuvenecer era mejor tratar de salvar el planeta o cuidar de mujeres refugiadas en un asilo o, pongamos por caso, dedicarse tiempo a uno mismo. Yo abogo por el altruismo como vía para alcanzar la felicidad a largo plazo, y dedico bastante tiempo al voluntariado; en el capítulo 2 hablo de cómo y por qué el servicio al prójimo incrementa la alegría de vivir. Aclarada esta cuestión, observo cómo los padres y las madres con los que me relaciono ponen las necesidades de todo el mundo por delante de las propias. Para remediarlo, he aquí unas cuantas cosas que puedes hacer esta misma semana para oxigenarte.

Sal con los amigos y comparte unas risas. Un grado alto de vinculación con los demás constituye uno de los grandes pronósticos de bienestar. ¿Tenemos muchos amigos? ¿Conocemos a los vecinos? ¿Estamos unidos a nuestros familiares? ¿Nos relacionamos con los compañeros de trabajo? Las personas con muchas relaciones sociales tienen menos probabilidades de padecer tristeza, soledad (¡claro!), baja autoestima y problemas de peso y de sueño.

Así pues, para conseguir un poco de felicidad, tenemos que cultivar las relaciones sociales con regularidad. No obstante, una cita de una noche, una velada de póquer o una salida con chicas nos proporcionará también —como es natural— unos instantes de alegría, y no hablo de pasarse con la bebida. Las risas que compartimos con nuestros compinches (o con cualquiera, en realidad) transforman literalmente la química corporal y ponen freno a esa reacción de estrés tan molesta conocida como «lucha o huye». Unas buenas carcajadas (incluso unas modestas sonrisas) reducen el ritmo cardíaco y la presión sanguínea al tiempo que relajan el sistema muscular.

Como la risa es contagiosa, frecuenta a los amigos y a los miembros de la familia que ríen con facilidad. Te pegarán sus carcajadas, o te transmitirán buen humor en cualquier caso. Los neurocientíficos creen que oír la risa ajena estimula las neuronas espejo de la región del cerebro responsable del regocijo, de tal modo que el oyente se siente como si él mismo estuviera expresando alegría. Para obtener más información acerca de cómo las relaciones sociales sientan las bases de la felicidad, ve directamente a los capítulos 2 y 5.

Pide a tus hijos o a tu pareja que te den un masaje o te hagan la pedicura. Eso que llamamos «el toque mágico» existe en realidad. Igual que la risa, el contacto físico positivo desencadena también reacciones bioquímicas que nos hacen sentir bien. Recibir un masaje o unas caricias, por leves que sean, de un ser querido incrementa la actividad de la corteza orbitofrontal, la parte del cerebro responsable del placer. El contacto reduce también las reacciones cardiovasculares de estrés y disminuye los niveles de hormonas dañinas como el cortisol. Las caricias son esenciales para nuestro bienestar físico y mental; sin ellas, nos marchitamos y morimos.

De modo que un masaje no sólo es un capricho, sino una forma eficaz y muy recomendable de generar felicidad. La investigación de Dacher demuestra que la compasión, la confianza, el amor y la gratitud se expresan principalmente a través del contacto físico. Además, el roce fomenta la liberación de oxitocina en el organismo, una reacción que nos hará sentir más unidos a la persona que efectúa el masaje.

Concédete unos instantes de tranquilidad a solas. ¿Qué tiene un monje con miles de horas de meditación a sus espaldas que tú no tengas? Veamos: paz y tranquilidad. Una ropa limpia de babas y arena. Además, la parte de su cerebro responsable de la felicidad es más grande. Sucede así porque el cerebro funciona como un músculo: si entrenas tu mente como lo hace un monje, tu cerebro se transformará.

Para mí, las delicias de un masaje o de una escapada tranquila no sólo radican en los efectos positivos del contacto, sino también en la posibilidad de disfrutar de unos instantes de calma para reflexionar y meditar. ¿Quieres que tus ondas cerebrales que denotan estrés se transformen en oleadas de paz? Empieza a meditar. Hazlo el tiempo suficiente y, según afirman las investigaciones, se incrementará la actividad de la zona de tu cerebro que registra las experiencias felices (la corteza prefrontal izquierda).

La neurociencia de los viejos tiempos afirmaba que el cerebro dejaba de crecer cuando alcanzábamos nuestra altura máxima. Hoy día sabemos que este órgano se parece más a un músculo; si utilizas mucho una zona en particular, se desarrolla. Como afirma una divulgadora científica llamada Sharon Begley en su libro *Entrena tu mente, cambia tu cerebro*, los experimentos a los que han sido sometidos los monjes tibetanos revelan que la meditación constituye una manera particularmente eficaz de aumentar la parte del cerebro responsable de las emociones positivas. Los occidentales aceptamos con tranquilidad que si queremos dominar algo como la música, el deporte o aprender un idioma extranjero tenemos que practicar mucho. Sin embargo, rara vez pensamos que ser más felices también requiere entrenamiento (algo que los budistas saben desde hace mucho). La meditación constituye un entrenamiento intensivo para ser feliz. El capítulo 8 te iniciará al respecto.

Si después de leer lo que acabo de decir sobre la meditación, piensas: «Bah, yo me quedo con la pedicura», no renuncies a disfrutar de unos momentos de paz. Antes bien, busca algunos momentos de soledad para llevar un diario de gratitud. Escribir sobre las cosas que agradecemos es una forma sencilla de incrementar la dicha vital. Las personas que «practican» el agradecimiento se sienten considerablemente más felices que quienes no lo hacen; son más alegres, entusiastas, participativas y decididas. En el transcurso de cierta investigación, los científicos pidieron a los participantes que escribieran cinco cosas de las que se sentían agradecidos a lo largo de una semana, durante diez semanas. Al final del estudio, los sujetos «se sentían mejor respecto al conjunto de sus vidas y contemplaban el futuro con más optimismo». En el capítulo 4 encontrarás información acerca de cómo poner en práctica la gratitud para ser más feliz.

Haz ejercicio. Infinidad de investigaciones recientes demuestran que, en muchos casos, el ejercicio es tan eficaz como los medicamentos en el tratamiento de ciertos tipos de depresión. Hacer ejercicio con regularidad incrementará tu inteligencia además de tu felicidad, e incluso aumentará tu autoestima. Casi todos deberíamos acostumbrarnos a hacer más ejercicio; para conseguirlo, lee el método descrito en el capítulo 6.

Cultiva el contacto con la naturaleza. Se ha demostrado que pasar tiempo en un medio natural incrementa las emociones positivas y despeja la mente. Pasea por los bosques o sube a una montaña, siéntate junto a un río o un arroyo, échate una siesta en un prado o junto al mar. Haz lo que te resulte más fácil; servirá en cualquier caso. Cierto experimento demostró que el mero acto de mirar fotografías de paisajes naturales ayudaba a mejorar la atención y las funciones intelectuales, pero para beneficiarte al máximo busca el entorno natural más despejado que encuentres y pasa algún tiempo allí.

Ahora bien, no vayas de compras. Aunque muchos lo hacemos por diversión, ir de compras no contribuye a una felicidad duradera. Las personas materialistas tienden a ser más depresivas o ansiosas y poseen menos autoestima. Cuanto más busquemos la felicidad en los objetos materiales, menos probabilidades tendremos de encontrarla.

Mejora tu relación con el padre o la madre de tus hijos

Empecemos por lo evidente: trabajar en una relación requiere tiempo. Un tiempo que, en otro caso, estarías dedicando a tus hijos. No obstante, las investigaciones demuestran que esforzarse por mejorar los vínculos con el otro progenitor —aun si no estás casado/a— incrementa el bienestar infantil. De manera que, aunque para llevarte bien con quienquiera que comparta la crianza contigo tengas que renunciar a ciertos momentos en compañía de tus retoños, insisto: haz de ello una prioridad.

Todo son ventajas al respecto. En primer lugar, olvídate de los remordimientos por no pasar tanto tiempo con tus hijos como los padres tradicionales de la supuesta era dorada de la familia tradicional, alrededor de 1965. Los estudios demuestran que más de la mitad de los progenitores se sienten culpables del poco tiempo que dedican a los niños. Pero te digo lo siguiente: no hay por qué. Nuestros padres no pasaban más horas con nosotros de las que actualmente pasamos con nuestros hijos. ¡Las madres casadas de hoy dedican un 21 por ciento más de tiempo al cuidado infantil que las de aquel entonces! Los varones también se están poniendo al día: aunque las madres aún doblan a los padres en cantidad de horas destinadas a atender a los niños, ellos han duplicado la proporción desde que *Leave It to Beaver** se consideraba el ideal familiar. ¿Cómo es posible? ¿Acaso no estamos todos superocupados?

Bueno, ahora la multitarea se nos da de maravilla. Comemos platos precocinados. No planchamos las sábanas. No pasamos tanto tiempo con nuestros amigos y familia, como tampoco con —lo has adivinado— el cónyuge. Lo que me lleva de vuelta al tema principal: prioriza la relación con el otro progenitor —aunque no estés casado— porque ésta es

---

* Comedia de situación de los años 50 sobre una típica familia norteamericana *(N. de la T.)*.

primordial para la felicidad de los niños. Los psicólogos Phil y Carolyn Cowan, que llevan décadas investigando el vínculo matrimonial, sostienen lo siguiente: mejorar las pautas educativas no beneficia necesariamente al matrimonio. Sin embargo, trabajar en la relación matrimonial favorece la crianza de los hijos.

El psicólogo y prolífico escritor John Gottman también ha pasado mucho tiempo estudiando el día a día de los matrimonios y las relaciones sanas, y ha identificado los aspectos que la pareja puede trabajar para mejorar su relación a largo plazo. Las dos estrategias principales que, a decir de Gottman, debemos adoptar son: 1) gestionar el conflicto de manera positiva (véase «Cómo discutir», en la página 42), y 2) ser más afables mutuamente.

HAZ LA PRUEBA

Cinco horas para mejorar una relación

Gottman posee una receta en tres pasos para mejorar la relación matrimonial. Si no estás casado/a con el padre o la madre de tus hijos, te desafío a ponerla en práctica de todos modos. (Prescinde de los cinco minutos de besuqueo.)

1. **Empieza a construir vínculos de cariño y afecto, ya.** Tengo un buen amigo que es un experto en poner en práctica este consejo con su ex esposa. Sí, has leído bien: su ex, la madre de su hijo. Siempre está hablando de las excelentes cualidades maternas de su primera mujer. Y cuando conversa con ella por teléfono, percibes aprecio y cariño en su tono de voz, aunque sólo estén resolviendo la logística de las recogidas escolares y los partidos del sábado. Su actitud no se debe a que siga enamorado de ella (de hecho, le molestan muchas de sus manías y está felizmente casado con otra mujer); sencillamente reconoce el buen trabajo que lleva a cabo en la crianza de su hijo común y se lo agradece.

2. **Sé consciente —y muéstrate sensible al respecto— de los pro-blemas que está atravesando el otro progenitor.** El principal pronóstico de la satisfacción de una esposa en su matrimonio, según un estudio centrado en parejas con hijos pequeños, son el afecto y los miramientos del marido.

3. **Enfoca los problemas como algo que ambos podéis controlar y resolver en equipo.** En *Siete reglas de oro para vivir en pareja*, John Gottman dedica todo un capítulo a explicar ejercicios para acercar más a ambos progenitores. (Recomiendo también el taller que Gottman lleva a cabo junto con su esposa, Julie, llamado «El arte y la ciencia del amor».) Incluye, cómo no, la inevitable cita nocturna. Pero, aparte de eso, John y Julie Gottman han descubierto que los pequeños detalles, cuando se llevan a cabo con regularidad, son muy importantes. Describen las «cinco horas mágicas semanales» como un recurso importante para construir intimidad. Cinco horas pueden parecer mucho tiempo en el transcurso de una semana frenética, pero cuando analizas su propuesta, parece factible:

   • Dos minutos diarios por la mañana: no salgas en dirección al trabajo, a clase ni adondequiera que vayas sin saber qué va a hacer tu pareja.

   • Veinte minutos cuando llegas a casa: relajaos un poco juntos antes de zambulliros de cabeza en la rutina de la noche. Escucha atentamente a tu cónyuge y muéstrale apoyo. Piénsalo dos veces antes de empezar a darle consejos en esos momentos. El objetivo es escuchar.

   • Cinco minutos cada día: demuestra un poco de respeto y admiración. Añade cierto capital a las reservas de gratitud de tu hogar. Cada día, busca algo que agradecer a tu pareja. Elógiala con sinceridad.

- Cinco minutos cada día: dale un poco de cariño. Besa, acaricia, abraza, estrecha o establece algún tipo de contacto físico con tu pareja durante un mínimo de cinco minutos diarios. ¡Esperemos que el contacto no se limite a esos instantes!

- Dos horas a la semana: programa cierto tiempo para conocer mejor a tu cónyuge. Poned en práctica juegos de preguntas, o utilizad ese rato para resolver un problema. Si vais mal de tiempo o no os podéis permitir una salida a solas, sed creativos. Tomad una copa de vino en la sala cuando los niños estén en la cama, o dejadlos al cuidado de otra familia y salid a dar un paseo juntos.

Las «cinco horas mágicas» de los Gottman constituyen una serie de hábitos de felicidad que os ayudarán a vosotros y a los niños. Convertid poco a poco cada una de las «tareas» propuestas en parte de la rutina diaria como pareja. ¡Vuestro vínculo prosperará, y también lo harán vuestros hijos!

Tu mísera vida sexual

Recuerdo haber pensado que, tras tener hijos, tal vez estuviera demasiado ocupada, cansada o ajada como para disfrutar de una vida sexual activa, pero ni en mis peores fantasías podía imaginar que me volvería tan gruñona. Cualquier mujer que haya visto salir de su vagina o de sus paredes abdominales un milagro del tamaño de una sandía sabe que el hecho de dar a luz y el subsiguiente estrés de la crianza puede poner a prueba hasta la vida sexual más rica. Sin embargo, recuperar o mantener en forma la propia sexualidad ejerce —lo has adivinado— un efecto considerable en la felicidad de los niños. Sigue leyendo para descubrir cómo llevar un poco de chachachá a tu dormitorio.

La calidad de la vida sexual de una pareja tiende a degradarse de forma constante en el transcurso del matrimonio, de manera que si vuestros encuentros han perdido encanto con el paso del tiempo, bienvenidos al club. El sexo empieza a ser menos satisfactorio *y* menos frecuente cuando nos casamos y tenemos hijos: un 50 por ciento de los participantes en cierto estudio describieron su vida sexual como «mala» o «no muy buena» cuando su primer hijo tenía ocho meses.

La frecuencia de las relaciones sexuales se reduce en proporción al tiempo que llevamos casados. La mayoría de las parejas practica el sexo a menudo durante el primer año de matrimonio —el «efecto luna de miel»—, pero toda esa actividad frenética cae en picado hacia el final del primer año. En cuanto tenemos hijos, la biología empieza a pasar factura. La antropóloga de la Universidad de Rutgers Helen Fisher, que estudia los circuitos neuronales del amor romántico, afirma que millones de años de adaptación evolutiva explican los distintos intereses sexuales de una pareja tras el nacimiento de los niños. Por ejemplo, cuando una mujer está dando el pecho a su hijo, los niveles de la hormona oxitocina se incrementan, lo cual la induce a sentirse muy unida a su bebé. Los niveles de testosterona, relacionados con el impulso sexual, caen en picado. «La madre no sólo está agotada y poniendo excusas; está dopada —afirma la doctora Fisher—. Desde un punto de vista darwiniano, evolutivo, (...) los miembros de la pareja se enfrentan a un mecanismo básico que ha evolucionado para fortalecer el vínculo madre/hijo, no el sexual.»

Uno de los indicadores más importantes para determinar con qué frecuencia una pareja hace la danza de «afuera los pantalones» es la felicidad matrimonial, lo que hasta cierto punto coloca nuestra mísera vida sexual de nuevo bajo nuestro control (véase «Haz la prueba: cinco horas para mejorar una relación», en la página 34). Hay también otras diferencias según el sexo que tienden a marcar la vida en el lecho matrimonial. Los hombres, de media, quieren tener relaciones cuatro veces por semana, mientras que la mayoría de las mujeres se daría por satisfecha con una sola vez. Si quieres disfrutar de una vida sexual más animada, he aquí algunas ideas que quizá te ayuden a estimular la libido de tu chica.

1. Las mujeres se quejan a menudo de que los hombres colaboran poco en el hogar y en la crianza de los hijos, y la rabia subsiguiente no tiende a liberar el tipo de pasión que las pone a tono. Si quieres hacerlo más a menudo con una mamá apetecible, replantéate tus ideas acerca de los preliminares. Cortejo prenatal: regalar flores, elogiar su precioso trasero, masajearle el cuello. Cortejo posnatal: plegar la ropa limpia sin que ella te lo pida y guardarla, advertir que parece agotada y prepararle un baño mientras tú te encargas de la tediosa tarea doméstica que estuviera intentando terminar.

2. Otra idea extendida que las investigaciones científicas se han encargado de corroborar: el sexo no significa lo mismo para los hombres que para las mujeres. Ellas consideran las relaciones sexuales como la expresión de una intimidad emocional previa, mientras que los hombres las contemplan como un medio para lograr esa misma intimidad. Las mujeres suelen sentirse más satisfechas del sexo y el matrimonio cuando su pareja las trata con cariño y afecto; y, por lo general, cuando hablan de preliminares, se refieren a aspectos que indican intimidad verbal, como compartir secretos. Por el contrario, los hombres tienden a mostrarse menos interesados en el afecto y la intimidad verbal. Comentan, en cambio, que es el deseo físico el que los induce a la actividad sexual. Moraleja: la intimidad verbal —esas conversaciones profundas que te ayudan a conectar con el otro de manera positiva— avivan el fuego de la pasión. Si no tienes relaciones tan a menudo como te gustaría, empieza a acercarte a tu pareja a través de la conversación.

Pese a tan lúgubres diferencias según el sexo, hay buenas noticias: la hambruna sexual no es inevitable tras el nacimiento de los hijos. La mayoría de parejas pronto alcanza una frecuencia de dos encuentros semanales, y las investigaciones corroboran lo que casi todos mis amigos y yo misma hemos experimentado: la cúspide del deseo sexual femenino se produce entre los 30 y los 40 años. Los estudios refieren que las mujeres se describen a sí mismas como «más lascivas, seductoras y sexualmente activas» en la treintena que en ningún otro momento de sus vidas; algunos expertos creen que el apogeo sexual de las mujeres tiene lugar incluso en su cuarentena. Yo creo que el punto álgido coincide con el momento en que el menor de sus hijos empieza a acudir a la guardería; o, como mínimo, con el final de los embarazos y la lactancia.

No obstante, mientras esperas a que la biología vuelva a actuar a tu favor, los investigadores recomiendan buscar un modo de contrarrestar lo mejor que puedas esas fuerzas —sociales, interpersonales y biológicas— que apagan las llamas. Una cantidad considerable de buenos terapeutas aconseja programar las relaciones sexuales cuando el encuentro espontáneo parece imposible. Yo no estoy de acuerdo con esta sugerencia, porque me parece fría y poco romántica. Sin duda me parece bien buscar un momento para conectar mutuamente: la llamada cita nocturna. Y desde luego no me opongo a hacer planes de antemano que os pongan a ambos a tono antes de la gran cita. Pero ¿programar el momento del acto?

Sea como sea, los estudios demuestran que el tiempo no constituye necesariamente el principal impedimento para gozar de una vida sexual sana. Por lo general, las parejas con hijos cuyos miembros trabajan a plena jornada no disfrutan del sexo con menor frecuencia que aquellas en las que uno de los dos se queda en casa. Los factores que acabamos de comentar actúan como obstáculos, de modo que, en mi opinión, es preferible trabajar para suprimir esos impedimentos que sacar quince minutos de donde sea para un revolcón.

Por otra parte, cualquier tipo de encuentro sexual libera una oleada de sustancias químicas en el cerebro que incrementa nuestro bienestar. Esta idea me lleva a concluir que, si estamos felizmente casados, lo más inteligente es tomarse el sexo como un deporte: puede que te dé muchísima pereza levantarte del sofá, pero en cuanto hayas empezado, te alegrarás de haberlo hecho. (El primer paso siempre es el más difícil.) Dado que la intimidad está tan vinculada a la satisfacción marital en una relación, es importante mantener vivo el fuego del corazón si deseamos que nuestro matrimonio siga vivo hasta que los hijos hayan dejado el nido, momento en que muchas parejas experimentan un renacimiento.

¿Deberíamos seguir juntos por el bien de los niños?

He aquí una pregunta que yo misma me he formulado a menudo. Como sociedad, tendemos a pensar que lo mejor para los niños es que la pareja siga unida; así actuaba, o cuando menos lo intentaba, la generación de nuestros abuelos. Muchas personas creen que para los más pequeños es preferible que el matrimonio perdure, aunque no funcione. La culpa de que pensemos así la tiene en parte el sobrevalorado —pero también influyente y muy difundido— estudio de la psicóloga Judith Wallerstein, quien «demostró» que la infelicidad matrimonial de los padres no afectaba a los niños. Wallerstein sostenía que, a menos que la violencia doméstica empañe la escena, los hijos se sienten peor cuando los padres se divorcian. Aunque aplaudida por la prensa y presentada como un superventas del *New York Times*, los científicos sociales han rechazado rotundamente la investigación, porque la autora no recurrió a una muestra escogida al azar de entre parejas divorciadas o unidas, sino que utilizó a un grupo de personas divorciadas que sufrían problemas mentales. Su investigación no cumple unos mínimos requisitos científicos, y no debería aplicarse a familias que no comparten la problemática de la exigua muestra de Wallerstein (por lo general, historiales de enfermedad mental, depresión clínica y tendencias suicidas).

He aquí las conclusiones que he extraído tras la lectura de estudios numerosos y bien documentados: es la calidad de las relaciones parentales, no el estado civil de los padres (casados o divorciados) lo que influye en el bienestar de los niños. Tanto si permanecéis juntos como si estáis separados, el conflicto parental no favorece la felicidad infantil. «Las investigaciones llevadas a cabo con familias cuyo vínculo matrimonial permanece intacto han demostrado de manera concluyente que cuando la infelicidad y el conflicto sin resolver caracterizan una relación, los niños tienden a exteriorizar el problema en forma de conducta agresiva, padecen más timidez e introversión y poseen menos habilidades sociales y académicas», afirman los investigadores de la Universidad de California en Berkeley Phil y Carolyn Cowan. Además, cuando los miembros de una pareja se llevan mal, la rabia o irritación mutua a menudo salpica la relación con sus hijos. «Algunos niños reciben por partida doble», dicen los Cowan. Sufren las consecuencias del «tono emocional gélido o exaltado de la relación de sus padres», y las frecuentes secuelas del conflicto parental: «pautas de disciplina y cuidados exagerados o inexistentes».

Sé que cuando mi marido y yo nos peleábamos me costaba mucho gestionar las poderosas emociones negativas que me asaltaban (rabia, decepción, humillación) y mantener al mismo tiempo las rutinas de Fiona y Molly como de costumbre. Y a menudo hubiera ganado todos los premios a la peor madre del mundo si, además, tenía que enfrentarme a una situación que requería una disciplina tranquila y coherente. Cuando estoy muy disgustada, tiendo a educar a mis hijas de un modo que, ejem, yo no definiría como sereno y equilibrado.

De manera que ¿deberíais seguir juntos por el bien de los niños? Depende de lo grave que sea el conflicto en vuestro matrimonio, de lo infelices que seáis, y de las posibilidades que veáis de arreglar las cosas.

¿Reñir como perros y gatos?

Los padres se pelean. Pero el tono de las peleas y el modo de resolver los conflictos puede afectar muchísimo a la salud y a la felicidad de los niños. Un número considerable de investigaciones demuestra que el conflicto parental, tanto si los padres están casados como si no, coloca a los pequeños en riesgo de padecer todo tipo de problemas: depresión, ansiedad, desobediencia, agresión, delincuencia, baja autoestima, conductas antisociales, problemas del sueño, bajo rendimiento académico y pocas habilidades sociales; incluso problemas de salud. Baste con decir que pelearse con el otro progenitor no enseña a los niños a ser felices.

Algunos conflictos tal vez sean inevitables, pero escúchame bien: los problemas entre los padres (estén casados o no) constituyen un grave obstáculo para la felicidad y el rendimiento de los más jóvenes. Ciertos tipos de discusiones pueden incluso afectar al feto en el útero materno. La investigadora Alyson Shapiro descubrió que más de la mitad de las diferencias entre lactantes en cuanto a capacidad para prestar atención a los tres meses de edad podía atribuirse al grado de conflicto entre los padres. (La buena noticia es que los daños son reversibles.)

Por si lo dicho aún no basta para incitarte a discutir de forma más constructiva, ten en cuenta lo siguiente: hay muchas probabilidades de que tu hijo, cuando entre en la adolescencia, imite la forma que tienes de abordar el conflicto con tu pareja en sus discusiones contigo. Si te dejas llevar por la ira, tu retoño adolescente hará lo mismo. Por el contrario, si tratas de afrontar los problemas de forma más positiva, es probable que el niño adopte también esa estrategia.

HAZ LA PRUEBA

Cómo discutir

A continuación te ofrezco una clase rápida, basada en décadas de investigación, sobre las mejores estrategias para discutir con el padre o la madre de tus hijos de forma no traumática para los más jóvenes. Como suele suceder en casi todos los casos, cuando reñimos con nuestros amores (o ex amores), los padres ofrecemos importantes modelos de comportamiento a los niños. El conflicto forma parte de la vida, y la exposición a él, cuando se gestiona con habilidad, puede constituir una lección importante de educación emocional para los pequeños.

Según el investigador John Gottman, hay tres cosas saludables que los matrimonios estables hacen para resolver sus diferencias de manera positiva. No olvides que lo que es bueno para tu relación beneficia también a tus hijos.

1. Edulcora un poco tus quejas, como harías si te dirigieras a un buen amigo cuyos sentimientos no quisieras herir. (Gottman llama a esta estrategia «empezar con suavidad».) Suelo ser muy directa, de modo que esta táctica se me da muy mal. En cierta ocasión, Mike me reveló que había programado un viaje de negocios en mitad de lo que, supuestamente, iban a ser nuestras primeras vacaciones familiares. Ejemplo de la vida real que *no* debes poner en práctica: «Pero ¿en qué estabas pensando? —le dije—. ¿Es que no te importamos lo bastante como para anotar nuestras vacaciones en tu agenda? ¿Es que me tengo que ocupar yo de programar tus actividades? ¿De verdad esperas que sea tu secretaria?» Obré mal, y —como era de esperar— la conversación degeneró. Debería haber empezado con suavidad diciendo: «Esto, Mike, ven a echar un vistazo a tu agenda y comprueba cuándo has programado el viaje a Boston. ¿No te has dado cuenta de que interfería en nuestras vacaciones?» Seguramente, con ese comentario hubiera bastado.

2. Tranquilízate. Haz una pausa en la discusión si los ánimos se exaltan demasiado. Las investigaciones demuestran que, cuando los hombres se enfadan de verdad, necesitan darse un respiro para que su ritmo cardíaco se apacigüe. Programad un momento, quizá media hora más tarde, para reuniros y reanudar la conversa-

ción. Durante ese rato, busca una actividad que te distraiga. Si sabes meditar, es el momento de hacerlo. En caso de que tengas problemas para no perder los estribos durante las discusiones, debes aprender a serenarte. Hagas lo que hagas, no te retires a un rincón enfurruñado/a ni te pongas a discurrir argumentos para ganar la disputa, como tiendo a hacer yo. (Soy famosa por anotar puntos clave para construir razonamientos irrefutables, lo cual no contribuye a reducir la adrenalina que corre por mis venas.) El objetivo es relajarse para poder reanudar la conversación con tranquilidad.

3. Domina el arte de la negociación. Eso significa que tienes que aceptar la posición de tu pareja, aunque a priori consideres sus argumentos totalmente irracionales. Gottman recomienda el principio de aikido «ceder para vencer». Se trata de algo tan simple como aceptar que si quieres «ganar» una disputa no puedes limitarte a contradecir todo lo que sostiene tu «adversario», pues con ello sólo conseguirías empeorar la situación. Lo que quieres es conseguir que el otro te dé la razón al menos en algunas cosas, para lo cual debes empezar por mostrarte de acuerdo con algo de lo que sostiene. Esta táctica me resulta muy difícil, dada mi extraordinaria capacidad para discutir y mi tendencia a pensar que tengo razón al cien por cien.

   Eileen Healy, consejera familiar y autora del libro *EQ and Your Child*, advierte que esta estrategia, mal utilizada, puede desembocar en una solución que no sea del agrado de nadie. Por ejemplo, yo cedo en algo, entonces tú cedes en algo, luego yo en algo más..., y al final lo que queda no nos satisface a ninguno de los dos. Tanto compromiso no va a resolver el conflicto de forma constructiva. Eileen remarca que el arte de la negociación requiere un remedio positivo al problema, por lo que deberíamos seguir hablando hasta que ambos tengamos la sensación de que hemos dado con un buen arreglo, o al menos con uno que los dos estamos dipuestos a intentar.

He aquí algunas pautas de sentido común que han corroborado diversas investigaciones: las relaciones altamente conflictivas perjudican más a los niños si éstos están presentes durante las discusiones. (Lo cual no implica que la abundancia de conflicto sea aceptable siempre y cuando los niños no lo presencien; sólo será el menor de dos males.) Prácticamente todas las peleas, incluidas las agresiones no verbales, provocan malestar en los más jóvenes. Y, por supuesto, cualquier gesto irrespetuoso —como insultar, rebajar, maldecir— lesionan su bienestar.

Por raro que parezca, poner fin a una discusión con una disculpa, o bien diciendo «cada cual tiene su opinión», o dejando al otro por imposible o cediendo sin más no constituyen desenlaces ideales desde la perspectiva infantil. Aunque todas esas posturas puedan parecer remedios de baja conflictividad a una disputa, la resolución de un problema desde una sola perspectiva (y no desde ambas) no constituye necesariamente una solución desde el punto de vista de un niño. Si no conseguís resolver el conflicto en presencia de vuestros hijos, aseguraos de demostrarles después que el vínculo está restablecido, mostradles que habéis reconectado y explicadles cómo lo habéis resuelto.

Una famosa frase de Rudolf Dreikurs advierte: «Los niños perciben mucho, pero interpretan poco». Nuestros hijos acusan enormemente las peleas de los padres y también su infelicidad. Se les da de maravilla percibir la emoción y la tensión, pero a menudo se creen responsables de las discusiones de sus progenitores e incluso de la desdicha de éstos, lo que tiende a provocarles angustia, ansiedad y depresión. Por fortuna, las investigaciones han demostrado una y otra vez que la resolución positiva y respetuosa de cualquier conflicto ejerce un efecto de lo más beneficioso en esas personas pequeñas con orejas grandes. Cuando los niños nos ven salvar nuestras diferencias y hacernos cargo de nuestro propio bienestar, adquieren capacidades que les serán útiles durante toda su vida.

DOS

Segundo paso:
Funda una aldea

*Puedes llamarlo clan, red, tribu o familia. Lo llames
como lo llames, seas quien seas, necesitas uno.*

JANE HOWARD

¿Cuál es la clave de la felicidad? Sencillísimo: es la pregunta que más a menudo me formulan en las fiestas y cuando imparto charlas a grupos de profesionales, padres, maestros y adolescentes. Todo el mundo, en todas partes, quiere saberlo. ¿Qué nos hace felices en realidad? ¿El sexo? ¿El dinero? ¿El yoga?

Si tuviera que escoger el elemento que más contribuye a la felicidad humana, diría que las relaciones con los demás son más importantes que ninguna otra cosa. Las personas muy felices poseen vínculos sociales más estrechos que las menos dichosas, en parte porque la alegría atrae a los demás y en parte porque tener amigos nos hace felices.

En verdad, la felicidad y las relaciones se encuentran tan unidas que se las puede equiparar. Las personas con muchos amigos están más a salvo de experimentar tristeza, soledad, baja autoestima, trastornos del sueño y de la alimentación. Los vínculos sociales amortiguan el estrés y contribuyen a la salud física y emocional. Compartir acontecimientos y sentimientos positivos con los demás incrementa también nuestra felicidad. En su exhaustivo trabajo acerca de la conexión entre las relaciones y la dicha, el psicólogo David Myers concluye que «hay pocos indicadores de felicidad tan importantes como una relación estrecha, acogedora, íntima, de igualdad con un amigo de toda la vida». Yo ampliaría un poco la idea e incluiría a todas nuestras relaciones: ningún indicio de felicidad es tan importante como la solidez y la calidad de nuestra «aldea». El mismo principio se puede aplicar a los niños. Todos sabemos que «hace falta una tribu para criar a un hijo», pero ¿cuántos de nosotros podemos decir que nuestros hijos están de verdad integrados en una fuerte red de padres y amigos, parientes y vecinos?

Por mucho que la tecnología y las redes sociales (Facebook, Twitter, *e-mail*) faciliten más que nunca un «contacto» interpersonal constante, los estadounidenses se sienten cada vez más aislados. Como madre, esta realidad me lleva a plantearme en qué empleamos el tiempo: si la cantidad y la calidad de nuestras relaciones constituyen los mayores indicadores de felicidad, ¿cómo podemos fomentar unos vínculos fuertes y numerosos en el seno de la familia y de la comunidad? A menudo estoy muy ocupada; a veces demasiado para pasar tiempo con mis amigos. Pero entonces me pregunto qué ejemplo estoy dando. Si estoy demasiado atareada incluso para ver a mis amistades, *¿para qué* tengo tiempo? Hay pocas cosas tan importantes para nuestro bienestar general como las relaciones, sobre todo en el caso de los niños: uno de los aspectos que más favorecen un desarrollo correcto y saludable de los más jóvenes es el contacto social.

Hay dos factores que ayudarán a los niños a «crear una aldea» que favorezca su desarrollo. El primero es enseñar a las criaturas las habilidades que necesitan para hacer y conservar amigos. La capacidad de los niños para crear vínculos con otras personas contribuye enormemente a su felicidad, tanto en la infancia como en etapas posteriores. Los niños que son rechazados sistemáticamente por sus compañeros experimentan más dificultades; por ejemplo, son más proclives a tener problemas con la ley, rinden menos en el entorno académico, o de adultos padecen trastornos psiquiátricos. Por el contrario, los pequeños que establecen vínculos estrechos y poseen inteligencia social —un término creado por el gurú de la inteligencia emocional, Daniel Goleman— tienden a crecer sanos y saludables.

Los jóvenes socialmente inteligentes saben compenetrarse con las personas de su entorno, interpretar las emociones de los demás y recurrir al tipo de respuestas que favorecen las relaciones y fortalecen los vínculos. ¿Cómo pueden los padres ayudar a los niños a adquirir la inteligencia social necesaria para vivir en una aldea próspera? Muchos de los hábitos de felicidad que planteamos en este libro —como fomentar la educación emocional (capítulo 5) o poner en práctica la gratitud y el perdón (capítulo 4)— nos hacen más felices porque nos ayudan a construir relaciones más estrechas y positivas con los demás. Este capítulo aborda también otros factores que fomentan las habilidades sociales necesarias para consolidar nuestros vínculos: compenetrarse con los demás, resolver los conflictos y educar a nuestros hijos para que sean personas amables y generosas.

El segundo y quizá más evidente recurso que pueden emplear los progenitores para construir la aldea de los niños es favorecer sus relaciones con todos los «otros padres y madres» que hay en su vida. El conjunto de la sociedad presiona mucho para que sea la madre la encargada de aportar cuanto necesitan las criaturas para ser felices. Sin embargo, el padre también posee un papel fundamental en la felicidad de los más jóvenes, así como los abuelos, tías y tíos, e incluso nuestros amigos íntimos adultos. Debemos instalar a los pequeños en ricas comunidades de relaciones para que ellos puedan perfeccionar sus habilidades sociales. Esos vínculos les proporcionarán una profunda sensación de seguridad y serán fuente de dicha y crecimiento; alimentarán sus almas.

Compenetrarse

Todos conocemos personas que conectan con los demás al instante. Mi amigo Phillip es así. Cuando hablas con él, de inmediato percibes su simpatía y autenticidad. Tienes la sensación de que te comprende realmente, y de que tu conversación parece cautivarle. Cuando hablas con alguien que posee tanta inteligencia social como Phillip, «percibes la experiencia de ser percibido», como define Daniel Goleman dicha situación. Cuando dos personas se compenetran, la sintonía es tan grande que la comunicación no verbal de ambas —los gestos de las manos, los movimientos de las cejas, la postura— se sincroniza. Al hablar con Philip, me doy cuenta de que, cuando se toca la mejilla, yo, inconscientemente, me palpo la mía también. Me inclino hacia delante y él hace lo mismo. Mi amigo posee tanta inteligencia social que es capaz de captar de inmediato los sentimientos casi de cualquiera, gracias a lo cual se compenetra con todo el mundo de forma cálida y profunda.

Los investigadores han descubierto que algunos trucos (o, en el caso de ciertas personas, algunos hábitos) nos ayudan a compenetrarnos con los demás y a establecer rápidamente una comunicación plena.

1. *Contacto visual.* Los estudios demuestran que el contacto visual crea las rutas neuronales necesarias para la empatía. Si alguien se hace daño y le estamos mirando a los ojos, por ejemplo, nuestro semblante tiende a reflejar el dolor que transmite el rostro de la persona herida. De igual modo, hay más probabilidades de que dos personas cooperen para solucionar un conflicto —lo cual conlleva mayores ganancias para ambos— cuando negocian cara a cara. Mi amigo Jack, que lleva veinte años practicando zen y aikido y posee una paciencia que da fe de ello, a menudo aguarda antes de ponerse a razonar con su hijo. En cambio, se agacha a la altura del niño y lo mira a los ojos hasta que Logan se tranquiliza. Así, mediante el contacto visual, restablecen la conexión. El contacto visual también engendra un segundo elemento de compenetración —emoción positiva— porque la intensa atención que nos prestamos mutuamente nos hace sentir bien.

2. *Emoción positiva.* A través del tono de voz y las expresiones faciales transmitimos también una cantidad significativa de comunicación no verbal. Según cierto estudio, los empleados de jefes que reprendían sin dejar de lado los buenos sentimientos —adoptando un tono de voz y una expresión positivos y afectuosos— se sentían bien tras recibir críticas negativas. Podemos emplear esta táctica para seguir compenetrados con los niños aun cuando los

estemos corrigiendo o les digamos algo que no les gusta oír: si el rostro y el tono de voz transmiten «te quiero» aun cuando las palabras exactas no sean agradables, nuestros hijos las acogerán de buen grado. Los niños necesitan practicar esta habilidad comunicativa, algo peliaguda por lo demás. Por ejemplo, una amiga de Fiona, Cecy, la invitó a su casa a jugar cierto día que mi hija había quedado con otra niña. Fiona sabía que Cecy se sentiría decepcionada y quizá incluso un poco excluida. Pero la pequeña y yo ensayamos cómo darle la mala noticia transmitiéndole al mismo tiempo cuánto la quería. Mirando a las niñas, cualquiera habría pensado que estaban compartiendo un momento de intimidad muy especial. Fiona se acercó a Cecy, le puso la mano en el hombro y le dijo: «No puedo ir a jugar a tu casa porque había quedado en ir a casa de Maggie». Dicho esto, las pequeñas se abrazaron. Nada de sentimientos heridos, sólo amor a raudales.

La capacidad de compenetrarse constituye la clave de la inteligencia social. Sabemos que nuestros hijos la dominan cuando empezamos a observar «sincronía» en su trato con los demás. La sincronía es el único elemento de la compenetración que no se puede practicar. Una profunda compenetración se parece a la natación sincronizada: recuerda una danza, el vaivén conversacional fluye sin trabas, como si se hubiera ensayado. Las personas compenetradas se acercan mutuamente, se expresan con libertad, con los ojos brillantes y las manos inquietas. A menudo acercan las sillas, y se sienten cómodas aun si reina el silencio. Las investigaciones demuestran que cuanto más naturalmente sincronizados estén los movimientos y ademanes de dos personas, más compenetradas están. Por ejemplo, cuanto más tienden los alumnos a imitar sin darse cuenta la postura de su profesor, más probabilidades hay de que experimenten compenetración y se involucren en el tema de estudio.

La buena noticia acerca de la sincronía es que nuestros cerebros están programados para buscarla. Los científicos han demostrado que, cuando dos personas están muy compenetradas, incluso respiran al unísono. De igual modo, se sabe que los lactantes y los niños de pañal adaptan su cháchara a la cadencia de la voz de su madre. *Incluso en el útero*, los bebés sincronizan sus movimientos con las voces del mundo exterior.

La mala noticia al respecto es que el mimetismo no se puede fingir o aprender de forma consciente. Cuando los cómplices (las personas compinchadas con los investigadores) tratan de imitar las posturas y los gestos de los sujetos de estudio, provocan rechazo. En cambio, cuando estos mismos cómplices copian los movimientos de sus interlocutores de manera espontánea e inconsciente, son calificados de más agradables y simpáticos. De modo que no podemos practicar la sincronía con nuestros hijos ni podemos enseñarles a ponerla en práctica de forma consciente. Surgirá de manera natural conforme vayan aprendiendo a expresar sus sentimientos positivos y a prestar atención plena a los demás.

Estoy segura de que la capacidad de Phillip para conectar hasta con la persona menos sociable del mundo *constituye la clave* de su felicidad y alto grado de satisfacción existencial. Pero que nadie se confunda: esta habilidad es algo más que un truco para alternar en las fiestas. Se trata de un arte esencial para reconstruir relaciones deterioradas y resolver los conflictos antes de que arruinen las amistades. Si queremos que nuestros hijos disfruten de vidas felices y significativas, debemos transmitirles habilidades que les permitan construir vínculos estrechos, y eso incluye la capacidad de gestionar las diferencias haciendo algo más que evitarlas.

El conflicto es algo positivo

«Él evita el conflicto a toda costa, de modo que no solemos pelearnos por ese tipo de cosas», me confió una amiga hace poco, cuando me describía cómo ella y su maridito gestionaban sus diferencias. Parecía orgullosa de que sus peleas domésticas no alcanzasen una puntuación muy alta en la escala de Richter. ¿Qué quiso decir con esa frase? El conflicto es malo. Es una suerte no tener que afrontarlo.

Los desencuentros pueden ser muy desagradables. En cuanto nuestro deseo choca con el de otra persona, surge el conflicto. Entre los preescolares y los hermanos, las diferencias a menudo giran en torno a juguetes o espacios. Mi hija de ocho años está obsesionada con las reglas y la justicia, de modo que monta en cólera cuando alguien no sigue las reglas como a ella le parece. Tengamos la edad que tengamos, todos hemos discutido alguna vez por considerar que desafiaban nuestros convencimientos o creencias. Sin embargo, el conflicto no equivale a la discusión. Tú y yo podemos no estar de acuerdo en algo —¡o estar en profundo desacuerdo!— y en consecuencia experimentar un conflicto al respecto. Pero eso no significa que tengamos que discutir o albergar sentimientos negativos respecto a nuestras diferencias. En cuanto comprendamos que el conflicto no siempre entraña rabia o sufrimiento, aceptaremos que constituye un campo de entrenamiento ideal para el crecimiento y el aprendizaje positivos.

Puesto que impulsa el cambio, el desencuentro hace la vida más interesante. Imagínate lo aburridas que serían las películas de sobremesa sin un conflicto. Las diferencias son absolutamente necesarias para el crecimiento intelectual, emocional e incluso moral. Y es una suerte, porque, por más que nos empeñemos en evitarlo, el conflicto siempre existirá. Entre los niños, es como el aire que respiran: en situaciones de juego, lo experimentan cada tres minutos.

Tal vez podamos sortear los desencuentros con otros adultos, pero la mayoría de padres y maestros se enfrentan constantemente a conflictos con los niños. Y los más jóvenes no saben cómo resolver sus diferencias de forma constructiva; por eso debemos enseñarles a hacerlo. Un estudio demostró que, sin intervención externa, el 90 por ciento de los desencuentros entre alumnos de primaria quedaban sin resolver o concluían de forma destructiva. La mayoría de niños o bien rehúye el conflicto, o bien trata de machacar a su oponente; más del 60 por ciento recurre a los adultos para poner fin a sus diferencias. Después de leer casi una docena de investigaciones en torno al conflicto, he descubierto que mis adorados retoños me ofrecen con regularidad tres ejemplos paradigmáticos de formas poco recomendables de solucionar un desencuentro:

1. Por la fuerza. Cuando Molly se limita a arrancar el juguete que quiere de las manos de Fiona y echa a correr.

2. Retirada y evasión. Cuando Fiona dice, gritando, «No quiero volver a hablar de eso» y abandona la habitación.

3. Rendición. Cuando Fiona fastidia a Molly para que le dé algo y ésta, harta de su insistencia —y viendo la ocasión de ganarse mi aprobación—, le entrega a Fi con toda dulzura exactamente lo que quiere. (Abstente de alabar a los niños cuando cedan a la insistencia de un hermano.)

¿Podéis parar de una vez?

Cuando los niños se pelean, los adultos tienden a intervenir de dos formas distintas. La primera es la que yo llamo el método «basta ya»: les decimos lo que tienen que hacer («devuélveselo y pídele perdón»), los separamos físicamente o nos llevamos el objeto en disputa. Nos erigimos como jueces y árbitros, impartiendo soluciones y órdenes sin tener muy en cuenta a las masas airadas. Por muy inevitable que parezca esta solución la mayoría de las veces, la táctica no enseña a los niños formas constructivas de resolver conflictos, ni les ayuda a hacerse cargo de sus diferencias. La manera eficaz requiere empatía: los pequeños deben tener en cuenta el punto de vista de sus amigos o hermanos y así contar con una situación natural en la que aprender a considerar los sentimientos de los demás.

La otra forma que tenemos de intervenir consiste en actuar como mediadores o consejeros personales más que como dictadores o jueces. En lugar de detener la pelea o imponer soluciones, podemos enseñar a los niños a tener presente la perspectiva del otro y a proponer sus propias soluciones. Además de ayudar a los más jóvenes a construir amistades fuertes, las investigaciones demuestran que aprender pautas positivas de resolución de conflictos proporciona otros beneficios, incluidos mejores resultados académicos y un incremento de la autoestima y de la seguridad en sí mismos. Dicho aprendizaje se relaciona también con un mejor rendimiento académico, mayor nivel de pensamiento abstracto y una mayor creatividad en la resolución de problemas. Aprender a solucionar sus diferencias también ayuda a los pequeños a afrontar otros factores de estrés, además de mejorar su capacidad de adaptación y de recuperación en la adolescencia, y de contribuir a su éxito en la vida.

A estas alturas, tal vez estés pensando que este capítulo va dirigido a padres de niños mayores o adolescentes. Y es verdad. No obstante, es importante ir inculcando pautas constructivas de resolución de conflictos desde la más tierna infancia. A una edad tan temprana como los dos años, los pequeños pueden aprender a gestionar sus desencuentros sin intervención adulta.

HAZ LA PRUEBA

Diez pasos para mantener la paz en tu hogar

Resolver los conflictos de forma positiva es fácil, pero a menos que seas mucho más inteligente que yo (lo que es muy posible), tal vez necesites recurrir a esta lista para cogerle el truco.

1. Respira. Discutir con las niñas me pone tan nerviosa que tiendo a, ejem, gritar, pero es evidente que cuando estamos enfadados o preocupados no somos mediadores eficaces. A menudo necesito hacer unas cuantas inspiraciones para centrarme antes de entrar en combate. A menos que la situación entrañe peligro, tómate

un momento para releer esta lista. También te la puedes imprimir y colgártela en la puerta de la nevera.

2. Define la situación. Paradójicamente, hacer las paces requiere confrontación. Cuando los niños discuten, a menudo debemos ayudarles a reparar en que están experimentando un conflicto. A los más jóvenes, les cuesta mucho gestionar algo que no pueden nombrar o comprender siquiera. Es probable que sepan que están discutiendo, pero les echaremos una mano si declaramos que hay un problema y los invitamos a buscar soluciones. El otro día Fiona y Molly estaban gritando y peleándose por un bañador de muñeca. Dije: «Vaya, parece que tenemos un problema. Vamos a respirar unas cuantas veces y después hablaremos tranquilamente acerca de lo que pasa y cómo podemos resolverlo juntas».

3. Ahora ayúdalos a calmarse y a distanciarse de las emociones negativas. Los conflictos no se pueden resolver de forma eficaz si no ha disminuido el «ardor» del momento. Una manera de acelerar este proceso consiste en crear una zona de negociación o un momento del día que induzca a la calma. Puede ser una mesa de paz, un bastón para hablar* o una reunión familiar. Al designar un espacio físico o un tiempo específico para la resolución de conflictos, ayudas a los niños a tomar distancia para gestionarlos.

4. Deja que todos expresen lo que piensan. En cierto estudio, un 40 por ciento de los niños que no habían tenido alguna orientación no fueron capaces de expresar sus deseos cuando se les in-

---

* El bastón, objeto religioso, designaba entre los nativos norteamericanos al único de entre ellos que podía hablar. Mientras lo tuviese en su mano, nadie lo podía interrumpir. Al terminar de hablar, lo pasaba al siguiente miembro que hubiese pedido la palabra. *(N. del E.)*

vitó a hacerlo para solucionar un problema. ¿Regla número uno para conseguir lo que quieres? ¡Pedirlo! ¿Cuál es el motivo de la discusión según cada uno de los implicados? Tal vez describan cosas enteramente distintas, y está bien que así sea.

5. Pide que cada cual comparta sus sentimientos. ¿Cómo se sienten? El mejor modo de hacerlo es en primera persona. Deberían aprender a expresarse así cuanto antes, y seguir haciéndolo durante toda la vida. Es algo tan sencillo como decir: yo me siento de tal forma cuando tú haces tal cosa. El otro día, Molly lo expresó así: «¡Fiona, me pongo tan furiosa cuando me desmontas el fuerte!» Como por milagro, la otra contestó, con voz queda y algo sorprendida: «Lo siento, Molly», y salió de la habitación.

6. Deja que expresen las razones por las que quieren algo y cómo se sienten al respecto. Sáltate este paso con los niños más pequeños, porque es poco probable que sepan discernir la lógica oculta de sus deseos.

7. Haz que todo el mundo diga cómo ha entendido los deseos, sentimientos y motivos de la otra persona. Esta técnica ayuda a los niños a perfeccionar la empatía. Ofrece también un espacio para aclarar malentendidos y errores de interpretación. Al llegar a este estadio, el problema se convertirá en territorio común, y los niños pueden trabajar juntos para resolverlo.

8. Cambia el centro de atención. En vez de dejar que tus pequeños guerreros sigan personalizando sus diferencias, ayúdalos a centrarse en el propio conflicto. Así lo convertirás en un problema que van a resolver juntos. Una buena opción puede ser escribirlo y dejar que los niños se sienten juntos para examinarlo.

9. Pídeles que busquen tres o más soluciones que atiendan las necesidades expresadas con anterioridad. Cuando el problema afec-

ta a niños pequeños, es importante tener en cuenta que las propuestas tal vez no sean del agrado de los adultos. No importa, siempre que a ellos les gusten las ideas y estén dispuestos a aceptarlas. Recuerda que no se trata de alcanzar soluciones de compromiso, sino de dar con la fórmula «todos ganan».

10. Accede a la solución que más beneficios reporte a ambas partes. Un abrazo o un apretón de manos y... ¡a pasarlo bien!

Si la lista te abruma y prefieres recurrir a ella sólo en caso de guerra mundial, recuerda que no tienes que seguir cada uno de los pasos al pie de la letra para llegar a ser un/a mediador/a eficaz. Adoptar una sola de las estrategias —respirar antes de entrar en batalla o pedir a los niños que hablen en primera persona— es preferible al método «¡basta ya!». Cuando te hayas habituado a recurrir a la estrategia con la que te sientas más cómodo/a, escoge otra más, y luego otra. Igual que tú, tus hijos aprenderán mejor las técnicas de resolución de conflictos si las asimilan de forma gradual. Al final, ya no necesitarán tu ayuda.

El segundo factor que enseña a los niños a solucionar sus problemas de forma constructiva es más fácil de decir que de hacer: dar ejemplo. Eso significa que, a la hora de abordar mis diferencias con las niñas y de gestionar mis desacuerdos con su padre, debo guiarme por los diez pasos que acabo de exponer. Como sé lo beneficiosas que son esas técnicas, ahora animo a mis hijas a considerar sus diferencias como oportunidades de escuchar y aprender en vez de zanjarlas con un «basta ya». Cada vez que ayudamos a los pequeños a gestionar ellos mismos sus desencuentros, no sólo aprenden a resolver sus problemas, sino que se sienten competentes y eficaces. Además, aumenta su capacidad de cooperar, mostrar empatía y establecer vínculos estrechos.
De manera que el conflicto es realmente bueno. ¿Por qué? Porque nos proporciona el material que necesitamos para crecer y conver-

tirnos en adultos sanos, felices y capaces de sobreponernos a las dificultades.

Las aldeas se construyen a base de amabilidad

Las personas que iluminan las vidas de los demás no pueden alejar la luz de sí mismas.

JAMES M. BARRIE

La inteligencia social no consiste sólo en compenetrarse con los demás o en resolver conflictos: se trata de una tendencia natural a ser amable con el prójimo. Philip, con sus increíbles dotes sociales y su facilidad para compenetrarse, es también un individuo de corazón excepcionalmente cálido y generoso. ¿Por qué? Porque posee una empatía sin límites: te acompaña literalmente en el sentimiento y no puede evitar tenderte la mano, tener un gesto amable, o incluso pensar en ti con cariño. Cuando prestamos al otro atención plena, se produce la conexión... y de ahí surgen a menudo la bondad y la generosidad.

Las personas altruistas —esos individuos en apariencia desinteresados que tienden a poner el bienestar de los demás por delante del propio; los más generosos de entre nosotros— no son personas corrientes que hacen voluntariados o donan cuantiosas sumas. Su equipo de supervivencia incluye unos hábitos de bondad que podemos inculcar a nuestros hijos. Algunos son tan sencillos como la costumbre de decir una oración; otros tal vez sean grandes gestos de filantropía. Pero, grande o pequeño, cualquier acto de amabilidad, generosidad, compasión o altruismo contribuye a forjar el tipo de hábitos que nos hacen felices. Fomentan la inteligencia social y los vínculos estrechos con los demás, e incluso acarrean dicha en sí mismos.

Lo que recibimos cuando damos

Tanto los sociólogos como los psicólogos pasan mucho tiempo deba-
tiendo acerca de si los actos altruistas son verdaderamente desinteresados. Sucede así, en parte, debido a lo mucho que nos beneficia
tener gestos bondadosos con los demás. Para empezar, ayudar al prójimo mejora la salud física y alarga la vida. Las personas amables viven
más tiempo y están más sanas. Los individuos que participan en voluntariados tienden a padecer menos dolores y achaques. Tanto es así, que
la generosidad protege nuestra salud general el doble de lo que una as-
pirina protege el corazón. Cierto estudio reveló que los voluntarios de
cincuenta y cinco años o más que trabajaban para dos o más organizaciones tenían nada menos que el 44 por ciento menos de probabilidades de morir durante el período de la investigación; y eso descartando
cualquier otro factor coadyuvante, incluidos la salud física, el ejercicio,
el sexo, el estado civil y hábitos como fumar. Eso significa que colaborar como voluntario en una organización es aún más beneficioso que
hacer ejercicio cuatro veces a la semana o acudir a la iglesia con regularidad; mejora nuestra salud casi más que dejar de fumar.

Cuando somos generosos, nos sentimos de maravilla, porque experimentamos lo que los investigadores llaman el «subidón del des-
prendido», una sensación física discernible asociada al acto de ayudar
a los demás. Aproximadamente la mitad de los participantes en cierto estudio afirmaron que se sentían más fuertes y llenos de energía después de haber ayudado a otra persona; muchos también sostuvieron haberse encontrado más tranquilos y menos deprimidos, e incluso haber
visto aumentar su autoestima. Probablemente se trate de un «subidón»
literal, parecido a los inducidos por las drogas: por ejemplo, el acto de
realizar una donación económica activa el centro de recompensas del
cerebro, responsable de la euforia inducida por la dopamina.

Para terminar, tengo que referirme al beneficio que adoro por encima de todos: ser bondadosos nos hace felices. Trabajar como voluntario reduce significativamente los síntomas de depresión; tanto prestar
como recibir ayuda se asocian con niveles bajos de ansiedad y tristeza.

Este efecto tal vez se acreciente aún más en el caso de los niños. Los adolescentes que consideran el trabajo cooperativo su principal aliciente son tres veces más felices que aquellos que carecen de dicha motivación. De igual modo, los adolescentes que se consideran generosos, optimistas y adaptados socialmente son más felices, activos, inquietos y están más comprometidos e implicados que los menos altruistas. La conducta generosa reduce la depresión juvenil y el riesgo de suicidio. Además, varios estudios han demostrado que los adolescentes que participan en un voluntariado son menos proclives a suspender asignaturas en el colegio, sufrir embarazos adolescentes o consumir drogas. Los adolescentes que participan en voluntariado tienden también a ser más competentes en el terreno social y a tener más alta la autoestima.

Por qué funciona la bondad

Es importante remarcar que los estudios han demostrado una y otra vez que los efectos de la bondad en nuestra salud y felicidad son de tipo *causal*. Es decir, las personas bondadosas no sólo tienden a ser más dichosas y disfrutan de mejor salud (podría ser que fueran amables precisamente por eso), sino que el afecto por el prójimo *contribuye* a que seamos más felices, gocemos de mejor salud y vivamos más tiempo. La bondad fortalece nuestros vínculos sociales. Dar a los demás contribuye a mejorar también la opinión que albergamos de nosotros mismos —ampliando la sensación de que tenemos algo que ofrecer al mundo—, lo que aumenta nuestra alegría de vivir. Pero ahí no acaba todo.

Casi todos sabemos por experiencia que cuando nos dejamos llevar por las preocupaciones —«*¿Qué habrá pensado ella de mí?*», «*¿Llegaré a tiempo?*», «*¿Me alcanzará el dinero este mes?*»— nos estresamos hasta lo indecible. Aunque los niños sufren otro tipo de preocupaciones, a ellos les sucede lo mismo. Se ha establecido una clara relación entre la tendencia a sufrir ataques al corazón u otras enfermedades relacionadas con el estrés y la frecuencia con que las personas se refieren a *sí mismas* en las entrevistas, mediante palabras como yo, mí, me, mío, yo mismo: según cierto estudio llevado a cabo por la Facultad de Medicina Baylor, los pacientes que padecían enfermedades más graves eran aquellos que parecían más pendientes de sí mismos y menos preocupados por los demás.

Así pues, el acto de dar mejora la salud y aumenta la felicidad, porque impide que nos preocupemos demasiado por nosotros mismos, lo cual reduce el estrés y revierte sus efectos dañinos en el organismo. «Una de las cosas más sanas que podemos hacer es evitar preocuparnos por nosotros mismos y rehuir las emociones hostiles y amargas —escribe el experto en altruismo Stephen Post—. La forma más obvia de conseguirlo es discurrir un modo de ayudar a los demás.»

La psicóloga Barbara Fredrickson ha demostrado de forma convincente que las emociones positivas poseen un «efecto desencadenante». Las emociones —tanto positivas como negativas— tienen consecuencias biológicas y psicológicas. Los sentimientos negativos, como la rabia y la ansiedad, provocan estrés al organismo, lo que causa inflamación y dolencias cardíacas, entre otras muchas enfermedades. Las positivas, por otro lado, «reparan» los efectos fisiológicos perjudiciales de los sentimientos negativos, reduciendo el ritmo cardíaco y los niveles de hormonas del estrés en el cuerpo. La bondad, la compasión, la generosidad y el amor se cuentan entre los sentimientos positivos. Dichas emociones de tipo altruista suprimen o reducen nuestras reacciones de estrés en muchos sentidos. Cierto estudio demostró, por ejemplo, que las personas que estaban preocupadas y estresadas a causa de su situación financiera se sentían mejor tras ofrecer apoyo social a otros. La amabilidad reencauza nuestras energías hacia aspectos que nos hacen sentir bien, reduciendo así los daños que los sentimientos negativos provocan en nuestra salud y felicidad.

Doy por supuesto que la mayoría de los padres albergan la *esperanza* de que sus hijos sean bondadosos, pero pocos hacen lo posible por educarlos en la bondad de forma consciente. Numerosas pruebas demuestran que, en lo concerniente a niños y adolescentes, la crianza guarda una relación significativa con la amabilidad de los niños, lo que significa que podemos, de hecho, amañar la partida de tal modo que nuestros hijos crezcan para convertirse en adultos buenos y generosos.

La clave para criar niños bondadosos radica en proporcionarles un amplio vocabulario de tipo altruista; enseñarles muchas maneras de ser personas afables y desprendidas. Tal vez no hayas advertido que este libro está lleno de tácticas para enseñar el arte de la generosidad. En el capítulo 4, por ejemplo, aprenderás cómo enseñar a tus hijos a poner en práctica el agradecimiento y el perdón. PerDONAR es un acto de bondad y generosidad, hacia nosotros mismos y hacia los demás. De igual modo, cualquier expresión de gratitud es un don, una expresión de sentimientos positivos, a veces minúscula, pero a menudo poderosa y generosa. El capítulo 5 aborda dos aspectos clave de la amabilidad: el apego seguro y la educación emocional. Vincularse de forma segura a uno o más educadores desarrolla el altruismo: las personas seguras tienden a cuidar de forma activa el conjunto de sus relaciones. Fomentar los sentimientos de seguridad en los demás los hace más proclives a demostrar compasión y a ayudar al prójimo.

Si carecen de la capacidad de mostrar empatía con las otras personas (también en el capítulo 5), nuestros retoños no sabrán prestar ayuda, simpatizar con los demás, compadecerlos o demostrar algún tipo de bondad. A los niños altruistas se les da mucho mejor ponerse en la piel del otro —demostrar empatía— que a los no altruistas.

Siete maneras de criar niños amables

1. Conviértete en un ejemplo de bondad. La amabilidad puede ser contagiosa: cuando vemos a otra persona llevar a cabo un acto amable, sentimos el impulso de ayudar también. Las investigaciones sugieren que al menos uno de los progenitores de los niños altruistas (por lo general, de su mismo sexo) transmite a sus hijos el valor de la filantropía de forma deliberada. De igual modo, los preescolares cuyos educadores se esfuerzan en ofrecer un modelo de generosidad tienden a ser serviciales y a expresar compasión verbal a los niños que se hacen daño.

2. Predica. No de un modo molesto sino a la manera de los grandes ideólogos, como Martin Luther King Jr. Se ha comprobado que los sermones empáticos pronunciados por adultos competentes, en especial si dichos adultos ejercen una influencia directa en los niños, inspiran a los más jóvenes a comportarse con mayor generosidad. La palabra clave en este caso es «empatía». La mejor táctica consiste en ayudar a los niños a imaginar los sentimientos de las personas a las que están ayudando: «Creo que deberíamos compartir lo que tenemos con los niños pobres, porque seguro que se ponen muy contentos de recibir dinero para comprar comida y juguetes. Al fin y al cabo, los niños pobres no tienen casi nada. Si todo el mundo los ayudase, a lo mejor no parecerían tan tristes». En vez de: «Creo que las personas deberían compartir sus posesiones con los más pobres. Está bien hacer donativos a los niños y niñas más desfavorecidos. Sí, deberíamos dar dinero a los que tienen menos que nosotros. Es lo correcto».

3. Haz responsables personalmente a los más jóvenes en algún sentido. Cuando se pidió a niños de cuatro a trece años que donaran sus golosinas de Halloween a otros chicos hospitalizados, dieron más (y se mostraron mejor dispuestos a realizar la donación) los que se sintieron personalmente implicados. Los investigadores inculcaron el sentimiento de responsabilidad en los pequeños diciendo cosas como: «Cuento contigo, y contigo y contigo. Pondré el nombre de cada uno de vosotros en las bolsas de golosinas que llevaré mañana a los niños del hospital», en lugar de decir: «Por favor, recoged todas las golosinas que podáis y colocadlas en la caja que está encima de la mesa».

4. Anima a los niños a pensar en ello. La mera idea de pensar en dar parece influir tanto en la salud y en la felicidad como el hecho de hacerlo. Según concluyó cierto estudio, el sistema inmunitario de los escolares que presenciaron una película donde aparecía la Madre Teresa ayudando a niños huérfanos se fortaleció

tras la proyección, sobre todo entre aquellos que procuraron evocar momentos en que se habían sentido amados o habían amado a otra persona. De igual modo, rezar por los demás reduce el impacto negativo de los problemas de salud entre las personas de edad. Y para concluir, *incluso recordar* que has ayudado a alguien ejerce efectos beneficiosos en la salud durante varias horas, o incluso días.

5. No premies la conducta servicial. Los niños muy pequeños que reciben recompensas por ayudar a los demás son menos proclives a adquirir el hábito de hacerlo que aquellos que sólo reciben un halago o ningún premio en absoluto. Esta investigación sugiere que incluso los infantes albergan motivación intrínseca, y que las recompensas extrínsecas debilitan dicha tendencia.

6. Sé positivo. Los padres que expresan sentimientos positivos y recurren a una disciplina constructiva y no coercitiva crían niños más bondadosos y compasivos. Utilizar el método REYNA descrito en el capítulo 6 es una postura constructiva y no coercitiva; gritar, zurrar y amenazar no lo son.

7. Deja que presencien la necesidad ajena. Tendemos a proteger a los más jóvenes del dolor y el sufrimiento, y al hacerlo los blindamos contra las necesidades de los demás. Plantéate que, contrariamente a lo que pudieras pensar, la compasión es una emoción positiva muy relacionada con la felicidad, y ofrece a los niños ocasiones de sentirla. Incúlcales que la compasión es un don; una vía para ofrecer tiempo, atención y energía a otra persona. Esta estrategia posee una ventaja adicional: cuando permitimos que los pequeños presencien el sufrimiento ajeno, a menudo sienten compasión *y* gratitud.

HAZ LA PRUEBA

Enseña a los niños de cuántas formas distintas pueden ofrecer tiempo y energía a los demás

Pero espera un momento... ¡aún hay más! Hay infinidad de formas de ofrecer tiempo y energía a los demás. Debemos dar ejemplo al respecto a nuestros hijos, y también enseñárselas todas. He aquí algunas ideas para empezar.

1. Ayuda a tus hijos a participar en un voluntariado. Mis hijas y yo colaboramos como voluntarias en el banco de alimentos de la localidad durante el verano y las vacaciones.

2. Crea tradiciones que impliquen una donación. Muchas familias recogen regalos para niños desfavorecidos en los días de fiesta, ayudan a limpiar los parques el día de la Tierra o hacen donativos a organizaciones de caridad con motivo del aniversario de la muerte de un ser querido. Tal vez podríais empezar haciendo juntos un trabajo voluntario durante las reuniones familiares o celebrando unas vacaciones de Pascua orientadas al servicio.

3. Elogia a los pequeños cuando demuestren empatía o den apoyo emocional a otras personas. Enseña a tus retoños que a menudo el mejor regalo es escuchar al prójimo y apoyarlo en silencio.

4. Anima a los niños a tener pequeños gestos de bondad. En la escuela infantil les enseñaron a mis hijas a recoger la basura del suelo. Aunque a menudo me asquea esa costumbre, es un acto de altruismo mínimo que llena a las niñas de orgullo. Esos pequeños gestos de bondad no tienen que ser gran cosa. Los pacientes de esclerosis múltiple (EM) que aprendieron a ofrecer compasión y un respeto incondicional a personas que padecían su misma dolencia mediante llamadas mensuales de quince minutos,

«demostraron una clara mejoría en cuanto a confianza en sí mismas, autoestima, depresión y desempeño de su papel» transcurridos dos años. Aquellos filántropos se encontraban especialmente protegidos contra la depresión y la ansiedad.

5. Proporciona a los niños oportunidades para enseñar, orientar o cuidar de otra persona. Cuando se enfrentan a retos como aprender a leer, les beneficia mucho ayudar a otros que también experimentan dificultades. Podemos tomar ejemplo de nuestros primos cercanos: los monos que se desenvuelven extremadamente mal en grupo por culpa de la negligencia y el aislamiento sólo se recuperan cuando se les concede la oportunidad de cuidar de un mono bebé.

6. Enseñar a los niños que celebrar los acontecimientos significativos y el cumpleaños de otras personas son actos participativos que promueven sentimientos positivos. Haz hincapié en los aspectos no materiales de la celebración. Instaura tradiciones centradas en las *personas* —no en los juguetes, los pasteles y los globos— como contar la historia del nacimiento del niño en su cumpleaños, o pedir que todo el mundo complete la frase «Me alegro de que nacieras porque...»

Comoquiera que decidas inculcar la bondad en tus hijos, cosecharán los beneficios a lo largo de toda su vida. Un estudio particularmente impresionante demostró que el deseo y la capacidad de ayudar a los demás en la adolescencia predecía buena salud física y mental *cincuenta* años después. Con práctica y algo de aliento, la mayoría de los niños llegarán a dominar el arte de dar. Por último, recuerda que tu ejemplo influirá enormemente incluso en los adolescentes, por distanciados que estén. Los jóvenes de familias en cuyo seno reina cierta armonía y que han sido educados en la generosidad han demostrado más tendencia a mostrar consideración hacia el prójimo, tener miras más amplias y compasivas en los aspectos sociales y ser más conscientes de su propia capacidad para cuidar de sí mismos y de los demás.

HAZ LA PRUEBA

Pon en práctica el amor benevolente

Una nueva línea de investigación está demostrando que hay una forma muy sencilla de compenetrarse con los demás, adquirir inteligencia social y ser más amable. Y seguro que jamás se te habría ocurrido.

Se trata de una forma específica de meditación. Quizá sentarte con las piernas cruzadas repitiendo frases como «Ojalá todos los seres humanos estén libres del sufrimiento» te parezca excesivo. Soy científica, así que imagínate cómo me podría sentir recitando ese mantra en compañía de importantes neurocientíficos durante un retiro silencioso de siete días. Pues la verdad es que lo hice recientemente y *no* me sentí una boba. Me sentí bien.

¿Por qué?

Las investigaciones demuestran que la práctica budista de meditar sobre el amor benevolente —cuyos beneficios la ciencia está empezando a descubrir— nos ayuda a construir vínculos sociales, nos hace sentir menos aislados y nos conecta con las personas que nos rodean. Cierto estudio demostró que *una sola sesión de siete minutos* de esta práctica ayudaba a las personas a contemplar con más benevolencia tanto a sus seres queridos como a los extraños, a sentirse más cerca de sus semejantes, *e incluso* a aceptarse más a sí mismas. Imagínate lo que se podría conseguir con una práctica regular.

La investigación también ha demostrado que, practicada a lo largo de un período de nueve semanas, este tipo de meditación incrementa la frecuencia de las emociones positivas. El trabajo de la psicóloga positiva Barbara Fredrickson demuestra de manera incontestable que este ejercicio coloca a las personas en «el camino del crecimiento», las hace más capaces de protegerse contra la depresión, e incluso «aumenta su satisfacción existencial». Sucede así porque meditar sobre el amor benevolente desarrolla los recursos necesarios para disfrutar una existencia significativa y plena, como la certeza de tener un propósito definido en la vida, un apoyo social más fuerte y buena salud. La investigación prueba que dicha meditación transforma incluso «el enfoque existencial» de una persona a mejor.

Creo que hablarles a los niños de los beneficios de este ejercicio constituye una motivación excelente. Tengo debilidad por las conclusiones científicas, por supuesto, pero a mi familia y a mí también nos gustan las enseñanzas que Buda nos legó: a Fiona le encanta saber que, según Buda, esta meditación contribuye a que los demás te quieran; Molly adora pensar que los animales se sentirán a gusto con ella; a mi madre la hace feliz decirse que su rostro lucirá radiante; y yo prefiero tener presente que serena mi mente.

Cómo ponerla en práctica

A grandes rasgos, consiste en sentarse cómodamente con los ojos cerrados e imaginar cómo desearías que fuera tu vida. Formula los deseos en tres o cuatro frases. Una meditación tradicional sería más o menos así:

Deseo sentirme bien. Quiero ser feliz. Ansío estar en paz.

La meditación de amor benevolente consiste básicamente en repetir estas mismas frases, pero cambiando el objeto de la meditación en cada sesión. A menudo lo hago con Fiona por la noche, antes de dormir.

1. Empieza visualizando al sujeto de tu meditación. Hazlo tú en primer lugar. Yo suelo decir una frase («Deseo ser feliz») y después Fiona la repite. Tras unas cuantas repeticiones, acostumbramos a decir las frases a la vez.

2. Luego enfoca la meditación en alguien que te inspire agradecimiento o que te haya ayudado de algún modo. A Fiona le gusta visualizar a la señora Adams, su maestra superestrella. De manera que decimos: «Deseo que disfrute de buena salud. Ruego que sea feliz. Deseo que se sienta en paz. Espero que viva libre de su-

frimientos». Entretanto, tenemos a la señora Adams en el pensamiento.

3. A continuación dirige la meditación a otros seres queridos. El padre de Fiona aparece con frecuencia, pero por general nos visualizamos mutuamente, pues cada una es la persona más querida de la otra.

4. Lo que más nos cuesta es visualizar a personas que no nos inspiran ningún sentimiento en especial; gente que ni nos gusta ni nos disgusta. Un día Fiona sugirió el cartero, pero después se dio cuenta de que lo *adoraba*. Normalmente escogemos a vecinos con los que nunca hemos hablado, aunque también en este caso nos cuesta bastante que no nos caigan bien simplemente por ser nuestros vecinos. Esta visualización nos ayuda a comprender lo mucho que nos precipitamos al juzgar a los demás.

5. Por extraño que parezca, el siguiente paso es muy fácil: visualizar a personas que no te caen bien o con las que tienes problemas. Suele ser el niño de cuarto que se mete con Fiona, y ella se siente más poderosa después de enviarle su amor.

6. Por último, dirige la meditación al conjunto de la humanidad. *Deseo que todas las personas del mundo sean felices.*

Hacer esto con niños de cualquier edad no tiene por qué ser difícil; la mayoría de los niños no tienen problemas en usar su imaginación para enviar amor y buenos deseos.

¿Quién vive en tu aldea?

Las madres suelen llevarse todos los méritos —y cargar con todas las culpas— de la felicidad y la buena salud de sus hijos. La feminista de la vieja escuela que hay en mí considera por instinto que eso es un cuento y una injusticia, pero la madre soltera que también vive en mi interior siempre se ha preguntado: ¿puedo hacerlo sola? ¿De verdad los padres son tan importantes como las madres? En resumen, las respuestas empáticas a estas dos preguntas son *no*, no puedo hacerlo sola, y *sí*, el papel del padre es esencial.

Pese a que los investigadores han prestado mucha atención al vínculo madre-hijo —nosotras las madres somos muy importantes—, los niños son igual de proclives a crear lazos de apego con los padres. De hecho, la mayoría de los niños del mundo no son cuidados por sus madres en exclusiva, ni siquiera principalmente por éstas. La idea de que se encontrarán mejor atendidos si la madre es la cuidadora exclusiva nace de la industrialización de Occidente. Las madres ostentan ese papel sólo en un 3 por ciento de las sociedades no industriales.

Infinidad de estudios demuestran que tanto los padres como las otras personas a cargo de los niños poseen gran importancia, y que los pequeños no sólo se benefician de la diversidad de vínculos de apego, sino que tienden a establecerlos por instinto.

Las criaturas se sienten *mucho* mejor cuando la relación con su padre está caracterizada por la sensibilidad, la seguridad y el apoyo, así como por la intimidad, la atención y el cariño. Uno de los grandes problemas que acarrea el divorcio es que, cuando el padre abandona el hogar, la relación con su hijo se resiente. Si continúa implicado, a los niños les resultará mucho más fácil superar la separación. Por regla general, los niños cuyos padres participan activamente en su cuidado y se relacionan a menudo con ellos son más proclives a cosechar los beneficios que detallaremos más adelante. No obstante, antes de referirme a ciertas investigaciones, debo plantear la pregunta que sin duda se están haciendo las madres solteras que andan por ahí. ¿De verdad merecen los padres tanto reconocimiento? Los resultados de las investigaciones como las que citaré a continuación no demuestran de manera concluyente que la implicación del padre sea particularmente beneficiosa para los hijos; sólo sabemos que los hijos de padres que se involucran tienden a hacer gala de esas cualidades. Aunque muchos estudios tienen en cuenta otros factores a la hora de valorar las ventajas concretas de la implicación paterna, la relación entre dicha implicación y el óptimo desarrollo de los niños es compleja.

Por ejemplo, la posición ventajosa de los hijos de padres involucrados podría deberse en parte a factores económicos: tener un padre que se implica supone también que los ingresos de la familia son mayores; en ese caso, los efectos positivos tal vez provengan de que los niños viven en un barrio más seguro y acuden a colegios mejores. O quizá la implicación paterna permita a la madre trabajar menos, de modo que los pequeños salen beneficiados porque las madres pasan más tiempo con ellos. Sea como sea, por regla general, las investigaciones demuestran que los hijos de padres que se involucran de manera positiva tienden a hacer gala de las siguientes cualidades:

1. Son más inteligentes y rinden más en el colegio y en el trabajo. Los hijos de padres implicados son más hábiles para resolver problemas y poseen un coeficiente intelectual más alto a la edad de tres años. Existe una teoría al respecto: los padres tienden a hablar con los niños de un modo distinto al de las madres y, a consecuencia de ello, los pequeños construyen frases más largas y utilizan más vocabulario cuando charlan con sus progenitores varones. Los escolares cuyos padres se involucran de manera positiva tienden a sacar, de media, notas más altas y a ser mejores en matemáticas, lectura, pensamiento abstracto y capacidad lingüística. Esos niños disfrutan más en el cole y hacen gala de mayor iniciativa, capacidad de organización y autocontrol. En etapas posteriores de la vida, los hijos de padres implicados tienen más probabilidades de triunfar en su profesión y ganar más dinero.

2. Son más felices. Los hijos de padres que se involucran de manera positiva tienden a sentirse más satisfechos de la vida en general. Experimentan menos depresiones, angustia y ansiedad, así como menos emociones negativas como miedo y sentimiento de culpa.

3. Tienen más amigos y se relacionan mejor. Los hijos de padres positivamente involucrados poseen más habilidades sociales, tienden a ser más admirados y caen mejor. Experimentan menos conflictos con sus compañeros. Igualmente, son más proclives a desarrollar tolerancia y capacidad de comprensión. Su relación con los hermanos suele ser más positiva, poseen redes de apoyo formadas por amistades antiguas e íntimas, y disfrutan de matrimonios más felices y de relaciones más estrechas.

Por si no bastara con lo dicho hasta el momento, los hijos de padres positivamente implicados son menos propensos a meterse en líos o a enzarzarse en conductas de riesgo: la implicación paterna protege a los jóvenes del consumo de drogas en la adolescencia. Si bien es cierto que los niños felices y adaptados podrían inducir a sus padres a involucrarse más, infinidad de estudios tienen en cuenta esos factores en un sentido o en otro y, como es de esperar, los resultados demuestran que, en cualquier caso, cuando los padres se involucran positivamente, los hijos salen muy beneficiados. De modo que, cuando hablamos de construir la aldea de los niños, es importante recordar que también los padres deben tener un lugar.

A continuación voy a exponer las conclusiones que yo, como madre, extraigo de todas esas investigaciones. En primer lugar, es muy importante que el padre se involucre positivamente en la vida de los más jóvenes, y las madres deberíamos hacer cuanto esté en nuestra mano por promover dicha implicación..., aunque no estemos casadas con el padre o nos resulte incómodo tenerlo cerca. En segundo lugar, podemos resumir toda esa información diciendo que cuanto más positiva sea la relación de nuestros hijos con los adultos, mejor: estas investigaciones se refieren a los vínculos con el padre y la madre, pero yo creo que las relaciones constructivas y duraderas con abuelos, tías, tíos y amigos íntimos también son primordiales.

HAZ LA PRUEBA

Cómo conseguir que el padre de tus hijos se implique más

A estas alturas, es probable que algunas de las madres que están leyendo estas líneas estén un poco enfadadas ante mi insistencia en la importancia del rol paterno, dado que son ellas quienes cargan con el trabajo más pesado de la crianza infantil. Aun hoy día —varias generaciones después de que las mujeres se hayan incorporado al mundo laboral— damos por supuesta la importancia suprema de la maternidad. Y, por supuesto, albergo la esperanza de que muchos de los lectores de este libro sean hombres, varones que, a su vez, probablemente se sientan molestos al advertir que el grueso de la argumentación da por sentado que son minoría. ¿Qué otra cosa puedo decir aparte de lo siguiente? Si eres un padre que se implica positivamente en la vida de tus hijos, felicidades. Puedes saltarte este apartado.

La realidad es que no todos los niños, ni siquiera la mayoría, tienen la suerte de contar con padres positivos e involucrados. En términos generales, los tiempos han cambiado y los varones participan más en la crianza que el señor Cleaver, de *Leave it to Beaver*. En su época, a mi padre lo consideraban un progenitor implicado porque de vez en cuando jugaba con nosotros al *softball* y me llevaba a algún que otro baile para padres e hijas. Sin embargo, el papel de los padres de hoy no puede limitarse a los aspectos lúdicos. Mi propio padre ha trabajado más —cambiando pañales, yendo a buscar medicamentos y limpiando vómitos de perro— en mi casa con sus nietas de lo que colaboró jamás cuando mis hermanos y yo éramos pequeños.

No obstante, considero a mi padre una excepción en cuanto a los cuidados que prodiga a mis hijas. Los sociólogos de familia a menudo sostienen que, si bien las mujeres han hecho grandes progresos en el terreno laboral, aún se enfrentan en el hogar a una ardua lucha debido a su sexo: por lo general, los hombres no están asumiendo la parte que les corresponde de trabajo doméstico y crianza. La buena noticia es que en las últimas tres décadas se ha doblado el tiempo que los hombres dedican a las tareas del hogar. La mala es que las mujeres se siguen encargando del 70 por ciento de este trabajo. Los cambios requieren tiempo. «En serio —me dijo una madre hace poco—, ¿qué podemos hacer para que los padres se impliquen más?»

He aquí tres estrategias que incitarán a los hombres a participar:

1. Apoyo materno. Los hombres tienden a implicarse más cuando las madres esperan y creen que la crianza es una empresa conjunta. Cuando una madre piensa que el papel del padre es muy importante, éste tiende a conceder más importancia a su propio rol, lo que a su vez provoca más implicación por su parte.

   Las madres a veces actúan como «guardianas» que obstaculizan la involucración paterna. Tanto las mujeres que no están del todo convencidas de la competencia del padre como aquellas que no quieren perder el control de la crianza tienden a bloquear una mayor participación del varón (tanto si lo hacen de forma consciente como inconsciente). Por otra parte, el apoyo de la madre puede incrementar la calidad de la crianza masculina. Las diferencias de opinión en cuanto a educación y trabajo doméstico constituyen una forma muy extendida de impedir una mayor implicación paterna. Cuanto más apoyo y aliento preste la madre —en vez de quejarse por la forma en que el varón realizó cierta tarea—, más probabilidades hay de que el padre se involucre.

2. Una buena relación con el otro progenitor. El mayor pronóstico de implicación paterna es la calidad de su relación con la madre de sus hijos (tanto si están casados como si no). Si abunda el conflicto en el matrimonio o en la relación coparental, los hombres tienden a experimentar dificultades para participar en la vida de sus hijos. Por otro lado, la implicación paterna también puede fortalecer la relación de pareja. Los padres que participan positivamente de la vida de sus retoños tienen muchas más probabilidades de triunfar en el matrimonio.

3. Un horario de trabajo razonable. Los hombres afirman que las largas jornadas laborales son las principales culpables de su escasa participación en la crianza de los hijos. Las organizaciones dispuestas a mejorar la salud y el bienestar de los hijos de sus empleados deben buscar maneras de reducir la carga laboral de los padres trabajadores.

¿Tienen que vivir los padres con los niños para que éstos se beneficien de las ventajas expuestas?

Los padres que no viven con sus hijos pueden influir tanto en el bienestar y en el rendimiento de sus retoños como aquellos que residen en el domicilio familiar si mantienen con éstos unos vínculos estrechos. A menos que la relación entre los progenitores esté definida por unos niveles de conflicto extremadamente altos, los niños se desenvuelven mejor tras un divorcio cuando pueden mantener unas relaciones significativas con ambos progenitores.

El mejor pronóstico de la calidad del vínculo paterno-filial es la calidad de la relación con la madre de los niños. Cuando los padres que viven separados son capaces de cooperar de manera eficaz, el contacto padre-hijo tiende a incrementarse, lo que a su vez fomenta una buena crianza y lazos más estrechos entre el progenitor no residente y su descendencia.

También es muy importante el estilo educativo del padre. Los niños se desenvuelven mejor en términos generales cuando el padre se implica desde una postura ni demasiado permisiva ni demasiado estricta. Estos padres «con autoridad» se preocupan por:

- Establecer reglas, observar su cumplimiento y proporcionar una disciplina coherente.
- Vigilar y supervisar a sus hijos.
- Ayudar con el trabajo doméstico.
- Proporcionar consejo y apoyo emocional.
- Alabar los logros de los niños.

Participar en las «actividades de ocio» —como salir a cenar, comprar cosas a los niños o ir al cine— no suele influir en el bienestar infantil. Los padres que no residen en el domicilio familiar se desenvuelven mejor cuando siguen inmersos en el meollo del día a día en lugar de convertirse en una figura que se limita a llevar a las criaturas de excursión el fin de semana.

Y no olvidemos que una de las contribuciones más importantes que el progenitor no residente puede hacer al desarrollo y bienestar de los hijos es la cuantía de la pensión alimentaria. El valor de la ayuda que percibe un niño influye en:

- El rendimiento académico y los resultados en las pruebas de conocimientos.
- Las habilidades sociales.
- El bienestar emocional.
- Los problemas de conducta.
- La salud y la nutrición.

La cuantía de la pensión aportada por el progenitor no residente ejerce efectos enormes en los niños, incluso después de considerar aspectos como la influencia de los ingresos maternos, la frecuencia del contacto entre el padre y los hijos y el conflicto entre los progenitores.

HAZ LA PRUEBA

Forma parte de la aldea

No hace falta ser el padre o la madre biológicos para contribuir a criar niños felices. A medida que se reducen los miembros del hogar occidental, los progenitores necesitan «segundas madres» —abuelos, padrastros, madrastras, tíos, tías y amigos íntimos— que colaboren y participen de la aldea de los más jóvenes, ahora más que nunca. Si eres el progenitor no residente (la «otra madre» o el «otro padre»), puedes influir de forma notable en la salud y el bienestar de los niños que forman parte de tu vida. Aunque ya no estoy casada con el padre de mis hijas, no me considero una madre soltera. ¿Por qué? En primer lugar, Mike es un padre implicado que prepara comidas, ayuda con los deberes y participa de los aspectos más engorrosos de la crianza de las niñas. Además, mis padres viven cerca y ven a mis hijas una o dos veces por semana; las recogen del colegio, traen algo para cenar, les hacen de canguro o sencillamente pasan por casa para echar una mano con las tareas domésticas o el baño. Y sus otros abuelos, que residen a mucha distancia, han creado tradiciones y rituales especiales con las niñas; las tradiciones promueven vínculos sociales fuertes y auténticos. Cuando los abuelos nos apoyan a Mike y a mí, fortalecen nuestra aldea y nuestra labor de crianza.

Mi hermano también vive cerca y acude a cenar cada dos fines de semana. Tiene por costumbre gastarles bromas a las pequeñas y hacer alguna que otra travesura, lo que a menudo las lleva a planear algunas venganzas en el intervalo que transcurre hasta que lo vuelven a ver. De modo que, aunque no nos reunimos a diario, mantiene un fuerte vínculo con las niñas.

Tengo la suerte de contar con una amiga sin hijos que quiere a Fiona y a Molly como si fueran suyas. Cena con nosotras cada lunes, y les hace de canguro (gratis) varias veces al mes. Jane mantiene una relación especial con las pequeñas nacida en gran parte de sus intereses comunes: es artista y zoóloga. Enseña a las niñas infinidad de curiosidades acerca de cuantos vertebrados habitan bajo el sol, y siempre anda ideando algún nuevo proyecto artístico. Como Jane se ha interesado a fondo en mis hijas desde que éstas tienen uso de razón, ha construido con ellas un vínculo muy fuerte.

Otro elemento clave: poseo una extensa red de buenas amigas en la localidad que recogen a las pequeñas del colegio cuando tengo que trabajar. Cocinamos las unas para las otras con regularidad y tratamos a los hijos de las demás como si fueran propios. Considero a esas segundas madres tan fundamentales para la seguridad y la felicidad de mis hijas como para mi propia cordura. Me llena de alegría ver cómo Molly sale corriendo de clase y le da un gran abrazo a mi amiga Adrienne antes de verme a mí; también me hace feliz saber que Fiona ha decidido comentar un problema con mi amiga Kathleen. Tal vez yo sea madre soltera, pero por mucho que me esforzase en considerarlo así, jamás podría afirmar que estoy criando a mis hijas en solitario.

Cualquiera de las estrategias que expongo en este libro puede ser adoptada por esos otros padres y madres. Los abuelos, tías y tíos que tanto adoran a sus nietos y sobrinos —de hecho, cualquiera que desee tener un lugar en la aldea del niño— pueden aprender el arte del elogio con mentalidad de superación (capítulo 3) si desean que su fervor contribuya al éxito y al compromiso existenciales de los más jóvenes. Crear momentos y rituales de gratitud (capítulo 4) entre tus vecinos, amigos y familia como estrategia para ejercitar el agradecimiento consciente te asegurará un papel central y constructivo en la aldea del pequeño.

Para convertirte en un elemento positivo del entorno de un niño no hace falta gran cosa. ¿Lo tratas con sensibilidad y cariño? ¿Lo alientas y eres afectuoso/a? ¿Lo apoyas, cuidas de él y lo aceptas? He aquí algunas de las estrategias más sencillas para involucrarse de manera positiva en la vida de los más jóvenes.

1. Dedica algún tiempo a hablar con ellos. A menudo, lo que más necesitan los niños es alguien que sepa escucharlos.

2. Enséñales a hacer algo que te encante.

3. Anímalos y apoya sus actividades e intereses. Acude a sus partidos y competiciones, llévalos a patinar cuando sabes que lo están deseando, hazles regalos que guarden relación con sus aficiones.

4. Supervísalos cuando se reúnen con sus amigos o ayúdalos con los deberes.

5. Haz recados con ellos. Nunca se sabe en qué momento una conversación en el coche o en la cola del supermercado puede resultar de suma importancia.

6. Toma parte en sus cuidados básicos, como las comidas y el baño.

7. Descubre qué intereses comunes tienes con ellos y anímalos a realizar esas actividades. Tal vez podríais leer juntos, chutar el balón o jugar al ajedrez.

8. Limítate a demostrarles que pueden contar contigo para charlar, acompañarlos a algún sitio o prestarles otro tipo de ayuda, a ellos o a sus padres.

9. Dedica tiempo a hacer planes con ellos. ¿Adónde les apetece ir el próximo fin de semana? ¿Qué tienen pensado para su cumpleaños? ¿Cómo les puedes ayudar a poner en práctica sus planes?

10. Demuéstrales tu afecto y tu amor. El mero hecho de estar ahí y quererlos posee un gran valor.

11. Préstales tu aliento emocional en los momentos difíciles.

Ninguno de los muchos modos expuestos para que los segundos padres y madres se involucren de forma positiva en la vida de los niños requiere vivir con ellos, pero todos te ayudarán a construir la aldea de los más jóvenes. Cuando profundizamos en nuestras relaciones mutuas, todos salimos ganando. Si una tía se compenetra con su sobrino, ambos se sienten de maravilla; los tíos y los abuelos se benefician de saberse necesitados por los niños tanto como a éstos les favorece su ayuda. ¿Cuál sería la clave de la felicidad, si tuviera que escoger sólo una? Un tropel de amigos, familia y vecinos cariñosos.

TRES

Tercer paso:
Pídeles a tus hijos
esfuerzo y fruición, no perfección

*Sólo aquellos que se arriesgan a alejarse demasiado
tienen posibilidades de averiguar cuán lejos pueden
llegar.*

T. S. ELIOT

«¡Qué inteligente eres!»

«Le encanta la música, pero por lo visto no heredó el talento de su padre.»

«¡Eres muy creativa!»

«¡Estás hecho un genio de las mates!»

«Intenta no frustrarte, cariño. Quizás el fútbol no sea lo tuyo.»

Yo solía decir cosas así a mis hijas (o sobre ellas) constantemente. Solía, hasta que descubrí que ciertas formas de elogio pueden hacer que los niños rindan por debajo de sus posibilidades a largo plazo, por no mencionar que los ponen nerviosos y los hacen desgraciados. Las alabanzas, en y por sí mismas, no son malas, pero los buenos elogios —los elogios con mentalidad de superación, que explicaré más adelante— contradicen la sabiduría popular en muchos casos. Una vez que se domina, este tipo de elogio educativo ayuda a los niños a:

- Aprender y rendir más.
- Disfrutar más con las actividades.
- Aceptar los retos.

Este capítulo te enseñará a alabar a los más jóvenes de manera eficaz. También comprenderás por qué aceptar los fracasos de los niños contribuye al éxito, y por qué es importante no elogiar, aplaudir o dar cualquier tipo de importancia a las notas u otros resultados.

En qué consiste la mentalidad abierta o de superación

La investigación de la psicóloga de Stanford Carol Dweck sobre la psicología del éxito demuestra que la mentalidad de un progenitor —en este caso, nuestras creencias acerca de lo que significa triunfar— ejerce una enorme influencia en los sentimientos de los niños respecto al colegio y a sus capacidades académicas, deportivas... e incluso sociales y artísticas.

Existen dos tipos básicos de mentalidades. Las personas de mentalidad rígida creen que el talento y la personalidad son cualidades más o menos innatas, grabadas en piedra. Las personas con mentalidad de superación piensan que el éxito constituye tanto la consecuencia directa de un esfuerzo como una aptitud, si no más.

Según mi experiencia, la mayoría de los progenitores describen las personalidades de sus hijos desde una mentalidad rígida: comentan la facilidad que tiene su hijo mayor para las matemáticas, que al pequeño se le da bien la lengua, que un niño ha heredado el talento del padre para la música y el otro la coordinación mano-ojo de su madre. Centrarse tanto en unos factores en apariencia genéticos puede parecer inocuo, pero al hacerlo enviamos a los niños un mensaje poderoso acerca de lo que significan el aprendizaje y el esfuerzo. Casi tres décadas de investigación han puesto en evidencia las terribles consecuencias de hacer creer a los niños que su inteligencia (o sus aptitudes atléticas, o cualquier otra cosa, de hecho) es congénita, en lugar de transmitirles que el talento se puede desarrollar.

Cuando enviamos a nuestros hijos el mensaje de que sus capacidades son innatas —cuando les decimos que poseen un don natural para jugar a béisbol o para las matemáticas—, creamos en ellos la necesidad de demostrar sus «dones» una y otra vez. No digo que a los niños les desagraden ese tipo de elogios; les gustan. Se hinchan de orgullo, e incluso se sienten impulsados a seguir haciendo lo que quiera que estemos elogiando. Por desgracia, cuando los pequeños se aferran a la etiqueta que los define como «dotados», también pierden el interés en aprender cosas nuevas y empiezan a escoger las actividades en función de si creen que se les darán bien o mal, de si parecerán listos o tontos, de si serán aceptados o rechazados. Por muy extendida que esté entre los padres, el problema de la mentalidad rígida radica en que infravalora la importancia del esfuerzo en el proceso de aprendizaje.

Por ejemplo, la hija de mi amiga Elizabeth, Madeline, alumna de quinto curso, siempre ha sido considerada una buena gimnasta, capaz de hacer la rueda sin esfuerzo y de abrirse en espagat sin que al público le duela sólo de mirarla. Madeline dio saltos de alegría cuando Elizabeth le propuso inscribirla en un gimnasio... hasta que se enteró de que compartiría las clases con otras alumnas de quinto que llevaban años asistiendo. La niña comprendió que no recibiría el tipo de elogios («Caray, Madeline, eres una gimnasta nata») a los que estaba acostumbrada, de modo que empezó a poner excusas: «No creo que tenga tiempo. No es lo mío. Ese gimnasio es para niños pequeños». No quería ser la novata de la clase y arriesgarse a perder el estatus de gimnasta natural. Aunque el instinto le decía a Elizabeth que recurriese a los típicos elogios de mentalidad rígida —«No te preocupes, la gimnasia es lo tuyo»—, se mordió la lengua y buscó la forma de darle ánimos desde una mentalidad de superación: «Seguramente las otras niñas lo harán mejor que tú, ¡pero eso será fantástico! Aprenderás muchísimo de ellas. Lo único que importa es que disfrutes, y por lo que parece te divierte mucho hacer gimnasia».

Los niños y los padres que atribuyen el éxito al talento natural más que a factores como la práctica tienden a considerar el esfuerzo como un indicio de falta de aptitudes para la actividad en cuestión. Por ejemplo, imaginad qué le pasa a un niño que cree tener una inteligencia excepcional cuando no entiende algo sencillo. ¿Querrá eso decir que todos estaban equivocados... que no es brillante? Ese tipo de comentarios se convierten en un problema cada vez que debemos aprender algo nuevo. Requiere esfuerzo y a menudo trabajo duro dominar una nueva habilidad o aprender un tema desde cero.

Mi amiga Jackie advirtió los inconvenientes de la mentalidad rígida cuando su hija Brook tenía unos seis años. Brook era capaz de dibujar una flor increíblemente detallada y elaborada, sorprendente para una niña de su edad. Un día que una nueva canguro llegó a su casa, Brook dibujó su flor por millonésima vez. Era de esperar que la canguro se deshiciera en elogios acerca del increíble talento de la niña, ante los que la muchachita sonreiría orgullosa. Sin embargo, todos sabíamos que si la educadora le pedía que dibujara un árbol o una manzana, la niña ni siquiera lo intentaría, porque entonces alguien podría pensar que no sabía dibujar. Brook estaba limitando su repertorio artístico con el fin de ser considerada una dibujante excepcional.

Igual que Brook, yo fui en mi época de instituto una estudiante de mentalidad rígida, y os aseguro que no es nada agradable ir por la vida procurando demostrar siempre lo bien que se te da aquello en lo que quieres destacar. Afortunadamente, *podemos* enseñar a los niños a juzgar las situaciones de un modo distinto a como yo lo hacía: considerando si se van a divertir, si van a aprender algo o a aportar algo al grupo; no pensando si van a ganar, a triunfar o a ser los mejores.

Si quieres inculcar la mentalidad de superación en cualquier persona de tu entorno, te resultará muy fácil: los investigadores lo consiguen con sólo pronunciar una frase. Basta con enviar el claro mensaje de que el esfuerzo es más importante que los resultados. Cuando consideramos que la victoria es el propio empeño que ponen los niños y no las notas que sacan o si han ganado o no el partido, fomentamos la mentalidad de superación. Sé que a muchos padres y madres la teoría les parecerá más fácil que la práctica. Aunque comprendamos en el plano intelectual las diferencias entre la mentalidad rígida y la de superación, lo cierto es que una mentalidad rígida a menudo no es sino el reflejo de creencias y deseos muy arraigados sobre nuestros hijos y nosotros mismos.

¿Y qué pasa con la universidad?, preguntaréis. Al fin y al cabo, la selectividad no evalúa la voluntad, sino los conocimientos y los resultados. Comprendo que nuestra cultura tiende a colocar los logros por encima del esfuerzo, pero no estoy diciendo que los niños no vayan a triunfar si hacéis hincapié en el trabajo. Y me refiero a triunfar en el sentido tradicional, es decir, un resultado excelente y un rendimiento de élite. Desde una mentalidad de superación definiríamos la victoria como algo un poco distinto, pero esta clase de victoria también contribuye al éxito en el sentido más tradicional del término.

La ciencia del éxito

¿Es verdad —preguntarás— que si dejo de hacer hincapié en los talentos «naturales» de mis hijos y de elogiar sus logros serán felices *y* rendirán más? ¿O serán más felices, pero únicamente saldrán ganando en aspectos menos tangibles? ¿De verdad es posible triunfar gracias al trabajo duro y nada más?

Existe una relación directa entre ser feliz y tener éxito en la vida. Las personas más felices ganan más dinero, rinden más y tienen una actitud más servicial hacia sus compañeros de trabajo. La mayoría de gente considera que, si existe esta conexión, es porque el éxito hace felices a los triunfadores. Sin embargo, la felicidad a menudo precede al triunfo; aún más, fomentar la dicha y otras emociones positivas mejora el rendimiento.

Como es evidente, la felicidad no es el único factor necesario (ni siquiera el principal) para triunfar. Es posible que Tiger Woods juegue al golf de maravilla porque es un hombre feliz, pero pocos pensarían que ha llegado a lo más alto a lomos de la felicidad. En cambio, nadie dudaría en recalcar su increíble talento. No obstante, investigadores procedentes de muy diversos ámbitos coinciden en sus conclusiones: el talento natural influye relativamente poco en los factores que determinan por qué alguien pasa de tener facilidad para hacer algo a ser excepcional.

Los grandes triunfadores acostumbran a tener cinco cosas en común. En primer lugar, practican mucho, y lo hacen siguiendo unas pautas específicas. Los individuos de gran talento dedican muchas horas a la «práctica deliberada». Eso no significa toquetear un rato el piano porque es divertido, sino ensayar sistemáticamente con la intención de alcanzar determinado objetivo; por ejemplo, para dominar una pieza nueva que queda justo por encima de tus posibilidades.

En segundo lugar, a los grandes triunfadores los distingue la constancia. K. Anders Ericsson, psicólogo y autor de un estudio emblemático sobre el tema, sostiene que «se sabe que los grandes triunfadores de muy diversos ámbitos tienden a practicar la misma cantidad de tiempo cada día, incluidos los fines de semana». Lanzar un cubo de bolas el sábado y el domingo no te convertirá en un excelente golfista, pero hacerlo a diario tal vez sí.

En tercer lugar, los grandes triunfadores acumulan experiencia a largo plazo. Los investigadores lo llaman «la regla de los diez años». La mayoría de profesionales de éxito cargan a sus espaldas, de media, diez años de práctica y experiencia antes de llegar a lo más alto. Incluso los niños prodigio suelen llevar una década o más trabajando. Bobby Fischer ganó el título de gran maestro de ajedrez a los dieciséis años, pero llevaba estudiando desde los siete. Tiger Woods había practicado el golf durante quince años antes de convertirse en el campeón del Torneo Amateur de Estados Unidos más joven de toda la historia.

En cuarto lugar, los niños necesitan *pasión* para sostener una práctica sistemática y deliberada a lo largo de diez años. A la hija de doce años de mi amiga Sara, Parker, le encanta cantar. Sara es la primera en reconocer que Parker carecía de talento «natural» cuando empezó. Pero pone el corazón en ello. Disfruta tanto que siempre está cantando y, en consecuencia, mejora cada vez más; ahora es lo bastante buena como para participar en obras musicales. En pocas palabras: es el deseo intrínseco de cantar lo que impulsa a Parker a practicar y a esforzarse, no unos padres empeñados en que lo haga. De hecho, es probable que la afición de Parker vaya a más —y que sus posibilidades de hacerlo bien se incrementen— porque Sara no la presiona y no está emocionalmente implicada en el resultado. El teatro musical es una afición que pertenece a Parker y que ésta mantiene bajo su control.

Además, muchos de los grandes triunfadores no acumulan un éxito tras otro. Las personas de éxito suelen haber experimentado también algún tipo de fracaso. La decepción parece formar parte ineludible del proceso de crecimiento y de la excelencia final. El primer libro de la serie Harry Potter, de J. K. Rowling, fue rechazado por doce editoriales, y antes siquiera de redactar la obra, la autora protagonizó una larga serie de fracasos personales potencialmente devastadores. Michael Jordan fue expulsado del equipo de baloncesto universitario. Quince equipos profesionales prescindieron del gran jugador de fútbol americano Jerry Rice por considerarlo demasiado lento.

En quinto y último lugar, se ha demostrado que los grandes triunfadores albergaban el convencimiento de que persistiendo en su esfuerzo alcanzarían la victoria; los investigadores llaman a esta postura «autoeficacia». Los padres y los maestros pueden inculcar autoeficacia en los niños si les prestan un aliento eficaz, los ayudan a buscar estrategias eficientes para dominar una actividad y les enseñan a tomar ejemplo de otras personas que hayan triunfado en su misma disciplina.

¿Un triunfo arrollador granjeará a los niños verdadera felicidad? No necesariamente, sobre todo si la actividad no les proporciona un placer genuino. Sin embargo, saber que es la práctica y no el talento innato lo que ayuda a triunfar puede incitar a nuestros pequeños a arriesgarse a llegar demasiado lejos en determinado ámbito... o a probar algo nuevo con el fin de descubrir su verdadera pasión. Por encima de todo, los más jóvenes disfrutan más de las actividades cuando consideran que el esfuerzo y el compromiso constituyen las claves del éxito que cuando andan preocupados por demostrar al mundo que poseen un talento especial.

Repite conmigo: «Me da igual que ganes o pierdas»

Posiblemente, a los padres de un alumno de primaria les cueste menos valorar el esfuerzo más que el resultado que a los de un adolescente a punto de examinarse de selectividad, cuyas notas pueden determinar su futuro. No obstante, a menudo nos resistimos a aceptar incluso la mediocridad de los niños más pequeños. De hecho, a algunos progenitores, sobre todo a los perfeccionistas, les angustia la mera posibilidad del fracaso, porque, como todos nosotros, aman a sus hijos y desean verlos expresar todo su potencial; pero también porque tendemos a tomarnos un desastre o un resultado mediocre como un reflejo de nuestra propia incapacidad. «¿Qué habré hecho mal?», se preguntan los padres cuando los niños cometen errores o no rinden lo esperado.

He cavilado mucho acerca de qué actividades extraescolares merecen nuestro tiempo y dinero. Fiona quiere hacer idiomas —en primero siguió clases de español *y* de chino mandarín—, pero de momento no parece que se le den muy bien las lenguas. De hecho, hacia el final del curso casi me desesperé tratando de encontrar una sola palabra que hubiese aprendido en alguna de esas clases. Le digo a Fi que da igual si los idiomas se le dan bien o mal, lo que importa es que se esfuerce y disfrute en las clases. Pero, sinceramente, ¿quién quiere invertir tanto dinero en una actividad extraescolar si la niña nunca va a aprender ninguna de esas lenguas?

Luego caí. Si borrara a Fiona de las clases, le estaría transmitiendo el mensaje de que sólo vale la pena esforzarse por las cosas que se te dan bien. Debemos, pues, recordar que muchas de las personas que destacan en algo en particular quizá no despuntaron de buen comienzo; sólo el interés las impulsó a practicar tanto como para triunfar. Los niños que optan por los desafíos y el aprendizaje en vez de hacerlo por el éxito fácil aprenden más *y* son más felices.

Los hijos de unos padres demasiado pendientes de los resultados tienen más probabilidades de padecer depresión, ansiedad y consumo de drogas comparados con otros niños. Todos corremos peligro de incurrir en ese error, porque vivimos en un mundo de mentalidad rígida. Mirad si no qué diplomas colgamos en las paredes. Escuchad qué tipo de comentarios hacemos a nuestros padres de sus nietos. Yo me sorprendo a mí misma una y otra vez emocionada por los tantos y los *home runs*. Sin embargo, treinta años de investigación en torno a la mentalidad parental demuestran que debemos hacer hincapié en el esfuerzo y la fruición, no en los resultados y la perfección.

Elogia a tus hijos con mentalidad de superación

Para la mayoría de padres y madres, la manera más sencilla de inculcar la mentalidad de superación en los niños consiste en recurrir al elogio. Casi todos los progenitores animan y alaban a sus hijos de forma natural. Cuando queremos transmitirles confianza en sí mismos, les decimos: «Tú puedes, cariño, eres muy inteligente». No obstante, con esas palabras estamos transmitiendo un mensaje confuso. La parte que delata mentalidad rígida —decirles que son inteligentes— tiene su encanto, pero constituye precisamente el tipo de elogio que crea problemas. Tenemos que formular un mensaje constructivo diciendo algo como: «Sé que podrás hacerlo si pones la mente a trabajar».

El equipo de investigación de Carol Dweck llevó a cabo un experimento que consistía en someter a los niños a una breve prueba y elogiarlos a continuación. Se les decía: «Lo has hecho muy bien, debes ser muy inteligente» (mentalidad rígida), o bien: «Lo has hecho muy bien, debes haberte esforzado mucho» (mentalidad de superación). Tras la primera prueba, los investigadores propusieron a los mismos pequeños que eligieran entre resolver un problema un poco más difícil con el que aprenderían más, o uno más fácil que el primero. La mayoría de niños que habían sido elogiados por su inteligencia escogieron el enigma sencillo; no querían arriesgarse a cometer un error y perder la etiqueta de «listos». Por otro lado, más del 90 por ciento de los niños que fueron alabados con mentalidad de superación optaron por el problema difícil.

¿Por qué? Dweck lo explica así: «Cuando elogiamos a los niños por el esfuerzo y el trabajo duro, quieren seguir implicados en la tarea que tienen entre manos. La preocupación de parecer inteligentes —o no— no los distrae del proceso de aprendizaje».

Hacerles un cumplido (sin mayor intención) que atribuye la victoria a unos dones innatos es una receta infalible para la ansiedad y el triunfo sin alegría. Según el estudio de Dweck, casi todos los niños se divirtieron mientras llevaban a cabo la primera prueba. Sin embargo, cuando los jóvenes «muy inteligentes» se enfrentaron a un acertijo más difícil, reconocieron no haberlo pasado bien; no es nada divertido saber que tu talento especial corre peligro. Además de provocarles inseguridad y aplastar el placer de aprender algo nuevo, decirles a los niños lo inteligentes que son entorpece su rendimiento. En cambio, los que habían sido elogiados por su esfuerzo siguieron disfrutando sin importarles la calidad del resultado.

Recuerda que los cumplidos en sí mismos no son malos. Podemos pasar todo el día alabando a los niños... siempre que atribuyamos sus victorias a aspectos como el esfuerzo, el compromiso, los recursos, el trabajo duro y la práctica. Ésas son las cualidades que de verdad los ayudan a crecer, triunfar y ser felices; y éstos son los aspectos que vale la pena elogiar.

Cómo hacer críticas a los niños

¿Qué pasa si cierto día en particular no te sientes con ánimos de hacer cumplidos a tus hijos? ¿Y si te están volviendo loco/a o han tenido un tropiezo que consideras oportuno corregir?

Si te pareces en algo a mí, te consumirá un ardiente deseo de señalarles sus fallos para que lo hagan mejor la próxima vez o para que cambien de actitud.

Cuando un niño nos decepciona, es importante enfocar el tema de forma constructiva. Las críticas directas rara vez dan los resultados deseados. La mejor opción suele ser no hacer nada de buen comienzo. Dejar que se enfríen las cosas y esperar a tener las emociones bajo control; sacar el tema más tarde, cuando seamos capaces de emplear un tono de voz cariñoso y solícito, en lugar de decepcionado y crítico. Una vez que nuestras propias emociones brillen por su ausencia, podemos pedirles que juzguen su actuación o conducta con preguntas como: «¿Estás satisfecho con lo que has hecho?» y «¿Harás algo de forma distinta la próxima vez?» Recuerda que la inflexión de la voz es importante: el tono debería transmitir amor y apoyo, no acusación y enjuiciamiento. Pregúntales por qué se sienten como se sienten, y qué han aprendido. Con los más pequeños, un buen punto de partida consiste en indagar por qué se han comportado de determinada manera («¿Qué estaba pasando? ¿Qué pretendías hacer?»). *Escuchar* sus razones tal vez te ayude a advertir que necesitan un profesor particular, o que les iría bien cenar en familia con más regularidad, o que debéis restringir de algún modo las horas que pasa frente al televisor.

En segundo lugar, asegúrate de dejarle claro que consideras el fracaso un hecho aislado, no un rasgo de su identidad. Si un niño se siente defraudado de cierta actuación o resultado, demuéstrale empatía («Me doy cuenta de que estás muy disgustado») y luego ayúdale a buscar una estrategia para hacerlo mejor la próxima vez. A mí, lo que más me cuesta es dejar el «Te lo dije» al margen de la conversación; caigo con facilidad en frases como «Te he dicho mil veces que guardes los deberes en la carpeta en cuanto los hayas terminado en vez de esperar al día siguiente». Es preferible preguntarles por aquellas ocasiones en que las cosas salieron bien: «La semana pasada te acordaste de guardar los deberes. ¿Qué hiciste entonces que no hayas hecho hoy?» Enseña a los niños que para no tropezar siempre con la misma piedra deben comprender qué tipo de esfuerzos merecen la pena y qué estrategias funcionan.

Tal vez nos decepcione que los niños cometan errores, pero es importante no enfadarse ni darles a entender que los queremos menos. Los fallos sólo son eso, fallos, y aunque en ocasiones haya que corregirlos, jamás justifican una retirada de amor.

Si nosotros somos perfeccionistas, debemos aceptar que a

veces basta con llegar el segundo, y transmitírselo así a los más jóvenes. Y si nuestros hijos están tan disgustados por sus errores como nosotros, nos conviene más invertir la energía en adoptar una actitud empática que crítica: pregúntales cómo se sienten y después repíteselo. Por ejemplo: «Me doy cuenta de que estás muy decepcionado» o «Parece que te sientes realmente avergonzado». No te instales en lo negativo; deja el fracaso atrás: «Parece que te ha resultado muy duro, pero me alegra comprobar que ya te puedes reír de ti mismo».

Los peligros del perfeccionismo

Tanto énfasis en el esfuerzo y el trabajo duro podría inducir a engaño. No estoy hablando de atarse un yugo al cuello y cargar con él para siempre. (Recordad, esta obra habla de la felicidad. Conseguir las cosas a base de sudar tinta no suena demasiado divertido.)

Hay una línea muy delgada entre una práctica constante y el perfeccionismo. El perfeccionismo es la cara oscura de un trabajo duro sostenido; acabamos pensando que nunca daremos la talla y considerando el fracaso lo peor del mundo. En lugar de disfrutar del proceso y de la satisfacción que proporciona un trabajo bien hecho —por no mencionar el crecimiento y el aprendizaje que acarrean los errores—, los niveles elevados de hormonas del estrés que corren por las venas de los perfeccionistas los hacen propensos a gran cantidad de problemas de salud, incluidos depresión, ansiedad y un mayor índice de suicidios.

Muchas personas suponen erróneamente que el perfeccionismo impulsa a los niños a ser los mejores de la clase, del equipo y, a la larga, de su profesión. Aunque este rasgo de carácter puede *parecer* un camino seguro al éxito, no lo es, y desde luego no conduce a la felicidad. Más bien al contrario: tiende a empañar la victoria y la dicha provocando un estado permanente de insatisfacción, que viene alimentado por toda una sarta de emociones negativas como miedo, frustración y decepción. Los perfeccionistas ni siquiera disfrutan de sus logros porque siempre se fijan en lo que se podría mejorar. Todo ese miedo desvía la energía de aspectos más positivos, y convierte a los perfeccionistas en personas menos capaces de aprender y de ser creativas. Paradójicamente, los individuos así invierten gran cantidad de energía en aquello que con tanto ímpetu se esfuerzan por evitar: el fracaso y las críticas que éste podría suscitar. Se ha demostrado que este tipo de inquietudes disminuye el rendimiento deportivo, académico y social.

Como todas las ideas que proceden de la mentalidad rígida, el perfeccionismo impide a los niños arriesgarse y asumir retos (recuerda a Brook con su flor). Por esa razón, dicha tendencia, en ocasiones, no les deja dar lo mejor de sí: abandonan, o a veces ni siquiera hacen un intento, porque dan por supuesto que no darán la talla. Aceptar los desafíos, sobre todo cuando nada nos obliga a triunfar a la primera de cambio, constituye una estrategia excelente para brillar en algo que, anteriormente, se nos daba bien sin más.

Además, el perfeccionismo impulsa a los pequeños a ocultar sus errores y a evitar las críticas constructivas. En casi todos los ámbitos —los talleres de escritura ofrecen el ejemplo más evidente—, las críticas del grupo nos ayudan a mejorar con rapidez. Como perfeccionista y alumna de la Universidad de Stanford, mi mayor miedo era que un profesor leyera uno de mis trabajos en voz alta, o que se criticaran mis pinturas en clase. Aunque no podía evitar que se diera alguna de esas circunstancias a menos que me saltara la clase, cuando me veía obligada a afrontar una crítica de grupo, el miedo a las opiniones ajenas y a ver mis errores expuestos en público me paralizaba hasta el punto de ser incapaz de extraer nada constructivo de lo que me decían (de hecho, ni siquiera lo oía).

En pocas palabras: el perfeccionismo no consiste en albergar grandes expectativas ni en ver nuestros esfuerzos recompensados. Consiste en tener miedo a cometer errores y en preocuparse por la opinión ajena.

Sabemos que, en la mayoría de los casos, los niños no nacen siendo perfeccionistas; esa actitud viene fomentada por el entorno. ¿Te inquieta en exceso la posibilidad de cometer un error? Es muy probable que a tus retoños también. Puesto que ningún niño es perfecto, cuando los padres presionan a sus hijos para que lo sean, éstos se sienten criticados.

A medida que los progenitores ejercen más y más presión sobre sus descendientes para que triunfen, los niños se van volviendo perfeccionistas. En ocasiones, el perfeccionismo paterno se manifiesta de forma más sutil, como cuando, con la mejor intención, señalamos a los hijos sus errores de tal modo que se sienten enjuiciados y criticados. Los pequeños acaban concluyendo que nunca estarán a la altura, o que son incapaces de hacer nada si no cuentan con ayuda externa. Muchos niños abandonan o rinden por debajo de sus posibilidades, sintiéndose impotentes y desesperados. Algo así empezó a sucederle al hijo de mi amigo Jeff, Henry, cuando iba a segundo. Jeff tenía grandes expectativas puestas en su hijo y acabó «corrigiendo» casi todos sus deberes. Henry prácticamente abandonó las matemáticas y la escritura, convencido de que no podía aprender nada sin la ayuda constante y atenta de su padre.

De modo que tenemos elección. Podemos andar pendientes de si nuestros hijos ganan o pierden, de si parecen listos o tontos, de si dan muestras de talento o de mediocridad. O podemos ayudarles a comprender que hay muchas cosas en la vida —y en ellos— además de sus victorias. Paradójicamente, concentrarse en los logros de los niños a corto plazo les impide llegar más lejos a la larga.

Hasta en el mejor de los casos, los padres que buscan la perfección encuentran fallos: levantamos una ceja al ver un notable en un informe lleno de sobresalientes, nos fijamos en el único lanzamiento malo de un partido por lo demás impecable. En cambio, elogiamos a los niños por una tarea bien hecha sin señalarles que lo podrían haber hecho mejor. Un buen trabajo no es más que eso: un buen trabajo.

Mejor todavía, alaba sólo con mentalidad de superación. Hay una línea muy delgada entre no reconocer un trabajo bien hecho (señalando sólo aquello que es mejorable) y elogiar a los niños por cualquier cosa. Si tu hijo no se ha esforzado lo bastante o no ha puesto todo su empeño en un proyecto, guárdate el cumplido para mejor ocasión.

¿De verdad no debemos elogiarlos por un trabajo bien hecho? Pues no, o no querrán separarse de su lista de éxitos garantizados (recuerda a Brook y su flor). Cuando los más jóvenes hacen algo perfectamente y sin apenas esfuerzo, Dweck recomienda decirles: «¡Caray! Por lo que parece, te ha resultado demasiado fácil. Perdona por hacerte perder el tiempo. ¡Vamos a probar con algo que de verdad te ayude a aprender!»

Para terminar, los adultos creamos niños perfeccionistas cuando somos incapaces de comprender los aspectos positivos de los errores, fracasos y tareas pendientes, por miedo a que la mediocridad de nuestros hijos nos deje en mal lugar. Si te sorprendes a ti mismo haciendo lo posible por subsanar un error infantil —llevando los deberes olvidados al colegio, quedándote despierto hasta tarde para «ayudar» a reescribir una redacción, manipulando el sistema en favor de tus retoños—, párate a pensar y pregúntate si de verdad quieres impedir que tus hijos aprendan a afrontar errores y desafíos.

Acepta los fracasos de tus hijos

El fracaso crónico nunca es bueno, desde luego, pero la capacidad de aprender y recuperarse de un desengaño constituye una habilidad esencial para vivir. No obstante, en vez de considerar el fracaso un terreno fértil para el desarrollo y el crecimiento, a menudo lo contemplamos como una situación que debemos evitar a toda costa. Wikipedia define el fracaso como «el estado o condición que se produce cuando no alcanzamos un objetivo deseado o pretendido». Eso es todo, sólo un intento que no da en el blanco. Nada tan terrible. Nada de lo que avergonzarse o que evitar por sistema.

Pese a todo, protegemos a los niños del fracaso como si su vida dependiera de que jamás lleguen a sufrir por haber errado el objetivo. Les llevamos los deberes al cole cuando los olvidan en casa, nos peleamos para que los ubiquen en una clase donde puedan destacar, los retenemos en el equipo un año más para que sean los mayores y, con suerte, los más fuertes, quizás incluso los mejores.

En cambio, cuando los padres transmiten a sus hijos que conceden más importancia al proceso que al resultado —cuando les demuestran que no viven como un triunfo personal el hecho de que entren en el equipo, borden el examen o sean admitidos en una universidad de élite—, los liberan de la mentalidad rígida. Un niño libre del miedo al fracaso no necesita causar buena impresión a los demás para abrirse paso en la vida. Es capaz de vivir conforme a principios más elevados, lo impulsan virtudes como la gratitud o el respeto, o sencillamente la autenticidad. Sabe reírse de sus errores y, lo que es más importante, aprender de ellos.

Si intervenimos cada vez que nuestros hijos están a punto de cometer un error —evitando el desliz o sólo facilitándoles las cosas—, les transmitimos el mensaje de que los creemos incapaces en algún sentido, o de que consideramos el fracaso una situación traumática e insuperable. Debemos proteger a nuestros hijos no del fracaso, sino de una vida exenta de errores.

Así pues, el mejor modo de echar una mano a los niños consiste en ayudarles a averiguar qué ha ido mal. Si parecen bloqueados en algún sentido, podemos enseñarles a trazar un plan, a buscar nuevas vías para alcanzar sus objetivos. Pensad juntos estrategias. Proporciónales la orientación que necesitan para mejorar, pero deja que sean ellos quienes se superen. Quizá a Fiona no se le dé bien el *softball* porque no entrena lo bastante, o tal vez no haya entendido cómo debe golpear la bola. Lo único que podemos hacer es ayudar a los pequeños a cambiar de enfoque y transmitirles el mensaje de que, si bien esperamos que se comprometan de pleno y se esfuercen a fondo, aceptamos sus errores y tropiezos.

HAZ LA PRUEBA

Hoy he cometido el error de...

Durante una cena familiar o en cualquier otro momento de tranquilidad, propón que cada cual confiese algún error cometido recientemente o algún desengaño sufrido, y que comente después qué ha aprendido de él. Los adultos pueden empezar por compartir sus propios errores, y después preguntar a los niños si en alguna ocasión les ha pasado algo parecido. Un ejemplo: una noche, a la hora de la cena, me sentía desanimada porque el director de una revista con la que colaboro me había pedido que revisara un artículo que yo consideraba acabado. Hablé de ello en la mesa para que mis hijas supieran por qué me sentía frustrada y les confesé que dudaba de mi capacidad. Después me obligué a mí misma a adoptar un tono más animado y comenté: «Bueno, las cosas no siempre me salen a la primera. ¿Lo veis? Todo el mundo tiene que volver a intentarlo de vez en cuando». Cuando el artículo apareció publicado, se lo enseñé a las niñas y dije: «Me supuso un gran esfuerzo, pero estoy contenta de que el director me obligara a rehacerlo. Me ayudó a mejorar la redacción».

Una cara rara en la calabaza de Halloween, unos deberes ilegibles, un partido mal jugado: cuando los niños aprenden a sobrellevar este tipo de cosas y descubren cómo levantarse tras una caída, aumenta su capacidad de superar los inevitables retos que plantea la vida.

Cuando es preferible renunciar

Si queremos que nuestros hijos triunfen y sean felices, tenemos que enseñarles el valor de la práctica y el trabajo duro. Sin embargo, también debemos mostrarles cuándo y cómo desistir.

Existe un mito según el cual «los triunfadores nunca abandonan, y los que abandonan nunca triunfan». Sin embargo, desde la perspectiva de la gestión del estrés, debemos ser capaces de renunciar cuando los costes de alcanzar un objetivo superan los beneficios. Cierta investigación demostró que las adolescentes incapaces de desistir ante un objetivo difícil revelaban niveles excesivos de elementos químicos inducidos por el estrés en el torrente sanguíneo, relacionados con la diabetes, los problemas cardíacos y el envejecimiento prematuro. Daba igual si al final conseguían o no su propósito; demasiada perseverancia puede aumentar las hormonas del estrés y pasar una factura excesiva en el plano físico.

Las personas tienden a sentirse mejor, tanto física como mentalmente, cuando desisten de un objetivo que se les resiste para concentrarse en otro más asequible. Por ejemplo, cuando iba a la universidad, mi buena amiga Vanessa suspendía cálculo una y otra vez, pero se desenvolvía bien en las otras asignaturas. El tutor le sugirió que reconociera que el cálculo se le daba fatal y que, en vez de esforzarse tanto en una causa perdida, se concentrara en las asignaturas que le gustaban y con las que podía aprender; consejo que aceptó. Al tutor le preocupaba que si empleaba tanto tiempo y energía mental en el cálculo (a aquellas alturas, no tenía ninguna posibilidad de aprobar), acabara por suspender también las otras dos asignaturas. Al oír aquel consejo (optar por un fracaso), Vanessa vio el cielo abierto. Nunca lo olvidará. Renunció al cálculo y, a partir de entonces, no tuvo problemas con ninguna asignatura. No sólo eso: disfrutó en la universidad, hizo un posgrado, le encanta aprender, y ahora se ríe del cálculo. Suspender aquella asignatura no tuvo consecuencias negativas en su vida.

El trabajo duro tal vez sea la clave del éxito, pero también debemos enseñar a los niños que el *descanso* constituye una parte importante del crecimiento y el aprendizaje. Los niños que sacrifican horas de sueño ponen en peligro su desarrollo físico e intelectual (y, paradójicamente, su rendimiento). Los autores de *El poder del pleno compromiso*, Jim Loehr y Tony Schwartz, recalcan que el crecimiento tiene lugar tanto durante los momentos difíciles como en los de descanso. Los músculos se ponen en tensión, pero después se relajan y se recuperan. Algo similar sucede en el plano mental: para que el cerebro procese lo aprendido, hay que dejarlo descansar tras el esfuerzo. La vida es demasiado corta como para pasarla con el yugo al cuello las veinticuatro horas del día, los siete días de la semana. No todas las montañas merecen ser escaladas, sobre todo cuando los costes son exagerados. De manera que, si tu(s) hijo(s) está(n) siempre tremendamente ocupado(s), o tu hijo adolescente está orientado sólo a los resultados, asegúrate de que reposen cuando estén cansados.

La sociedad nos presiona tremendamente para que no desistamos, y en algunos casos renunciar requiere un coraje tremendo. ¿Le avergüenza a tu hijo reconocer que sencillamente no es capaz? ¿Nos cuesta muchísimo, como padres, dejar que nuestro retoño desista de un proyecto o abandone unas clases por las que ya hemos pagado? Recuerda que hay buenas razones para desertar —cuando el estrés y el coste de seguir adelante superan las potenciales ganancias—, y las hay malas, como el temor al fracaso.

Relajarse, descansar, jugar —y a veces abandonar— no son lujos ni pérdidas de tiempo. Constituyen situaciones imprescindibles para fortalecerse y crecer.

HAZ LA PRUEBA

Cómo luchar contra el perfeccionismo

Si has leído el apartado de este capítulo que define el perfeccionismo como un lastre para la felicidad y ahora te estás diciendo: «Maldita sea, he creado un perfeccionista»; si ya estás temiendo que tu hija acabe hundida en la depresión o que tu hijo, llevado por la ansiedad, se drogue, alto ahí. Nada de eso va a pasar. Los padres no han de ser perfectos para criar niños felices.

Recapitulemos: el perfeccionismo consiste en el miedo al fracaso. Así pues, el peor escenario posible para un perfeccionista es cometer un error o fracasar y que alguien lo advierta. La lógica perfeccionista funciona del siguiente modo:

Dejo de obsesionarme por ser perfecto → No seré perfecto → Me sentiré fatal.

Esa lógica tiene trampa, desde luego. La manera de arrancar a alguien de una actitud perfeccionista consiste en demostrarle que, cuando comete errores o fracasa, no se siente tan mal. De hecho, tal vez incluso experimente alivio. En cuanto descubrimos que salimos de un fracaso —o sencillamente de un error menor— y seguimos respirando, a menudo nos sentimos libres para afrontar riesgos y oportunidades de desarrollo aún mayores.

Según el investigador Randy Frost, el perfeccionista cree que su valor depende de sus actos; si falla, no vale nada. Por eso piensa que, si deja de esforzarse por ser perfecto, se hundirá. Tiende a suponer que, si no alcanza determinados objetivos, sus padres lo amarán menos o dejarán de valorarlo.

He aquí cómo ayudar al perfeccionista que comparte tu vida a dejar de serlo.

1. Haz que se enfrasque en aquello que le impulsa a ser perfecto. (Aplícate también el consejo, si eres perfeccionista.) Escoge una tarea breve, importante para él pero que requiera más de un intento para llevarla a cabo perfectamente. En el caso de Brook del ejemplo anterior, implicaría dibujar un roble en lugar de una flor con millones de pétalos.

2. Pide al perfeccionista que haga un intento, por pocas probabilidades que tenga de tener éxito. Cuando iba al instituto, mi padre me retaba a sacar un suficiente («C») sólo para que comprobara que mi corazón no dejaría de latir si, por un instante, dejaba de ser una alumna superestrella. Por fin, en el transcurso de una escalada, aprendí la lección; lo primero que me sugirió el monitor fue que me dejara caer desde una roca situada a quince metros de altura. En cuanto advertí que las cuerdas me sujetaban, comprendí instintivamente que sobreviviría a cualquier caída, y mis piernas dejaron de temblar. Los perfeccionistas deben aprender lo siguiente: por lo general, las caídas no duelen mucho ni durante mucho tiempo.

3. Hablad de la experiencia. ¿Qué se siente al hacer algo mal? Si Brook hubiera dibujado un árbol espantoso, su madre podría haberle preguntado si de verdad creía que jamás sería capaz de dibujar un roble realista. ¿Un resultado mediocre, como el del ejemplo, podría disminuir la autoestima de un niño? Ten en cuenta que Thomas Edison llevó a cabo más de mil intentos antes de inventar una bombilla que funcionara. Si, en opinión de los niños, el resultado no ha sido del todo malo, pregúntales qué pretendían hacer exactamente. El hecho de que algo sea un roble o no depende muchas veces de los ojos que miran. Hazles comprender que te da igual lo buena que *haya sido* su ejecución. Los quieres tal como son.

Al preguntarles cómo se sienten tras la caída, tal vez adviertas que no se sienten espantosamente mal. Lo más probable es que se sientan queridos y atendidos. Comenta en tono empático lo siguiente: «Pareces contento. ¿Ves como no había motivos para no hacerlo por miedo a equivocarte?» Felicítalos con entusiasmo: «¡Genial! ¡Estás aprendiendo a correr riesgos y a intentar cosas nuevas! ¡Bravo!»

Tras eso, puedes ofrecerles tu ayuda para idear una estrategia que funcione mejor la próxima vez. Procura que el ambiente sea distendido. Y si, al reflexionar sobre las imperfecciones de su trabajo, tus hijos son capaces de reírse, sabrás que has triunfado.

Tener elección puede ser una maldición

Barry Schwartz, el psicólogo que escribió *Por qué más es menos*, ha llevado a cabo investigaciones muy interesantes sobre las consecuencias de vivir en una cultura que da por supuesto que tener muchas opciones es preferible a tener pocas. Schwartz divide el mundo entre dos grupos de personas: las que, ante la abundancia de opciones, maximizan y las que se «dan por satisfechas». Maximizar es una forma de perfeccionismo; consiste en buscar las mejores alternativas posibles antes de tomar una decisión con la esperanza de dar con la opción «ideal». En cambio, nos damos por satisfechos cuando tomamos una decisión a partir de criterios preestablecidos y después pasamos a otra cosa. Darse por satisfecho no significa conformarse; sólo es un modo distinto de tomar decisiones.

El proceso de toma de decisiones de las personas felices difiere del que caracteriza a las infelices; las primeras suelen darse por satisfechas. Los perfeccionistas tienden a maximizar, una actitud asociada con la infelicidad y la insatisfacción.

Tal vez te extrañe saberlo, sobre todo si eres perfeccionista, porque se diría que los maximizadores son más exigentes y, por tanto, sus decisiones los llevan a sentirse más satisfechos. Pero no siempre es el caso. En realidad, los maximizadores, cuando por fin se deciden, suelen expresar descontento. ¿Por qué?

Considera el siguiente ejemplo extraído de mi propia familia. El año pasado, cuando salió publicado el catálogo del centro recreativo, dejé que Fiona hojeara y marcara las actividades que le interesaban. Marcó más de una docena de cosas que tenía «muchísimas» ganas de hacer. ¿Cómo decidirse? Si se apuntaba a español, podría ir andando al centro con Kate y Hanna, que pensaban inscribirse. Claro que también le encantaría hacer carpintería para poder construir una caseta para pájaros, y la alfarería le parecía alucinante porque quería fabricar una tetera. No podía renunciar a la costura; *tenía que* hacerle un vestido a Zoe, su muñeca favorita. Terminó escogiendo español, chino mandarín, punto de media *y* teatro... y lamentando no poder hacer costura y *softball* también. Al dejar que Fiona sopesara tantas opciones, la animé a considerar lo atractivas que eran todas ellas, y en consecuencia la obligué a renunciar a una buena cantidad. Cuantas más alternativas tienes, mayor es el grado de renuncia.

A principios de este curso le di a Fiona dos opciones: carpintería o fútbol. Protestó: «¿Y teatro?» Le contesté: «No podrá ser hasta la primavera. Me va fatal tanto la hora como el día de la semana». La niña escogió fútbol y no ha vuelto a pensar en ello.

He aquí cómo darse por satisfecho en vez de maximizar.

- Pide a tus hijos que definan los requisitos imprescindibles para darse por satisfechos. ¿Qué marcas objetivas indican que un proyecto está acabado o que una opción es aceptable? Si una adolescente está escogiendo universidad, por ejemplo, debería pensar: ¿a qué cosas no podría renunciar? No hace falta bajar el listón, sólo colocarlo a una altura concreta.

- Anima a los niños a aceptar la primera alternativa que se ajuste a sus condiciones, o a dejar de trabajar en cuanto asome la marca predeterminada que significa «acabado». Las personas que se paralizan ante la toma de decisiones así como los perfeccionistas, que nunca se dan por satisfechos, tal vez necesiten fijar también un límite de tiempo; por ejemplo, dos minutos para escoger algo, o un máximo de media hora diaria para curiosear páginas web.

- En cuanto la decisión esté tomada o el trabajo terminado, céntrate en los aspectos positivos de la elección o del resultado. Si logran no arrepentirse, los maximizadores son tan felices como el satisfecho medio. Cavilar sobre lo que algo podría haber sido no es un hábito que contribuya a la felicidad. Disfruta los frutos de tu trabajo.

Lo más importante de la investigación de Schwartz es la idea de que un exceso de opciones puede ser una maldición para la felicidad personal. El hecho de saberlo me ayuda a restringir las alternativas que ofrezco a mis hijas sin sentirme culpable. Y ya no me considero una conformista cuando tomo una decisión sin explorar todas las posibilidades. Estoy dando ejemplo a mis hijas de persona que se da por satisfecha, y si ellas lo siguen, a la larga serán más felices.

CUATRO

Cuarto paso: Opta por la gratitud, el perdón y el optimismo

La mayor revolución de nuestra generación es el descubrimiento de que los seres humanos, mediante el cambio de actitudes internas de sus mentes, pueden cambiar los aspectos externos de sus vidas.

WILLIAM JAMES (1842-1910)

La crianza de los hijos sería mucho más fácil si la felicidad infantil dependiese de la cantidad de helados que comen y del tiempo que pasan en la piscina. Sin embargo, la alegría existencial, a cualquier edad, depende de las emociones positivas que experimentamos y, como ya he dicho, dichas emociones vienen determinadas por las habilidades y hábitos que enseñamos a nuestro hijos. En este capítulo analizaremos algunas de las decisiones que tomamos a diario en relación con la felicidad, y que muchas veces ni siquiera somos conscientes de haber tomado.

Hablar de tomar decisiones en el terreno de las emociones parece un contrasentido. ¿Acaso las emociones no son, por definición, irracionales? En general, las emociones no activan las mismas zonas del cerebro que el pensamiento racional; tal vez por eso tendamos a considerarlas irracionales. No obstante, todo aquello que pensamos y hacemos a diario provoca en nosotros distintos tipos de sentimientos; emociones como gratitud, perdón y optimismo proceden de elecciones racionales por nuestra parte, de las cuales, a menudo, ni siquiera somos conscientes.

Si te pareces en algo a mí antes de que empezar a estudiar el tema de la felicidad, te costará creer que una cualidad como el optimismo sea una elección y un hábito más que un rasgo de la personalidad. Buena parte de lo que somos procede de la herencia genética y del entorno: si somos ricos o no, urbanitas o de provincias, casados o solteros. Sin embargo, un 40 por ciento de nuestra felicidad depende de los actos que emprendemos de forma consciente.

Mediante sofisticadas técnicas estadísticas e infinidad de estudios llevados a cabo con gemelos, los investigadores han deducido que alrededor de la mitad de las diferencias entre el grado de felicidad que experimentan dos personas distintas se debe a factores genéticos, sobre los que poseemos escaso control. Otro 10 por ciento se puede atribuir a las circunstancias vitales: si somos «ricos o pobres, si tenemos buena salud o no, si somos atractivos o vulgares, casados o divorciados, etc.». Eso significa que si colocásemos a cien personas en idénticas circunstancias vitales —igual grado de atractivo físico, los mismos factores demográficos, una casa parecida en el mismo barrio— descubriríamos que su grado de felicidad sólo se vería afectado en un 10 por ciento. Lo cual implica que nada menos que un 40 por ciento del grado de felicidad que experimentamos depende de la conducta, es decir, de las cosas que hacemos a diario. ¿Expresamos agradecimiento o resentimiento? ¿Perdonamos o albergamos rencor? ¿Somos pesimistas u optimistas?

Un 40 por ciento es un porcentaje apabullante. ¿Vamos a dejar que una cultura que fomenta de forma insidiosa el pasotismo, la venganza y la arrogancia influya en la felicidad de nuestros hijos? ¿O vamos a enseñarles, de forma consciente, a poner en práctica la gratitud, el perdón y el optimismo?

Aun sabiendo lo que sé, a menudo me sorprendo a mí misma recorriendo a toda prisa la carretera de la vida sin apenas reflexionar (ahora con niños en el coche). He aprendido que el día me ofrece infinidad de ocasiones de cambiar de sentido; puedo escoger entre el optimismo y el pesimismo, por ejemplo, o entre el perdón y la rabia. A veces me salto un cruce. Hay muchos caminos posibles, pero sólo algunos conducen a la felicidad. Este capítulo trata de cómo reconocer las oportunidades que nos salen al paso sobre cómo influir para bien en la felicidad de los niños. ¿Lo mejor del caso? Cuando enseñamos a los niños qué señales indican el camino de la felicidad, casi siempre tomamos el mismo rumbo.

Arrogancia frente a gratitud

¿Por qué tenemos la sensación de estar criando una generación de niños pasotas, cuyas muchas posesiones aumentan su arrogancia más que su gratitud? Al nacer, las criaturas se sienten con derecho a disfrutar de nuestros cuidados; carecen, sin embargo, de la capacidad de agradecer todo lo que la vida les proporciona. La gratitud es una cualidad aprendida que se debe practicar, igual que chutar un balón o hablar francés.

¿Practicar la gratitud? ¿Igual que las tablas de multiplicación? Sí. Los occidentales vivimos entre tal abundancia que hemos perdido la costumbre de agradecer lo que los demás hacen por nosotros. Nuestra cultura ensalza la independencia e infravalora lo mucho que nos ayuda el prójimo; consideramos la prosperidad como el fruto de un trabajo duro. Cierto investigador del tema, en la revista *Greater Good*, describe una escena de *Los Simpson*. «Cuando se le pide que dé las gracias antes de la cena familiar, Burt Simpson pronuncia las siguientes palabras: "Señor, hemos pagado todos estos alimentos de nuestro bolsillo, así que gracias por nada"». Por muy gracioso que nos parezca el gag, no enseña a los espectadores las destrezas que necesitan para disfrutar de felicidad eterna.

Mis propias hijas han asimilado muchas y muy variadas ideas de lo que significa el amor romántico viendo las películas de princesas Disney, pero tuve que darles un sermón para que empezaran a entender por qué Cenicienta tenía motivos para estar agradecida: le pregunté a Molly, de cuatro años por aquel entonces, qué podría decirle Cenicienta a su hada madrina el día después de ver cumplidos todos sus sueños. ¿Qué hay del vestido de ensueño y del carruaje que la lleva al baile?

Molly lo pensó un instante y después contestó: «Hada *madina*, ¿la próxima vez me traerás un vestido rosa?»

Practicar la gratitud: he aquí cómo hacerlo

Practicar la gratitud es increíblemente fácil: sólo hay que contar y recontar todas las cosas por las que te sientes agradecido y pedirles a los niños que hagan lo mismo. Sin duda, te resultará más difícil si te sientes incómodo/a o si tu pareja y tus hijos se lo toman a risa. El secreto está en la persistencia: toma la decisión de practicar la gratitud, y sigue haciéndolo hasta que todo el mundo se haya acostumbrado.

Por la noche, antes de apagar la luz, les pido a mis hijas que me cuenten tres cosas buenas sucedidas durante el día. ¿Qué ha ido bien y por qué? Sus respuestas abarcan de lo más trivial a lo más profundo. Algunos días tienen montones de cosas buenas que contar; otros se limitan a lloriquear. Casi siempre, sin embargo, Molly y Fiona acaban por enumerar tres pequeñas cosas que las han hecho felices.

A continuación propongo algunas estrategias más para entrenar a los niños en el hábito de dar las gracias.

- Una familia de nuestro vecindario tiene una «caja de gratitud» sobre la mesa del comedor; cada día, todos los miembros de la familia escriben algo que agradecen en un trozo de papel y lo meten en la caja. Los domingos por la noche, se turnan para leer las «galletitas de gratitud», como las llaman.

- Otra familia que conozco pronuncia agradecimientos después de la cena: los miembros, por turnos, expresan aquello que más agradecen de cada uno de los presentes.

Hay pocas formas de enseñar a los niños a crear vínculos con los demás tan importantes como la gratitud. Una parte muy importante de las relaciones humanas consiste en dar, recibir, devolver..., es la materia de la que se construyen las relaciones. Dar las gracias refleja la profundidad de esos lazos. Por ello, tenemos que acostumbrarnos a expresar gratitud también a las personas que nos ayudan aun sin pertenecer al ámbito familiar. El mejor modo de hacerlo, creo yo, es escribir notas de agradecimiento.

Los psicólogos han probado una versión típica de la nota de agradecimiento particularmente eficaz llamada «visita de gratitud». Ayuda a tu hijo a escribir una nota a un maestro, amigo o pariente que le haya prestado apoyo y anímalo a que la lleve en persona y la lea en voz alta. A los hijos de mi amiga Kandra, Keith, de ocho años, y Avery, de once, no les gusta escribir notas, pero éstas son diferentes. Este mismo año, al finalizar el curso, Keith y Avery han hecho notas de agradecimiento a sus maestros, y Kandra afirma que las escribieron de corazón. Los dos niños están deseando redactar y entregar sus próximas cartas de gratitud. Hacer visitas para dar las gracias enseña a los niños a valorar otras cosas, además de los regalos de cumpleaños, y a reconocer que los presentes más valiosos suelen ser inmateriales. Los adultos que lo prueban se sienten significativamente más satisfechos de sus vidas hasta un mes después de la visita.

La paradoja de la abundancia

La necesidad y la escasez inspiran gratitud. Mi prima y su marido se fueron a vivir a Kenia con sus tres hijos, y jamás en el transcurso de dos años vieron a un niño keniata expresar algo que no fuera gratitud por la comida que tenía ante sí. La familia de mi prima al completo regresó de Kenia profundamente agradecida por todo lo que la vida garantiza a un estadounidense de clase media-alta. Ayudando a los menos afortunados, los niños toman conciencia de la suerte que tienen y empiezan a reparar en cosas que antes daban por sentadas.

Mi amigo Brian ha decidido que su hijo de diez años, Max, escoja cada semana uno de sus juguetes para regalárselo a familias pobres. Si el gesto te parece algo drástico, considera por un instante que los niños estadounidenses reciben, de media, setenta juguetes nuevos al año. Max valora mucho más sus juguetes desde que ha empezado a regalar algunos. Igualmente, mis amigos Gabe y George obligan a sus hijos a donar algunos juguetes con motivo de la fiesta de Acción de Gracias —tantos como años tienen— para que también otros niños reciban regalos de Navidad.

Si los más jóvenes dan por supuesto que nos vamos a anticipar a todas sus necesidades, experimentan decepción —no agradecimiento— cuando no reciben exactamente lo que quieren. Por ese motivo, debemos asegurarnos de que *no* todas las fantasías de nuestros hijos se hagan realidad. Aunque, por instinto, tendemos a protegerlos del sufrimiento, no está bien hacerles creer que viven en un mundo mágico exento de tristeza y decepción. Hasta la cuarta o la quinta semana, a Max no le hizo nada feliz regalar sus juguetes, pero cuando aprendió a sobrellevar la pérdida, fue capaz de experimentar más gratitud y dicha.

Y aunque la abundancia caracteriza la vida en este país, nuestra existencia no siempre es fácil. Cuando las cosas no van bien, podemos recurrir a la gratitud para cultivar la mentalidad de superación, o recordar que el éxito es fruto del esfuerzo y la práctica, no de la improvisación (véase capítulo 3). Si aprendemos a agradecer los fracasos, considerándolos una etapa necesaria del proceso de aprendizaje, dominaremos el arte de superar las dificultades.

Los beneficios de la gratitud

Además de enseñar a los niños a ser menos caprichosos, el hábito de la gratitud acarrea toda clase de beneficios. Por ejemplo, los científicos han descubierto que, comparadas con aquellas que no practican la gratitud, las personas que ponen en práctica el agradecimiento:

- Son considerablemente más entusiastas, curiosas y decididas.
- Se sienten un 25 por ciento más felices.
- Tienden a ser más amables y serviciales.
- Duermen mejor.

¿Conoces a alguien que no quiera que sus hijos sean felices, amables y serviciales, y que duerman bien por la noche?

Animar a los niños a buscar motivos de agradecimiento aun en situaciones difíciles o acontecimientos desagradables los ayuda a crecer y a madurar. Buscar el lado bueno de las cosas no es una cursilada sacada de *Pollyanna*, sino la decisión consciente de sustituir los malos sentimientos por buenos. Me pasé casi un año lamentándome por la mala racha que estaba atravesando mi familia. A causa de lo que nos pareció un terrible golpe de mala suerte, tuvimos que renunciar a una casa que nos encantaba y que, de no haber sido necesario, nunca habríamos abandonado. La mudanza fue muy estresante para las tres. Ahora, sin embargo, vivimos en un hogar ideal, rodeadas de amigos que adoramos y que en otro caso jamás habríamos conocido. Nuestros vecinos nos han traído buena suerte a raudales; no estaría escribiendo este libro si no fuera por dos de ellas en particular. Sin embargo, sólo cuando estuve dispuesta a admitir hasta qué punto nos había beneficiado el traslado dejé atrás el resentimiento por haber tenido que cambiarme de casa. No me costó mucho transmitir a mis hijas este cambio de perspectiva, aunque, de vez en cuando, aún añoran la «vieja casa». Cuando eso sucede, nos ponemos a pensar en todas las cosas buenas que la mudanza ha traído a nuestras vidas. Por lo general, dedicamos un buen rato a charlar sobre las ventajas de vivir cerca de un parque, del colegio y de nuestros amigos.

Unas palabras acerca de la persistencia: muchos padres que conozco me han comentado que, al principio, su cónyuge o sus hijos adolescentes se negaron en redondo a poner en práctica la gratitud, un hábito que puede incomodar a las personas que no están acostumbradas. Insiste. Los casos particularmente difíciles tal vez necesiten una buena ración de altruismo que los inspire a claudicar; mira el capítulo 2. Y recuerda: poner en práctica la gratitud acarrea tantos beneficios que hasta el más estirado del mundo acaba por convencerse.

HAZ LA PRUEBA

Practica la gratitud

1. Crea una «lista de agradecimientos» familiar o cosas que la familia agradece. Coloca una gran hoja de papel en la puerta de la nevera y sugiere que todo el mundo haga su contribución los domingos, o bien en algún momento fijo del día que facilite la instauración del hábito. En la lista se puede apuntar cualquier cosa, importante o insignificante: personas, lugares, juguetes, acontecimientos, naturaleza. Deja que los niños mayores sean los encargados de escribir; los pequeños pueden limitarse a dictar. Las posibilidades en torno al tema son infinitas; por ejemplo, a la hora de comer puedes ir dando la vuelta a la mesa y preguntando a cada miembro de la familia tres cosas buenas que le hayan sucedido ese día.

2. Detente a oler las rosas. Deleitarse en las buenas experiencias amplifica las emociones positivas. Los adultos pueden enseñar a los niños a recrearse en los acontecimientos positivos adoptando la costumbre de expresar gratitud cuando pasan cosas agradables. Limítate a dejar lo que estás haciendo para dar las gracias por el instante: una puesta de sol hermosa, la oportunidad de sonreír a un bebé, la ocasión de pasar un rato con los niños. Celebrar las buenas noticias es una forma de saborearlas. Rememorar y deleitarse en los momentos felices —como una graduación, un

partido de fútbol fantástico o unas vacaciones— nos hace más felices.

3. Escribid cartas de gratitud, largas y cortas. Largas: ayuda a los pequeños a redactar una carta de agradecimiento a una persona que sea importante para ellos, y después anímalos a llevarla en persona y leerla en voz alta. Cortas: sugiéreles que escriban notas de agradecimiento sorpresa por cosas que no sean regalos: una palabra amable, el gesto de alguien que les echó una mano o un día divertido.

Ira frente a perdón

Aferrarse a la ira es como asir un carbón al rojo con la intención de tirárselo a alguien: eres tú el que se quema.

BUDA

El perdón es otro de los ingredientes importantes de una vida feliz. Pocas personas llegan a comprender hasta qué punto la capacidad de perdonar influye en su felicidad. Como tampoco la mayoría considera la indulgencia, o facilidad en perdonar, una destreza que deba enseñar y practicar con sus hijos. Pese a todo, es importante: las personas indulgentes tienden a ser más felices, a gozar de mejor salud, a ser más empáticas y, como el Buda, más serenas, agradables y espirituales.

El rencor, por el contrario, nos convierte en personas amargadas, que albergan deseos de venganza y lamentan sin cesar la injusticia de la que se creen objeto. Los investigadores han descubierto que las personas rencorosas tienden a ser odiosas, irascibles y hostiles..., lo que las hace además nerviosas, depresivas y neuróticas. He aquí unas cuantas razones para enseñar a nuestros hijos a perdonar a los demás.

En la infancia abundan la mezquindad y el abuso con otros niños.

Los niños están aprendiendo a ser más amables y mejores personas, pero es inevitable que cometan errores por el camino. Por esa razón, deben aprender a disculparse y a ser indulgentes. También tenemos que transmitirles que, al contrario de lo que afirma la sabiduría popular, perdonar no significa obligatoriamente olvidar, disculpar un acto agresivo o hacerse amigo de la persona que te ha hecho daño. Mi amiga Amy siempre le recuerda a su hijo Zack, de nueve años, que no baje la guardia cuando vea venir al compañero del colegio que lo acosó hace un tiempo. Zach ha conseguido perdonar a su compañero, pero afirma que lo hizo por su propio bien, para librarse de todos los sentimientos dolorosos que el incidente le provocaba. Zach podría convencer a cualquiera de los muchos beneficios que acarrea para uno mismo el acto de perdonar.

Si ves jugar a mi hija Fiona con sus amigas del colegio, comprendes enseguida que la mayoría de las ofensas que cometen son ingenuas, pero de todos modos requieren disculparse y perdonar. Recuerdo un incidente en particular, que tuvo lugar cuando la niña iba a primero. Caminaba hacia el colegio con sus dos mejores amigas, Catherine y Quinn. Fiona tenía muy claro a qué iban a jugar las tres a la hora del recreo. Catherine pensaba de otro modo, pero mi hija estaba tan emocionada que ni siquiera advirtió los reparos de la otra.

Catherine arrastró a Quinn hacia delante y le susurró:

—¿No crees que Fiona es una mandona?

Mi hija se quedó anonadada.

—Eso está muy mal —le gritó a su amiga.

—Tú eres mala —chilló Catherine en respuesta. A continuación hubo lágrimas y más acusaciones.

Hasta que no se disculpan y se perdonan mutuamente, un incidente como éste consume a los niños emocionalmente y, por supuesto, pone en peligro su amistad. Una de las lecciones, tan difícil como importante, que deben aprender nuestros hijos es que cuando guardamos rencor —ya sea por algo trascendente y aparentemente justificado, ya sea por algo nimio pero irritante— nos hacemos daño a nosotros mismos.

Cuando se siente herida, Fiona tiende, por instinto, a evitar a la persona que le ha hecho daño. La evasión es una reacción frecuente ante una ofensa e indica que no hemos perdonado al agresor. Catherine, en cambio, tiende a repetir mentalmente la escena una y otra vez. Es otra reacción habitual que se conoce como cavilación. Cada vez que recuerda a Fiona acusándola de hacer algo mal, vuelve a sentirse herida. La cavilación es tan estresante como desagradable, y nos hace sentir impotentes, enfadados, tristes, nerviosos..., menos dispuestos a perdonar. De manera que el perdón consiste, sobre todo, en tomar la decisión de no pensar más en la ofensa y dedicar las energías a encontrar la manera de perdonar al otro.

Otras veces —a menudo con razón— estamos tan enfadados y resentidos con el agresor que planeamos la manera de vengarnos. Pero la hostilidad es perjudicial para la salud (incrementa el riesgo de problemas cardíacos, por ejemplo). Además, recurrir a la venganza en vez de al perdón acrecienta el conflicto, lo cual nos provoca aún más ira y ansiedad. Cuando nos aferramos a emociones negativas como la rabia, la amargura y el odio, no podemos experimentar dicha ni gratitud.

En consecuencia, me parecía muy importante ayudar a Fiona y a Catherine a encontrar maneras de perdonarse mutuamente para que pudieran reanudar su amistad y sentirse mejor. El camino más seguro al perdón pasa por una disculpa sincera, por supuesto. (Para aprender a disculparse de manera eficaz, véase «No pareces lamentarlo mucho» en la página 123.) Además, las personas se avienen a perdonar más fácilmente cuando el agresor está dispuesto a sacrificar algo. En el caso de Fiona y Catherine, cada una debía acceder a jugar a lo que proponía la otra como parte de la disculpa.

A Fiona y a Catherine no iba a ayudarles en nada hablar de lo que era justo y lo que no. El cerebro registra el perdón en lo más profundo de su centro emocional (el sistema límbico), no en las zonas de la corteza que se asocian con el razonamiento y la lógica. Por eso, el mejor modo de activar la zona del perdón es la empatía, no la razón. Para ayudar a Fiona y a Catherine a perdonarse, había que cortar en seco su discusión sobre la justicia y animarlas a ponerse en la piel de su amiga, a imaginar cómo se sentía la otra. Y si Catherine objetaba que no había derecho a que siempre fuera Fiona quien decidiera los juegos, tenía que reencauzar la discusión. «Catherine, imagínate que Quinn arrastrase a Fiona a un lado y le susurrase: "¿Verdad que Catherine es una mandona?" ¿Cómo te sentirías?»

Las ventajas de perdonar

Comparadas con las rencorosas, las personas indulgentes afirman disfrutar de:

* Relaciones mejores y más felices.
* Mejor humor.
* Mayor autoestima.

El perdón puede:

* Reducir el estrés, la presión sanguínea, la rabia, la depresión y el sufrimiento.
* Incrementar el optimismo, la esperanza, la compasión y la vitalidad física.

En cierta investigación llevada a cabo entre católicos y protestantes de Irlanda del Norte que habían perdido a miembros de la familia en actos violentos, los participantes afirmaron que sus tendencias depresivas se habían reducido en un 40 por ciento tras practicar el perdón.

Además de mostrar empatía con la persona que nos gustaría perdonar, podemos preparar el terreno evocando de forma consciente emociones positivas en relación con ella. Cuando estoy enfadada con el padre de mis hijas, Mike, me obligo a pensar en todos los detalles amables que ha tenido conmigo recientemente, porque sé que antes o después tendré que perdonarle. Eso, unido al esfuerzo de mirar las cosas desde su perspectiva —visualizarme a mí misma en su piel, pensando las cosas que a lo mejor piensa—, me ayuda a hacer las paces mucho antes.

En el caso de Fiona y Catherine, lo ideal es animarlas a comentar lo que les gusta de la otra o a recordar momentos divertidos que han vivido juntas. Compartir una sonrisa, una risa o sólo una serie de pensamientos positivos provoca cambios físicos que nos hacen sentir bien: reduce la presión sanguínea y la frecuencia cardíaca, relaja los músculos y nos vuelve más propensos a ser indulgentes.

Cómo practicar las destrezas que necesitamos para ser indulgentes

Como padres y madres, enseñamos a ser indulgentes cuando perdonamos a los demás, porque los niños aprenden de nuestro ejemplo. Pero también debemos indicarles conscientemente cómo se perdona. No obstante, absolver al otro es complicado. Si practicar la gratitud es como dar un paseo por el parque, practicar el perdón se parece a correr una maratón con una pesada bola atada al tobillo. Aunque casi cualquiera puede aprender esta habilidad, hay que tomarlo con paciencia. Como suele pasar con las tareas más complicadas, cuanto más tiempo dediquemos a perdonar, mejor nos saldrá. No se trata de olvidar, como nos hace creer el dicho, sino de dejar a un lado; la bola pesa mucho. La indulgencia consiste en escoger emociones positivas por encima de las negativas; la decisión desemboca en una experiencia emocional totalmente distinta.

Cómo perdonar

Fred Luskin, director del Proyecto de Stanford para el Perdón, ha pasado décadas investigando y enseñando el tema. Fruto de su trabajo, ha desarrollado un programa para ayudar a las personas a aprender a perdonar incluso los actos más atroces. He aquí la propuesta de Luskin transformada en habilidades y conceptos que podemos transmitir y ensayar con nuestros hijos.

1. Ayuda a los más jóvenes a desarrollar la capacidad de comprender sus emociones y de expresarlas cuando algo les preocupa. Ponedlo en práctica pidiéndoles que identifiquen y hablen de sus sentimientos, sobre todo de los dolorosos. Los niños pueden aprender a hablar de sus emociones a una edad muy temprana; véase el capítulo 5 para saber más sobre cómo orientar emocionalmente a tu hijo.

2. Cuando los pequeños estén enfadados, ayúdalos a comprender que el dolor procede de lo que están sintiendo y pensando *en ese preciso instante*, no de la agresión original, tanto si tuvo lugar hace meses como si se ha producido hace pocos minutos. Ayer, Fiona y Molly chocaron con los patinetes, un accidente que les provocó sendas rascadas en las rodillas. Ambas le echaron la culpa a la otra entre llantos melodramáticos de dolor. Advertí que ninguna se había hecho daño, así que les señalé que el dolor que sentían no se debía al accidente, sino a las acusaciones. (Algo del dolor procedía de sus intentos por demostrar que cada cual sangraba más que la otra, aunque en realidad ninguna sangraba mucho.) En cuanto decidieron perdonarse y seguir jugando, ¡puf!, adiós al dolor y al sufrimiento.

3. Cuando los niños parezcan preocupados, ayúdales a poner en práctica las técnicas de atención plena descritas en el capítulo 8. Eso les ayudará a desactivar la reacción de «lucha o huye» para poder responder de forma más eficaz a la situación que los perturba.

4. Enseña a los más jóvenes que todos sufrimos cuando pedimos a la vida cosas que no puede darnos. Está bien albergar esperanzas,

por supuesto, y hay que trabajar duro para conseguir lo que uno quiere. Sin embargo, carecemos de la potestad de hacer que sucedan cosas que quedan fuera de nuestro control. Cuando esperamos algo que no está en nuestra mano y ese algo no sucede, nos sentimos heridos y engañados. Ayuda a los niños a renunciar al deseo de cosas que escapan a su influencia y a reencauzar sus energías hacia temas que sí pueden controlar.

5. Haz entender a los pequeños que perdonar no significa olvidar o disculpar una acción, ni siquiera reconciliarse con alguien que nos ha hecho daño. El perdón consiste en una decisión que tomamos para *sentirnos mejor*. Habla con los pequeños sobre lo mal que te sientes cuando cavilas sobre el daño que te han hecho. Recuérdales todas las ventajas que tiene el perdón *para la persona que perdona*.

6. Habla con tus hijos sobre el deseo de venganza, y hazles comprender que la mejor venganza es una vida dichosa. Explícales que cuando pensamos demasiado en el daño que nos han hecho, le damos poder a nuestro agresor porque sigue haciéndonos sufrir.

La indulgencia es un tema peliagudo. Requiere coraje y decisión renunciar a los sentimientos negativos cuando alguien nos ha hecho sufrir. Sin embargo, el gesto se vuelve más fácil con la práctica; sobre todo si empezamos por cosas pequeñas y adquirimos el hábito cuanto antes. Además, nos convierte en personas más fuertes y mejores.

HAZ LA PRUEBA

Tres maneras de practicar el perdón

Acostumbrarse a perdonar aumenta la autoestima y la esperanza de las personas que han sido agredidas, además de disminuir su ansiedad. He aquí algunos ejercicios para enseñar a los niños a perdonar (y de paso aprender nosotros).

1. Compartid anécdotas de ofensas y perdón. Durante la cena, por ejemplo, reflexionad por turnos sobre alguna ocasión en que tuvisteis que pedir disculpas. Recordad en qué momentos hicisteis daño a otra persona, ya fuera voluntariamente o sin querer. A continuación comentad si os sentís o no perdonados por la ofensa. Si tenéis la sensación de que os perdonaron, podéis hablar de las siguientes cuestiones.

   • ¿Cómo sabes que te perdonaron?

   • ¿Por qué crees que aquella persona te perdonó?

   • ¿Crees que la persona a la que le hiciste daño se sintió mejor o peor después de perdonarte?

   • ¿Cómo te sentiste después de que te perdonara?

   • ¿Cómo es tu relación con esa persona en la actualidad?

   • ¿Haber sido perdonado por aquella persona te hace más o menos propenso a repetir un acto parecido?

   • Si *no* tienes la sensación de que te hayan perdonado, comenta cómo podrías pedir perdón.

2. Representad escenas de empatía y perdón. Pedid a un miembro de la familia que describa a una persona en particular a la que considera culpable de alguna transgresión. A continuación, poneos por turnos en la piel del agresor. ¿Por qué pudo hacer lo que hizo? ¿Qué emociones debía de estar sintiendo? Intentad conceder al agresor el beneficio de la duda; imaginad por cuántas cosas distintas podía estar pasando en el momento de la agresión. Recuérdales a todos que practicar la empatía no es lo mis-

mo que disculpar el mal comportamiento, sino sencillamente una técnica para librarse de la rabia. Para terminar, haced juegos de rol representando escenas de perdón. ¿Qué le dirías al agresor? ¿Qué emociones experimentas durante la interpretación? Tratad de adoptar expresiones faciales que, a vuestro juicio, expresarían perdón. ¿Qué sensaciones os recorren el cuerpo cuando estáis sintiendo o expresando indulgencia?

3. Escribid una carta de perdón. Ayuda a los niños a escribir sobre alguna ocasión en la que se sintieron heridos, mediante una misiva que podrían enviar o no a la persona que les hizo daño. Deja que describan cómo les afectó el dolor en su momento y qué sentimientos negativos siguen experimentando a día de hoy. Pueden expresar también lo que querrían que hubiera hecho el agresor en lugar de lo que hizo. Indícales que terminen la carta con una expresión explícita de indulgencia, comprensión e incluso, si son capaces, de empatía. Por ejemplo: «Supongo que no pensaste que lo que decías me haría llorar, así que te perdono por haber herido mis sentimientos».

No *pareces* lamentarlo mucho: las cuatro partes de una disculpa eficaz

Todo padre y madre acaba por recibir una disculpa que parece cualquier cosa menos eso. En mi casa, soy famosa por acompañarla de una insistencia igual de absurda en que la otra se excuse con sinceridad (y *ahora mismo*, maldita sea). Sin embargo, si no somos capaces de pedir perdón de corazón, no deberíamos hacerlo; las disculpas insinceras molestan más que el silencio. Esto implica no insistir en que los niños pidan perdón de inmediato si no lo sienten de verdad.

Según Aaron Lazare, que ha estudiado la psicología de las disculpas, excusarse con eficacia requiere, como mínimo, alguna de las condiciones siguientes: 1) reconocer de forma clara y absoluta la ofensa, 2) una explicación, 3) una expresión de remordimientos y 4) reparación.

Tomemos como ejemplo el caso de Fiona y Catherine, descrito anteriormente. He aquí las características que deberían reunir sus disculpas para que fueran eficaces:

1. Ambas deben reconocer que han ofendido a la otra sin mencionar lo que la otra ha hecho mal. Fiona tiene que decir: «Siento haber dicho que eras mala», no «Siento haber dicho que eras mala, pero es que tú me habías llamado mandona». Para que una disculpa haga efecto, la persona que ha cometido la ofensa debe confesar el crimen sin rodeos y sin recurrir a excusas.

2. Cada cual debe explicarse, sobre todo si aclaran que no querían herir los sentimientos de la otra y que harán lo posible por no reincidir. Fiona puede decir: «Me ha dolido que cuchichearas sobre mí. A partir de ahora, procuraré decirte que me siento herida sin insultarte».

3. Mediante expresiones de remordimiento, vergüenza y humildad han de reconocer que comprenden el dolor de la otra. «Sé cuánto duele que te llamen mala, y me siento mal por habértelo dicho. Lo lamento muchísimo».

4. Las buenas disculpas a menudo incluyen algún tipo de reparación, ya sea real o simbólica. Tanto Fiona como Catherine deben acceder a jugar al juego de la otra durante un rato.

Pesimismo frente a optimismo

Muchos niños tienden de forma natural a saborear el futuro; aguardan con impaciencia una fiesta de cumpleaños o un partido importante, por ejemplo. Este regodeo forma parte integrante del pensamiento optimista, y los padres pueden enseñar a sus hijos la destreza de pensar con optimismo. El optimismo se encuentra tan íntimamente ligado a la felicidad que ambos se podrían equiparar. Las personas que ven el vaso medio lleno disfrutan de muchísimas ventajas. Comparados con los pesimistas, los optimistas:

- Se desenvuelven mejor en el colegio, en el trabajo y en los deportes.

- Tienen mejor salud y viven más tiempo.

- Se declaran más satisfechos de sus matrimonios.

- Padecen menos ansiedad.

¿Quién no querría que sus hijos experimentaran tantos beneficios? He aquí tres formas de que los niños aprendan de sus padres a ser optimistas.

Afecto parental

Me encanta que el afecto de los padres influya en la actitud de los hijos ante la vida. Mi hermano encuentra irritante mi tendencia a aproximarme y a tocar a las personas cuando hablo con ellas, pero me gusta pensar que al hacerlo fomento la esperanza en mis hijas. Los investigadores que dirigen el Proyecto de Resiliencia [capacidad de recuperación] de la Universidad de Pensilvania afirman que los niños cuyos padres se muestran atentos y afectuosos albergan más ilusiones. El afecto y la atención parentales —como es de suponer— son fundamentales para que los niños aprendan a confiar en el mundo. Cuando los padres ofrecen a sus hijos una base de seguridad, estos últimos tienden a creer que el mundo es bueno. Además de fomentar el optimismo, esa actitud les ayuda a correr riesgos y a explorar, lo que también les enseña a ser optimistas.

Correr riesgos y fracasar

La capacidad de gestionar los desafíos y la frustración es clave para contemplar la vida con optimismo. Las investigaciones demuestran que los niños protegidos del fracaso y la adversidad son menos proclives a ver el vaso medio lleno. ¿Por qué? Cuando cometemos errores y aprendemos de ellos, también descubrimos que somos capaces de superar los desafíos que, sin duda, nos aguardan. Ese convencimiento aumenta nuestra esperanza en el futuro.

El optimismo es contagioso, sobre todo entre los niños pequeños. Cuando la hija de Todd, Suzie, se resiste a hacer algo, él se limita a decirle en tono emocionado: «¡Vamos a ver! ¡Vamos a ver qué pasa!» La ansiedad de Suzie, que no es sino una forma de pesimismo ante el posible desenlace, suele transformarse en curiosidad. Me encanta este truco por el optimismo implícito que conlleva: no importa lo que pase, el hecho de que Suzie haga el intento es, en sí mismo, un buen resultado.

Por otra parte, fracasar una y otra vez nos provoca sentimientos de incapacidad, no optimismo, por lo que debemos asegurarnos de que nuestros hijos afrontan retos adecuados a cada etapa de su desarrollo. Una dificultad excesiva —desafíos que los más jóvenes tienen pocas probabilidades de superar y no pueden rehuir, como la pobreza o un entorno académico demasiado exigente— puede abrumar a los niños y convertirlos en personas nerviosas e inseguras.

Dar ejemplo

Los padres pesimistas son más proclives a tener hijos pesimistas. Más que dar ejemplo del optimismo o pesimismo con que interpretamos los acontecimientos de nuestras vidas, los progenitores dan ejemplo de cómo interpretan los acontecimientos de las vidas *de los niños*. En otras palabras, los pequeños prestan más atención a las reacciones de sus padres ante las cosas que les pasan a ellos que a sus explicaciones. Eso significa que cuando criticamos a nuestros hijos los hacemos más proclives al pesimismo.

He aquí una prohibición para el día a día de la educación. Hace poco Fiona sacó de un cajón un regalo descabellado: un juguete de construcción de un robot que un pariente le había enviado para su cumpleaños. Estaba pensado para niños que le doblaban la edad, de modo que dudé de su capacidad para montarlo. «No sabrás hacerlo —le advertí—, y yo no tengo tiempo para ayudarte.» Desilusionada, echó un vistazo al manual de instrucciones de cincuenta y pico páginas y luego buscó otro entretenimiento. Sin querer, le había enseñado a cuestionar su propia capacidad sin ponerla primero a prueba. Aquella tarde, su madrina, Jane, vino a casa y vio la caja con el robot desmontado sobre la mesa. Fiona le explicó que quería hacer un robot con coletas, pero que era demasiado difícil para ella. «¿De verdad? —le preguntó Jane con optimismo—. ¿Por qué no lo intentamos y comprobamos si de verdad es tan complicado?» Una hora después, el robot estaba funcionando. Fiona contemplaba extasiada su creación, que al final había montado casi sin ayuda. «Tenías razón, mamá —me dijo orgullosa—. Era difícil. Pero resulta que se me da bien construir robots.»

Pensar con optimismo

Las probabilidades de los niños de diez años de padecer depresión al alcanzar la pubertad se reducen a la mitad si aprenden a pensar y a interpretar el mundo desde una perspectiva optimista. He aquí varias formas de pensar con optimismo.

- Identificar los beneficios que acarrean las dificultades.

- Ver el vaso medio lleno: fijarse en los aspectos positivos y no en los negativos, aunque ambos coexistan.

- Reflexionar sobre lo que nos enseña el fracaso.

- Atreverse a confiar: concédete a ti mismo y a los demás el beneficio de la duda en lugar de sucumbir a la sensación de impotencia, el sentimiento de culpa o la percepción de agravio.

El célebre psicólogo Martin Seligman, que lleva décadas investigando el tema, demuestra que el grado de optimismo o pesimismo que nos caracteriza determina también nuestra manera de interpretar los acontecimientos vitales. Imaginemos que, en un partido de béisbol, un niño batea de maravilla y su equipo gana. La explicación optimista del acontecimiento consistiría en considerar el suceso como algo que puede repetirse y extenderse a otras circunstancias: «¡Formamos un equipo magnífico! ¡Esta temporada vamos a triunfar!» La forma pesimista de explicar el episodio consistiría en pensar que el efecto sólo es temporal o atribuible a unas circunstancias concretas: «Hoy hemos ganado de chiripa; faltaban los mejores jugadores del otro equipo. No se repetirá». Podemos ayudar a los niños a pensar de manera optimista ayudándoles a identificar las razones por las que un hecho positivo volverá a producirse. Por ejemplo, señalarle al bateador que su duro entrenamiento ha dado fruto es más optimista que comentar: «¡Has jugado un partido estupendo!» La práctica afina las habilidades a largo plazo; jugar un buen partido puede ser casualidad.

El pensamiento optimista también se consolida cuando interpretamos los buenos acontecimientos como un logro personal. Considerar la victoria como la consecuencia del duro trabajo del bateador implica personalizar; una explicación más pesimista de la situación consideraría el triunfo algo impersonal: «El otro equipo no era muy bueno; cualquiera les habría ganado». Esta postura quita el mérito al bateador para atribuírselo a otras personas o circunstancias.

Cuando los resultados son negativos, se da el caso contrario. Pongamos que una niña tropieza en la calle. La pesimista piensa: «Qué torpe soy. Siempre estoy tropezando con todo. He hecho el ridículo». El motivo de su caída es permanente y temporal. La optimista se dice: «¡Maldición! ¡Alguien tendría que arreglar esta grieta en la acera!» La causa del accidente es impersonal y atribuible a un problema exterior; ella no ha tenido nada que ver.

Como es evidente, las personas que tienden a echarse la culpa cuando las cosas van mal son menos felices que aquellas que no buscan culpables.

El elogio con mentalidad de superación y el optimismo

Tener en cuenta las destrezas que necesitan los niños para ser optimistas arroja nueva luz a la cuestión de cómo elogiar a los niños, comentada en el capítulo 2. Los más jóvenes necesitan halagos, pero, para educarlos en la capacidad de recuperación y en la persistencia ante las dificultades, los cumplidos deben ser expresados con mentalidad de superación, haciendo hincapié en el esfuerzo y el trabajo duro. El secreto está en asegurarnos de hacer cumplidos no sólo con mentalidad de superación, sino *también* siendo optimistas. El cumplido con mentalidad de superación enfatiza el esfuerzo más que la capacidad innata. El elogio optimista se centra en las causas de los acontecimientos positivos, remarcando que pueden repetirse y que son atribuibles a la persona que recibe el cumplido. Por ejemplo, si quisiera elogiar un dibujo de mi hija, podría decirle: «Veo que te has esforzado mucho, Fiona. Se nota que te apasiona el arte».

No me preocupo demasiado por ser optimista cuando alabo a mis hijas; concentrarse en la mentalidad de superación es suficiente. Evito, sin embargo, expresar las explicaciones pesimistas que me puedan asaltar ante un hecho desafortunado o un mal comportamiento. Los niños asimilan este tipo de ideas, y podemos transmitir el pesimismo a nuestros hijos con tanta facilidad como el optimismo. Por ejemplo, imaginemos que mi hija Molly pega a su hermana o le dice algo desagradable. Una reacción pesimista al incidente sería: «Molly, has sido mala. Si te portas así, los niños del colegio no querrán ser tus amigos». Atribuirle el defecto de ser mala es personal, y suena como si ese rasgo formara parte de su identidad y no fuese sólo temporal. La reacción optimista:

«Parece que estás nerviosa, Molly. Creo que tienes hambre. Por favor, pídele perdón a tu hermana y vamos a prepararte algo para comer». Este comentario convierte la mala conducta en algo temporal y circunscrito a esa situación; cuando haya comido, se portará mejor. Además, el incidente habrá concluido cuando se disculpe y no se debe a nada personal: debemos atribuirlo más a sus niveles de azúcar que a su personalidad.

Unas palabras acerca de los genes

Pero ¿acaso algunos niños no son pesimistas natos mientras que otros irradian optimismo, como mis amigos más escépticos no dejan de preguntarme? ¡Por supuesto! Ahora bien, la genética no lo es todo. De hecho, las investigaciones llevadas a cabo con gemelos que se han criado separados nos dicen que seguramente los genes no influyen más allá de un 25 por ciento en nuestra tendencia al optimismo. De modo que seamos cautos antes de etiquetar a un niño como pesimista nato. Aunque nuestra cultura tiende a buscar en la genética la explicación de por qué las personas son como son, esta postura procede de la mentalidad rígida y constituye un modo de pensar pesimista. Es preferible enseñar a los niños las habilidades que necesitarán para superar sus tendencias pesimistas, así como las destrezas que les ayudarán a disfrutar de una vida dichosa en la edad adulta. Si entre los tuyos hay un pesimista recalcitrante, te recomiendo el libro de Seligman *Niños optimistas*. Incluye todo un apartado dedicado a cómo transformar a un pesimista en optimista.

CINCO

Quinto paso:
Aumenta la inteligencia emocional de tus hijos

Cuando empiezas a desarrollar tus capacidades de empatía e imaginación, el mundo entero se abre ante ti.

SUSAN SARANDON

Las personas críticas con mi trabajo —esas que consideran la felicidad una frivolidad, algo no tan trascendente como, pongamos, la bondad o el éxito— siempre me preguntan por las emociones negativas. «¿Y qué pasa con el estrés? ¿Acaso no nos motiva?» O: «Creo que la rabia es positiva; no quiero que mis hijos piensen que deben ser felices todo el tiempo».

Aunque este libro trata de cómo fomentar las emociones positivas en nuestros hijos, no sostiene que debamos ser felices constantemente. Incluso en la más dichosa de las existencias abundan los aspectos negativos, como el sufrimiento, la decepción, el fracaso, la pérdida y la traición. Lo que a menudo diferencia a las personas felices de las depresivas es que las primeras saben gestionar las situaciones difíciles y las emociones dolorosas, así como sobreponerse a ellas.

La capacidad de recuperación, o resiliencia, en presencia de la dificultad requiere una forma especial de inteligencia. La tradicional —la que se adquiere en los libros o incluso en la calle— no nos hace necesariamente más felices, pero la inteligencia social y emocional, sí. He aquí cómo incrementar la inteligencia emocional de tus hijos, una cualidad que constituye nada menos que la base de una felicidad duradera.

La buena noticia al respecto es que, una vez más, la inteligencia emocional se adquiere; no es una cualidad innata. Por ese motivo, prefiero hablar de educación emocional más que de inteligencia emocional. Hablar de educación nos ayuda a tener presente que estamos enseñando a nuestros hijos las destrezas que necesitan para adquirir mayor comprensión de sus numerosos y cambiantes sentimientos. Las personas están educadas emocionalmente en la medida en que son capaces de leer y comprender las emociones, propias y ajenas. Los niños educados emocionalmente saben reconocer, interpretar y responder de forma constructiva a sus propios sentimientos y a los de los demás.

Los padres educan emocionalmente a sus hijos de dos formas fundamentales: en primer lugar, construyendo vínculos seguros con ellos: esas relaciones receptivas y atentas que proporcionan a los más jóvenes el apoyo que necesitan para explorar el mundo. En segundo lugar, educan en las emociones a sus hijos con el fin de que éstos construyan un gran vocabulario de sentimientos y lo manejen con facilidad y competencia. Este capítulo te enseñará a hacer ambas cosas.

El arte de educar niños felices —esos cuyas vidas rebosan todo tipo de sentimientos positivos— radica en parte en enseñarles a expresar y gestionar las emociones negativas. Los sentimientos desagradables como la rabia, la tristeza y la ansiedad no tienen por qué ser malos; sirven para alertarnos de circunstancias que debemos evitar o transformar, y nos ayudan a comprender cuán profundos son nuestros vínculos con los demás. Sin embargo, es necesario gestionar ese tipo de emociones de manera eficaz (los investigadores dicen que hay que saber «regularlas»).

Las investigaciones del psicólogo John Gottman en torno a la inteligencia emocional demuestran que los niños capaces de regular sus emociones saben consolarse mejor cuando están disgustados, lo cual implica que experimentan emociones negativas tales como el miedo o la rabia durante períodos de tiempo más breves. Padecen menos enfermedades infecciosas y tienden a prestar más atención. Esos niños comprenden y se relacionan mejor con los demás; sus vínculos de amistad son más fuertes.

La educación emocional constituye además uno de los mejores pronósticos de buen rendimiento académico, más fiable incluso que el coeficiente intelectual. Sucede así en parte porque los pequeños educados emocionalmente aprenden mejor y disfrutan de relaciones más fluidas con sus compañeros de clase. La educación emocional aumenta la capacidad de recuperación y ayuda a reducir los problemas de aprendizaje. En suma, proporciona beneficios en casi todos los ámbitos de la vida infantil, principalmente felicidad y buenos resultados académicos. Así pues, salta a la vista por qué debemos esforzarnos en educar emocionalmente a nuestros hijos. He aquí cómo hacerlo.

Vínculos de apego: más es más

> *Todos vivimos al amparo de los demás.*
>
> PROVERBIO IRLANDÉS

El vínculo padres-hijos constituye la base de la educación emocional. Cuando padres y educadores están atentos y responden a las señales emocionales expresadas por los hijos, éstos aprenden a regular mejor sus emociones. Los vínculos emocionales entre los padres o educadores y sus vástagos reciben el nombre de «relaciones de apego». Dichas relaciones adoptan tres formas principales: evasiva, ansiosa y segura. Ni que decir tiene que el vínculo más sano de las tres es el seguro. El apego seguro ofrece infinidad de ventajas. Los niños «apegados» a sus padres con seguridad dan muestras de:

- Mejor salud.

- Más confianza a la hora de explorar el mundo y más capacidad de afrontar las circunstancias difíciles.

- Mayor tendencia a pensar orientada a resultados, más independencia y persistencia a la hora de resolver problemas.

- Más disposición a pedir ayuda y a buscar consuelo ante la frustración.

- Mejores relaciones con sus maestros, quizá porque requieren menos orientación y disciplina.

- Menos probabilidades de sufrir acoso escolar o de convertirse en acosadores.

- Mejor comportamiento y menos impulsividad en las aulas.

Si la seguridad de los vínculos de apego se considera tan importante es, en parte, porque ésta sienta las bases de las futuras relaciones. Los niños que disfrutan de vínculos de apego seguros con sus padres y otras figuras adultas caen mejor a sus compañeros y tienden a tener más amigos. Unas relaciones de apego fuertes contribuyen a la educación emocional, lo que, a su vez, facilita la creación de unas relaciones constructivas y productivas con maestros, amigos y otros miembros de la comunidad.

El apego seguro ejerce su influencia a lo largo de toda la infancia y la adolescencia, e incluso puede caracterizar las relaciones de pareja en la edad adulta. Los pequeños que disfrutan de vínculos seguros con sus padres se conocen mejor a sí mismos, tienen más capacidad memorística, albergan sentimientos más positivos acerca de la amistad y poseen un sentido de la moral más desarrollado. Los beneficios de unos lazos seguros se hacen notar también en el terreno de la disciplina: las criaturas que disfrutan de vínculos seguros tienden a obedecer de buen grado las sugerencias de sus padres; además, entre éstos, las técnicas disciplinarias de los progenitores suelen dar mejores resultados.

Así pues, ¿cómo fomentar un apego seguro con nuestros hijos? En términos generales, nuestra receptividad determinará el grado de seguridad de los niños. Para ser padres o educadores receptivos podemos hacer lo siguiente:

Muéstrate sensible a las necesidades de tus hijos y trátalos con afecto. ¿Qué necesitan los niños, en determinadas circunstancias? El secreto radica en estar presentes y prestar atención. Expresar en voz alta sus necesidades es un modo de transmitirles empatía y demostrarles cariño: «Parece que estás muy cansado y necesitas echar una siesta. Yo también me pongo de mal humor cuando estoy cansado/a. Vamos a casa a acostarnos un rato».

Sé receptivo/a y consecuente. Una cosa es saber lo que necesitan los niños y otra muy distinta proporcionársela. Durante la primera infancia, responder a sus necesidades, por agotador que resulte, no entraña grandes dificultades. Les cambiamos los pañales, les damos de comer, los ponemos a dormir. Ahora bien, a medida que van creciendo, las exigencias se complican. No cometas el error de pensar que ser receptivos significa darles cuanto quieren. En ocasiones, cuando los niños piden quedarse más rato despiertos, en realidad necesitan horarios más regulares o una disciplina más estricta. La receptividad parental constituye un buen pronóstico de mayor sociabilidad, autodisciplina, buen comportamiento con los demás y autoestima por parte de los niños. La coherencia también es importante: John Bowlby, el gran gurú de la teoría del apego, la denomina la ley de la continuidad: «Cuanto más regulares y predecibles son las normas, más seguro tiende a ser el estilo de apego del niño; cuanto más cambiantes e impredecibles (...), más ansioso es».

Sé accesible, emocional y físicamente. Tal vez pasemos mucho tiempo con los niños, pero si no les brindamos acceso emocional —es decir, si no nos apartamos de la BlackBerry o estamos inmersos en nuestras preocupaciones—, será como si no estuviéramos. Lo mismo sucede en los casos en que las intenciones son buenas, pero apenas nos ven. El deseo sincero de conectar con los más jóvenes no sirve de nada si no les dedicamos el tiempo suficiente como para que se produzca la conexión.

Fomenta el apego con otras personas. Aunque los bebés y los niños pequeños que han desarrollado un apego seguro con sus madres o cuidadores dan muestras de reacciones más seguras y positivas en el trato con los demás, los niños que construyen ese mismo tipo de vínculo con sus madres *y* las personas a su cuidado son los que evidencian mayor educación emocional de todos (el apego con los padres no fue analizado en la investigación). Las relaciones seguras que más benefician a los niños son las que construyen con la madre, el padre y la persona que los cuida.

Ten presente la importancia de desarrollar apego hacia los hermanos y compañeros. Los hermanos y amigos también son importantes para la seguridad infantil, desde una edad tan temprana como los quince meses. Por ejemplo, cuando se lleva a los bebés y niños pequeños a una nueva guardería o colegio —lo que les exige desarrollar nuevos vínculos de apego con los educadores—, se adaptan mejor si también sus mejores amigos van a estar en ese nuevo lugar. De igual modo, los hermanos pueden constituir importantes figuras de apego en cuanto a intimidad, consuelo y seguridad.

Educación emocional: una de las técnicas más importantes de toda la historia del universo

Cuando nos preguntamos con sinceridad qué persona, de todas las que hemos conocido, es más importante para nosotros, a menudo descubrimos que se trata de alguien que, en vez de darnos consejos, soluciones o remedios, optó por compartir nuestro dolor y aliviar nuestras heridas con un gesto amable y tierno.

HENRI NOUWEN

En estos momentos, es probable que muchos padres y madres estén pensando que los principios que estoy exponiendo son más que evidentes: los niños se desarrollan mejor cuando sus progenitores son sensibles y cariñosos, cuando se implican y actúan con coherencia. Todos lo sabemos por instinto.

He aquí algo que tal vez no nos lo dice el sentido común: aunque el amor, la fiabilidad y la sensibilidad crean vínculos seguros, no bastan para desarrollar la inteligencia emocional de los niños. Si bien la educación emocional requiere bases de apego seguro, los progenitores también tienen que «educar emocionalmente» a sus hijos y enseñarles a gestionar emociones tales como la rabia, la ansiedad y el miedo. Igual que los vínculos de apego seguro crean un entorno resguardado en el que educar a los más jóvenes, la educación emocional ayuda a construir y conservar esos vínculos a la vez que fomenta la lealtad y el afecto entre padres e hijos; ambos aspectos se sostienen mutuamente. Los padres que educan las emociones de sus hijos de manera efectiva son más sensibles a los sentimientos de éstos, en parte porque consideran que esas expresiones emocionales —incluso la rabia y la frustración— ofrecen oportunidades para conectar con sus hijos y enseñarles. Saben escuchar con empatía, ayudan a los niños a explorar y conceden valor a sus sentimientos. Y no se quedan ahí: enseñan a los pequeños a poner nombre a sus emociones, tras lo cual ponen límites («No está bien pegar a tu hermana»), a la vez que los ayudan a buscar soluciones a los problemas.

¿De verdad? ¿De verdad tengo que convertirme en educador emocional? Ya lo sé, ya lo sé; parece un trabajo duro, y ya estás entrenando a la Liga Infantil. Según John Gottman, uno de mis investigadores favoritos de todos los tiempos, la educación emocional es *la* clave para criar niños felices, con capacidad de recuperación y bien adaptados. Sus trabajos demuestran que no basta con implicarse en la crianza y querer a los hijos. El cariño y la atención fomentan ciertos aspectos de la educación emocional, pero no siempre enseñan a los niños a gestionar las emociones negativas, como la tristeza y la frustración. La educación emocional sí. La realidad, como ya sabemos, es que el dolor y el sufrimiento, la decepción y el fracaso, la pérdida y la traición forman parte de la vida. Por mucho que queramos, no podemos proteger a los más jóvenes de esos sentimientos. Sí podemos, en cambio, enseñarles a afrontar las emociones incómodas y a menudo dolorosas que acarrean los momentos menos felices de la existencia.

Paradójicamente, cuando aceptamos que nuestros hijos van a sufrir y les enseñamos a afrontar las emociones menos placenteras, el dolor se disipa más rápidamente. Los niños que han aprendido a gestionar sus emociones suelen experimentar menos sentimientos negativos y más positivos. Además, Gottman ha descubierto que, en el caso de los pequeños que conviven con el conflicto parental o con un divorcio, la educación emocional es lo único que los protege del trauma y de las consecuencias negativas que acarrea, como los problemas de rendimiento académico y las dificultades con sus compañeros.

En su libro *Raising an Emotionally Intelligent Child*, así como en el vídeo del mismo nombre, Gottman enseña a los padres cómo convertirse en buenos educadores de las emociones de sus hijos. A continuación expongo una versión en tres pasos del programa de Gottman; recomiendo encarecidamente la lectura del libro a los progenitores que quieran más información sobre el tema [no está traducido]. La estrategia del autor no sólo me ha ayudado a gestionar las emociones de mis obstinadas hijas, sino que me ha enseñado a afrontar las que me asaltan cuando me relaciono con otros adultos, sobre todo con aquellos con los que comparto fuertes vínculos emocionales y, en consecuencia, frecuentes conversaciones en las que los sentimientos tienden a aflorar. (Aquellos de vosotros que hayáis pasado por un divorcio entenderéis a qué me refiero.)

El primer paso para gestionar las emociones negativas (las tuyas, las de tus hijos o las de tu suegra) es averiguar qué sientes y aceptar esos sentimientos. Aun sin dar el visto bueno a la mala conducta que a menudo acarrean las emociones más destructivas, tenemos que transmitir el mensaje de que está bien sentir lo que uno siente, por negativo que nos parezca. Debemos considerar los malos sentimientos tales como celos, miedo y codicia como oportunidades para crecer, para comprendernos mejor a nosotros mismos y para ser mejores personas. Cuando identifiquemos esas emociones «indeseables» en nuestros hijos, hemos de contemplarlas como una ocasión para aprender más sobre su mundo interior, y —muy importante— enseñarles a gestionar dichas emociones en el presente y en el futuro.

Para llegar a ser buenos consejeros emocionales, tenemos que sentir empatía hacia los niños, a fin de ayudarles a definir sus emociones menos agradables. El objetivo es concederles valor para que aprendan a comprenderlas y confíen en sus sentimientos. Cuando no entendemos lo que sentimos, no podemos gestionar ni las emociones ni la situación de manera eficaz, lo que provoca falta de confianza en uno mismo y pérdida de autoestima. A menudo, sobre todo entre los más pequeños, los sentimientos negativos van unidos al mal comportamiento; todos hemos visto a un preescolar pegar a un amigo porque está frustrado y enfadado. Es importante hacer entender a los niños que el problema no son sus sentimientos, sino su mala conducta. De manera que, de momento y hasta que no domines el primer paso, ignora el mal comportamiento.

Paso 1: Define los sentimientos cuando surjan y acéptalos

Antes de poder definir y aceptar adecuadamente lo que está sintiendo un niño, hay que demostrarle empatía; para ello debemos, ante todo, tratar de entender cómo se siente, y luego expresar lo que intuimos. Es sencillo, pero no siempre fácil.

Mostrar empatía no significa dar palos de ciego respecto a lo que está experimentando nuestro hijo y después lanzarnos a resolver el problema sin perder un instante. Tampoco implica consolarlo para distraerlo de las emociones negativas. Ni siquiera aligerar una situación desagradable haciendo una broma a costa del pequeño. A menudo me siento culpable cuando recurro a una de estas tres estrategias no empáticas ante las emociones negativas de mis hijas. Aunque Molly en particular puede tener rabietas monumentales, se me da muy bien aplacar su ira, si me lo propongo, mediante la distracción, el soborno y la amenaza indirecta:

Molly *(a gritos)*: ¡Te odio! ¡Eres la peor mamá del mundo!
Yo: Oye, Molly, ¿no habías dicho que querías un delfín de peluche gigante para Navidad? He oído que los duendes de Papá Noel saben hacerlos. ¿Crees que Papá Noel te estará oyendo?
Molly *(mientras contiene las lágrimas, con un hilo de voz)*: ¿De verdad? Fiona dice que si Papá Noel me trae un delfín y lo llamo Phinn, no lo llamará Finnley como ese niño de su clase.

También tengo una gran facilidad para dar por supuesto que sé lo que anda mal —cuando no lo sé— y organizarlo todo a partir de mi hipótesis. Soy famosa por decir cosas que dejan anonadada a mi hija, como: «Eh, Molly, pareces supercansada y hambrienta. Te prepararé algo de comer y después nos tumbaremos en el sofá a leer algo». Aun si estoy en lo cierto y se siente mal por culpa del hambre y el cansancio, e incluso si se siente mejor tras recibir una dosis extra de amor, mi actitud no da a entender que comprendo cómo se siente y por qué. Antes de resolver el problema, debo definir sus sentimientos y después concederles importancia.

De vez en cuando, soy capaz de empeorar aún más la situación partiéndome de risa a su costa. Cuando se pone a gritar, recurre a unas amenazas bastante divertidas (como «Mamá, si no me dejas ir a casa de Anna-Belle, *nunca volveré a abrazarte*») y me entran ganas de echarme a reír. El humor es mi estado por defecto, sobre todo cuando la situación se pone tensa, porque sienta de maravilla. No obstante, en casos así, reírse sería una actitud mezquina y destructiva. No quiero ni imaginar cómo me sentiría si estuviera enfadada con mi madre y ella empezara a reírse.

El problema de este tipo de reacciones, aunque funcionen de momento, es que obvian los sentimientos de Molly —que para ella son muy reales— y no la ayudan a comprenderlos mejor. La clave para dominar este primer paso radica en ponerse en el lugar del niño y compartir su sufrimiento. En eso consiste la verdadera empatía. Supongamos que Molly se siente mal porque la han castigado en clase por hablar demasiado (a saber de quién habrá heredado esa tendencia). Los niños a menudo proyectan las emociones negativas en sus queridos hermanos, padres y educadores, lo cual significa que si bien Molly está enfadada consigo misma, con un compañero o con su maestra, bien puede descargar esa emoción conmigo o con Fiona al llegar a casa. De modo que cuando le digo que no puede ir a jugar con AnnaBelle, en ese mismo instante su cólera se desata, arroja la mochila contra la pared en vez de colgarla y dice que su hermana es una «tontorrona» con la que no querría jugar ni en «un millón de años».

En vez de abordar la mala conducta de inmediato (mandarla a su cuarto) o disipar su mal humor utilizando los métodos no empáticos descritos anteriormente, puedo considerar la situación una oportunidad de oro para poner en práctica el primer paso de la educación emocional definiendo sus emociones y reconociendo su importancia.

Muestra empatía, define y acepta

Yo: Molly, pareces frustrada y muy enfadada. ¿Te sientes poca cosa en este preciso instante? *(Sé que Molly a menudo hace gala de grandes emociones cuando se siente poca cosa.)*
Molly: Sí, me siento poca cosa. *(Su rabia disminuye.)*
Yo: ¿Estás sintiendo algo más, aparte de eso?
Molly: Estoy muy enfadada contigo.
Yo: Estás enfadada, *muy* enfadada conmigo. Háblame de ello. ¿También estás decepcionada porque no puedes ir a jugar ahora mismo?
Molly: ¡Sí! ¡Quiero ir a jugar ahora mismo!
Yo: Pareces triste. *(Molly se encarama a mi regazo, lloriquea un poco y apoya la cabeza en mi hombro.)*

He ayudado a Molly a identificar y a definir varios sentimientos: enfadada, poca cosa, frustrada, decepcionada, triste. También he aceptado cómo se siente; sabe que me parece bien que experimente «malos» sentimientos. Qué curioso, ahora está tranquila, cansada..., salta a la vista que necesita comer algo y acurrucarse.

A veces, sin embargo, hay que dejar un lapso entre la expresión de sentimientos por parte del niño y la identificación de ellos por nuestra parte para que las emociones se enfríen. Un lector de mi *blog* describió lo que puede pasar si no contemplamos este espacio.

Madre: Hijo, me parece que estás muy enfadado y frustrado. ¿Qué más estás sintiendo?
Hijo *(a voz en grito y furioso):* ¡No estoy enfadado! ¡No estoy frustrado!
Madre: ¿Y entonces cómo te sientes?
Hijo *(todo rojo y con los ojos desorbitados):* ¡Estoy contento!

En cambio, si le sugiere tranquilamente que se siente en el sofá, lo deja unos minutos a solas para que se tranquilice y *después* habla con él, la conversación se desarrolla de otro modo.

Madre: Cuando has llegado hace un rato, me ha parecido que estabas un poco enfadado. *(Fijaos en el matiz.)*
Hijo: Sí...
Madre: Y también parecías un poco triste...

El hijo se encarama a su regazo y la madre puede seguir definiendo sus emociones. Este tipo de situaciones requiere que el niño tenga un tiempo para pensar, pero no como castigo por haberse portado mal, sino para que se tranquilice lo bastante como para no oponerse a cuanto diga o haga el progenitor. Cuando los pequeños están tan enfadados, son capaces de rechazar un helado si la oferta procede de sus padres.

Por más tiempo que requiera, la clave está en acabar por definir y conceder valor a las emociones de nuestros hijos. Cuanto más extenso sea el vocabulario emocional de un niño, más fácil le resultará definir sus emociones antes de que estalle la rabieta. A menudo, cuando se sienten comprendidos, los niños no necesitan recurrir a las pataletas para hacerse oír. Consulta el apartado «Haz la prueba» de la página 154 para ampliar el vocabulario sentimental de tu hijo antes de que te haga verdadera falta.

Paso 2: Gestiona el mal comportamiento (si procede)

A esas alturas, lo único que quiero es seguir como si nada y olvidarme de la mochila y de los insultos. Sin embargo, es importante poner límites para que los niños aprendan a portarse bien incluso en presencia de emociones fuertes y negativas. (Véase también el capítulo 7, que habla de la disciplina y de cómo enseñar a los niños a autorregularse.) Así que envío a Molly a su habitación a pensar durante cinco minutos y le dejo bien claro que no me parece bien su conducta: «No pasa nada por enfadarse y sentirse frustrada, pero no está bien tirar cosas ni insultar a los demás. Cuando hayan pasado los cinco minutos, por favor discúlpate con tu hermana y ven a merendar».

Diez minutos después del incidente inicial, estoy sentada junto a Molly mientras ella merienda. Es hora de poner en práctica el paso 3.

Paso 3: Resolución del problema

Ha llegado el momento de investigar un poco más y ayudar a Molly a discurrir una estrategia para gestionar mejor la situación en el futuro. Después de definir y conceder valor a sus emociones, podemos abordar la dificultad en sí: «Molly, ¿te ha pasado algo en el cole que te ha puesto de mal humor?»

A la sazón, me cuenta que ha tenido que sentarse sola en una mesa porque estaba molestando durante la clase de lectura. Comprendo perfectamente lo mucho que le habrá dolido a una niña tan sociable y complaciente como mi hija permanecer aislada de sus compañeros y saber que ha decepcionado a la maestra, de modo que no me cuesta nada demostrarle empatía. Hablamos de la tristeza y la soledad que ha experimentado mientras hacía su tarea a solas cuando los demás trabajaban juntos, y de la vergüenza que ha sentido al ser puesta en evidencia. También comentamos que al llegar a casa estaba hambrienta y agotada.

No le digo cómo *debería* sentirse («Molly, espero que te sientas mal por haber tirado la mochila contra la pared»), porque en ese caso la estaría animando a desconfiar de lo que sintió (a lo mejor, tirar la mochila le ha sentado de maravilla). El objetivo es ponerla en contacto con sus emociones, buenas o malas. De modo que, incluso durante la fase de resolución del problema, sigo definiendo y aceptando sentimientos: sola, azorada, hambrienta, cansada.

A continuación, buscad juntos posibles estrategias para resolver el problema o evitar que se vuelva a producir. Cuanto más se pongan los padres en el papel de consejeros —guardándose para sí sus fantásticas (¡y arbitrarias!) ideas y dejando que los niños aporten las suyas—, mejor. Las mejores ideas proceden de los mismos niños cuando exploran en el problema desde su propia perspectiva y sabiduría. Como Molly sabe mejor que yo en qué momentos le resulta especialmente difícil guardar silencio en clase, nadie mejor que ella para discurrir la manera más eficaz de impedir que vuelva a pasar. Igualmente, de entre las estrategias a las que podría recurrir cuando está enfadada (en vez de tirar la mochila, por ejemplo), doy preferencia a las que ella ha propuesto, porque es más probable que las ponga en práctica. Por fin, mi hija decide que la próxima vez que llegue del colegio frustrada y decepcionada, dará una vuelta con el perro mientras merienda, hasta que se sienta mejor.

¡Y eso es todo! Primero, definir y conceder valor a las emociones que identifiques en tus hijos. Segundo, gestionar la mala conducta si fuera necesario. Finalmente, ayudar al niño a resolver el problema. Ya te has convertido en todo un consejero emocional. He aquí unas cuantas cosas que debes tener presente.

- El objetivo no es proteger a los niños de los malos sentimientos, sino ayudarles a comprender lo que sienten y a gestionarlo. No cedas al impulso de quitar importancia a las emociones negativas («No hay razón para tener miedo») o de negar lo que están sintiendo («No tienes miedo; lo has hecho otras veces»). Esa actitud les enseña a desconfiar de sus propios sentimientos («Estoy asustado, pero mamá dice que no lo estoy»), y también los puede inducir a rechazar la emoción («No quiero tener miedo, y mamá no quiere que esté asustado, pero lo estoy»).

• Cuanto más tiempo dediques a educar emocionalmente a tu hijo, más te considerará su aliado, y más recurrirá a ti en el futuro. Si invertimos tiempo en comprender los sentimientos de los niños, se sienten apoyados, y aprenden que sus emociones tienen un valor y merecen respeto.

• Las emociones negativas ofrecen oportunidades de crecimiento y aprendizaje. Esto es difícil de recordar cuando la rabieta de tu retoño te pone en evidencia en público y sólo quieres que acabe cuanto antes, cuando sus pataletas parecen un desafío a tu autoridad, o simplemente cuando se te hace *duro* presenciar el sufrimiento de un ser querido. Sin embargo, desde una perspectiva más amplia, cuanto más contemplemos las emociones difíciles como situaciones positivas de aprendizaje, menos tiempo pasarán los niños sumidos en esos estados tan incómodos.

Fabricar felicidad

No existiría oro falso si no hubiera oro auténtico en alguna parte.

PROVERBIO SUFÍ

Otra cosa que podemos hacer para fomentar la educación emocional de nuestros hijos —además de construir vínculos de apego seguros y de educarlos emocionalmente— es enseñarles a evocar sus propias emociones positivas cuando las necesitan. O —y seguramente nos será más fácil al principio— podemos provocarnos a nosotros mismos emociones positivas para transmitírselas a los niños.

Sonríe, y el mundo sonreirá contigo

El ser humano es la parte de un todo que llamamos «universo», una parte delimitada por el tiempo y el espacio. Se experimenta a sí mismo, sus pensamientos y sentimientos como algo aislado del resto; una especie de ilusión óptica de la conciencia.

ALBERT EINSTEIN

¿Por qué nos enfurecemos cuando los niños se enfadan? Porque tenemos «neuronas espejo» en el cerebro, y éstas nos contagian los sentimientos negativos de los demás como si fueran los virus de un resfriado. La neurociencia ha demostrado que el cerebro humano está diseñado para experimentar sincronía con el entorno. Einstein tenía razón al decir que la sensación de ser entes aislados es una ilusión de la conciencia. Las neuronas espejo advierten lo que otras personas están sintiendo y evocan ese mismo sentimiento en nuestro cuerpo.

Cuando vemos un semblante alegre, sonreímos inconscientemente; cuando contemplamos una cara triste, fruncimos el ceño. La reacción suele ser de una rapidez sorprendente. Como parte de cierto estudio, un grupo de investigadores proyectó en una pantalla rostros risueños y semblantes ceñudos durante un microsegundo, tan rápidamente que los participantes ni siquiera eran conscientes de haber visto una cara. A continuación, esos mismos investigadores mostraron una imagen neutral, como una silla. A pesar de que los participantes no habían reparado en las imágenes, experimentaron reacciones emocionales involuntarias y, en la mayoría de casos, ni siquiera advirtieron que estaban moviendo los músculos faciales.

No podemos evitar percibir las emociones de los demás, ni imitar las expresiones ajenas, pero eso no es todo. En realidad, experimentamos los sentimientos de las otras personas como si fueran propios. Con sólo oír un bufido, se nos activan las mismas áreas del cerebro que delatarían actividad si estuviéramos enfadados. De igual modo, escuchar una risa activa la región cerebral que trabaja cuando reímos. Los buenos sentimientos son contagiosos, igual que los negativos.

Esta información es una buena noticia siempre y cuando reine la paz y la alegría, pero no pensaremos lo mismo cuando los niños organicen una escena. Sin embargo, podemos celebrarla en ambos casos, porque para poder educar bien las emociones de nuestros hijos necesitamos, por encima de todo, empatía, y parece ser que estamos programados para experimentarla. De modo que si los pequeños se portan mal, podemos pararnos a pensar cómo *nos* sentimos al respecto, y utilizar ese conocimiento para superar con éxito el primer paso de la educación emocional: definir y conceder valor a los sentimientos de los niños. Una excelente forma de expresar empatía —y sin duda un buen ejemplo— sería comentar en voz alta lo que estamos sintiendo al identificar las emociones infantiles.

Fíngelo hasta conseguirlo

Y ahí no acaba todo: las expresiones faciales, por sí mismas, nos hacen sentir la emoción que reflejan. Si arrugas la nariz y entornas los ojos como si estuvieras enfadado, tu cuerpo liberará adrenalina, e incluso es posible que el pulso se te acelere como si de verdad estuvieras molesto/a.

Sucede lo mismo con las emociones positivas. Por ello, deberíamos sonreír de vez en cuando, aunque no tengamos ganas. Por forzado que parezca, la ciencia respalda la idea de que ese mínimo gesto nos hará sentir mejor. Una expresión facial, incluso en ausencia de la emoción que refleja, basta para provocar cambios apreciables en nuestro sistema nervioso autónomo. Finge una sonrisa —levanta esos preciosos labios, como decía mi abuela—, arruga los ojos, y tu cuerpo liberará sustancias químicas en tu sistema que te harán sentir bien. Limítate a sujetar un lápiz entre los dientes —para activar los músculos que intervienen en la sonrisa—, y probablemente descubras que tus pulsaciones bajan y experimentas más tranquilidad y alegría. (El experimento demuestra que además, durante un rato, las cosas te parecerán más divertidas.) He descubierto que el truco de morder el lápiz funciona, pero me siento una boba al hacerlo.

No estoy defendiendo que nos forcemos a nosotros mismos o a los niños a sonreír cuando los malos sentimientos nos abruman. Como ya he dicho, las emociones negativas ofrecen maravillosas oportunidades de aprendizaje. Cuando los pequeños están de mal humor, tenemos que guiarlos por sus emociones para que aprendan a gestionar sus estados negativos. Y, sea como sea, no podemos engañar a nadie; las investigaciones demuestran que no se nos da demasiado bien ocultar las emociones. Solemos adoptar microexpresiones que los demás tal vez no adviertan conscientemente, pero que activan de todas formas sus neuronas espejo. Así pues, esforzarse por ocultar las emociones negativas cuando estamos hablando con alguien de algún tema que nos perturba —como cuando no queremos preocupar a alguien con nuestros problemas— sólo sirve para incrementar los niveles de estrés en ambos interlocutores, más incluso que si hubiésemos compartido nuestras inquietudes de buen comienzo. También reduce la compenetración e inhibe la conexión entre dos personas.

Ahora bien, tras un episodio protagonizado por los malos sentimientos (lanzamiento de mochila incluido), pueden quedar vestigios emocionales que nos gustaría disipar. Después de la rabieta de Molly, todas estábamos dispuestas a compartir unas buenas risas. Definimos las emociones negativas y les concedemos importancia, gestionamos la mala conducta, resolvemos el problema y seguimos adelante. Pero saber que si sonrío a Molly es probable que ésta se sienta mejor, o que si le arranco unas risitas a su hermana la propia Molly experimentará un bienestar parecido, me parece un recurso excelente para fomentar el buen humor.

Cuando recurrimos a este sistema para evocar felicidad, las emociones positivas reparan algo del daño causado por el estrés. En otras palabras, sonreír provoca cambios fisiológicos positivos en nosotros mismos y en las personas que tenemos alrededor porque atenúa el perjuicio que las emociones negativas nos hayan ocasionado. Sonreír fortalece nuestro sistema inmunitario, disminuye el estrés, reduce la presión sanguínea y nos hace más simpáticos. Sucede así, al menos en parte, porque los buenos sentimientos poseen lo que Barbara Fredrickson, psicóloga de la positividad, llama el «efecto reparador». Las emociones —tanto positivas como negativas— tienen consecuencias biológicas y psicológicas. Las positivas «reparan» las reacciones fisiológicas de las negativas, reducen la frecuencia cardíaca y rebajan los niveles hormonales relacionados con el estrés en el organismo. Desactivan, o amortiguan, la reacción conocida como «lucha o huye», el instinto de supervivencia.

La ratio ideal

Es de esperar que, finalizado este capítulo, hayas asimilado que, aunque deseamos por encima de todo que nuestros hijos sean felices, los sentimientos negativos también son importantes, sobre todo porque contribuyen a la educación emocional. Así pues, ¿qué razón hay para «fabricar felicidad», como sugiere este apartado?

Porque para ser verdaderamente felices —para florecer, como dice Fredrickson—, tenemos que experimentar tres o más sentimientos positivos por cada uno negativo. En realidad, la ratio debería ser de 2,9013 emociones agradables por cada una negativa, un dato que sólo menciono para recalcar que estoy exponiendo una realidad matemática (y psicológica) demostrada en varios experimentos científicos extremadamente sofisticados. Según Fredrickson, la felicidad posee un punto de inflexión muy concreto, igual que el hielo se convierte en agua a partir de una temperatura determinada. Las personas cuya proporción de emociones positivas es inferior a 3:1 languidecen, como denominan los investigadores a la experiencia que se produce. Su rendimiento laboral se resiente, son más proclives a padecer depresión (y a no recuperarse), sus matrimonios tienen más probabilidades de fracasar... y, en definitiva, no son felices. Los psicólogos son capaces de predecir su conducta, y no para bien: la gente que languidece se vuelve rígida. La vida tiende a sobrepasarlos. Tal vez sigan experimentando emociones positivas y felicidad, pero esos sentimientos no los benefician como lo harían si la ratio fuera mayor: los individuos en esa situación se vuelven apáticos. De modo que nuestros grandes y bienintencionados esfuerzos por fomentar la gratitud, la mentalidad de superación y la educación emocional —todo ello al servicio de la felicidad— serán vanos si los niños no se benefician de ellos con la frecuencia suficiente.

Por fortuna, cuando los sentimientos positivos sobrepasan la ratio de tres por cada uno negativo, sucede algo digno de tener en cuenta: florecemos. Aunque los investigadores sociales sólo incluyen a un 20 por ciento de la población en esa categoría, las personas que florecen son felices y tienen capacidad de recuperación, incluso en presencia de grandes dificultades. Los investigadores los definen como individuos bien adaptados, con tendencia a obtener buenas puntuaciones en aspectos como aceptación de sí mismos, objetivos vitales, conocimiento del entorno, relaciones positivas con los demás, crecimiento personal, creatividad y apertura a nuevas ideas. Se sienten bien y hacen el bien, por así decirlo: hacen gala de un gran compromiso con los amigos, el trabajo, la familia y la comunidad.

Esta proporción —llamada la línea Losada por el matemático que la descubrió— se puede aplicar también a los grupos. John Gottman ha demostrado que, a menos que los cónyuges sean capaces de mantener la ratio de cinco comentarios o gestos positivos por cada uno negativo, es probable que el matrimonio se disuelva. (Entre los que acaban en divorcio, los momentos positivos son algo inferiores a los negativos.)

De igual modo, los equipos de alto rendimiento tienden a una proporción de casi seis comentarios positivos por cada uno negativo. Tu familia también puede ser un «equipo de alto rendimiento» si procuráis que las interacciones positivas superen a las negativas. Un buen truco que se puede extraer de esta investigación consiste en asegurarse de que los comentarios que hacemos a los niños se refieran a ellos con más frecuencia que a nosotros mismos. Pregunta a tus hijos cómo se sienten *ellos* antes de decirles cómo te sientes *tú*. E intenta que las preguntas superen en número a los intentos por defender tu punto de vista.

Los investigadores sostienen que, puesto que el impacto de las emociones y experiencias desagradables es mayor que el de las agradables (la sensación de miedo, por ejemplo, suele persistir mucho más tiempo que una buena risa), necesitamos experimentar mayor número de vivencias y sentimientos positivos para sentirnos bien. También sabemos que el número de buenas experiencias que podemos tolerar tiene un techo. En particular, una ratio por encima de 11,6 experiencias o sentimientos positivos por cada uno negativo tiende, paradójicamente, a amargarnos. Ahora bien, yo no me preocuparía por eso: ¡si saltas demasiado alto, igual chocas con alguna nube!

HAZ LA PRUEBA

Baila al son de una canción alegre

Otra teoría que podemos archivar en la carpeta de la ciencia de lo evidente es la idea de que ciertos tipos de música inducen estados de ánimo positivos. He descubierto que cuando necesito el efecto reparador de la felicidad tras una tarde particularmente dura con mis hijas, basta que ponga algo de música para que cambie su humor. (El secreto radica en encontrar algo que las divierta, pero que no me saque a mí de quicio. Escuchar las canciones de *High School Musical* una y otra vez las hace dar saltos de alegría, pero a mí me entran ganas de tirarme a un precipicio.) A los veintipocos años, al llegar a casa del trabajo, mis amigos y yo bailábamos al son de algunas canciones, siempre las mismas. Cantar y bailar de forma tan espontánea nos animaba por dura que hubiera sido nuestra jornada laboral como becarios. Hoy día, los neurocientíficos han demostrado que si bien las actividades mentales más agotadoras como son las de tipo intelectual y creativo incrementan los signos fisiológicos de estrés, la música reduce estas marcas (por ejemplo, los niveles de cortisol en la saliva).

Otro de los efectos, bien documentados, del baile de fiesta, como lo llamamos en mi casa, procede del ejercicio. La actividad física nos anima incluso más que la música alegre, y afecta profundamente a nuestra forma de pensar y de sentir. El ejercicio predispone al cerebro a aprender, mejora el humor y la atención, e incluso reduce tanto el estrés como la ansiedad. Combina ambas cosas —música y ejercicio— y obtendrás una receta infalible para la felicidad infantil.

La ciencia del final feliz

A los seres humanos nos encantan los finales felices. La gente suele recordar un acontecimiento negativo con más benevolencia si fue seguido de algún hecho positivo —un final feliz— que si las circunstancias no mejoraron a posteriori. Es posible predecir cómo juzgaremos los sentimientos experimentados en determinadas circunstancias a partir de dos aspectos clave: el momento en el que nuestras emociones alcanzan su punto álgido y nuestros sentimientos al concluir el suceso. Es lo que Barbara Fredrickson llama «la regla del apogeo y el final». En otras palabras, dado cierto período de tiempo (puede ser un día entero, un picnic en casa de tu primo Al o una discusión de diez minutos con un dependiente antipático), tendemos a evaluar la globalidad de la experiencia a partir de esos dos puntos de referencia: el momento de mayor intensidad emocional y la conclusión.

Por ejemplo, se pidió a los participantes en cierto experimento que metieran las manos en un cubo lleno de agua a 15 grados centígrados durante un minuto (el «acontecimiento negativo»). Después se les indicó que volvieran a hacerlo durante un período más largo, pero en aquella ocasión, transcurrido el minuto inicial, la temperatura subió apenas a 16,1 grados (el final feliz; ni mucho menos el de Cenicienta). Y he aquí lo que me parece más interesante: el 69 por ciento de los participantes dijeron que, si tuvieran que repetir la experiencia, escogerían la prueba más larga; también guardaban un recuerdo más favorable del episodio con final «feliz».

A continuación expongo lo que yo extraigo de este tipo de experimentos. La duración de un acontecimiento no influye en nuestro recuerdo. De modo que no es tan importante dejar atrás cuanto antes las emociones negativas como asegurarse de dar un tono positivo a la conclusión. Es preferible que dedique un tiempo a comprender —y a definir y valorar— los sentimientos desbordados de Molly para ayudarla a sofocar cuanto antes las emociones difíciles de modo que todos nos sintamos mejor. En el futuro, los niños elegirán portarse de un modo u otro en función de cómo haya terminado un incidente. Los «apogeos» negativos se pueden contrarrestar mediante un final feliz para disminuir el efecto de la mala experiencia. Como padres, debemos prestar mucha atención a los pequeños gestos que nos ayudan a calentar el agua, por así decirlo.

Si nuestros hijos viven una experiencia verdaderamente negativa durante el día, podemos transformar el recuerdo de la jornada por dos vías distintas haciendo uso de la regla del «apogeo y el final». En primer lugar, tratar de proporcionarles un «apogeo» distinto y positivo. En el caso de mis hijas, como son pequeñas, suele bastar con un baile de fiesta (como el descrito anteriormente), o una buena sesión de lucha y cosquillas; la alegría que experimentan tiende a eclipsar cualquier preocupación anterior. En segundo lugar, procurar que el final del día contenga una nota positiva. Yo lo hago pidiendo a mis hijas, justo antes de que se deslicen al país de los sueños, que me cuenten tres cosas buenas que les han pasado ese día (véase el capítulo 8). Ese tipo de remembranza genera todo tipo de emociones agradables. A veces volvemos a reírnos de algo gracioso; otras veces expresamos agradecimiento por los momentos divertidos que hemos compartido con alguna amiga. La remembranza proporciona a cada día su propio final feliz.

HAZ LA PRUEBA

Crea un vocabulario de sentimientos familiares

(*adaptado de* EQ and Your Child, *de Eileen Healy*)

Si queremos contribuir a la educación emocional de los más jóvenes, debemos proporcionarles un vocabulario con el que describir sus emociones. Un modo de hacerlo consiste en redactar una lista de sentimientos para hablar de ellos. Cuando los niños oyen a los adultos hablar de sus propios sentimientos, aprenden a expresarlos.

Crea una lista de sentimientos familiares

Este ejercicio ayudará a los más jóvenes (y a los adultos) a ser conscientes de las emociones, las propias y las de los otros miembros de la familia.

1. En una hoja de papel, escribe el título «Lista de sentimientos familiares».

2. Anotad todos los sentimientos que tanto los adultos como los niños hayáis experimentado. Se trata de hacer una puesta en común de ideas, sin corregir ni juzgar lo que es una emoción y lo que no. Se aceptan descripciones vagas como «desplazado».

3. Coloca la lista en un lugar al que todo el mundo tenga acceso en cualquier momento, y revisadla con regularidad.

4. Empezad a hablar de las emociones que aparecen en la lista. A la hora de la cena o cuando la familia esté reunida, explicad por turnos en qué momento habéis experimentado uno de esos sentimientos en particular. Antes de empezar, asegúrate de que todo el mundo entienda que no se permite criticar, enjuiciar o dar sermones acerca de lo que se cuenta.

5. Deja que los niños marquen las emociones de la lista cuando las experimenten. Asigna a cada miembro de la familia un color distinto. Ese gesto ayudará a los pequeños a comprender que los otros miembros de la familia sienten lo mismo que ellos de vez en cuando y disipará la sensación de soledad que en ocasiones acarrean las emociones negativas.

6. Elegid un sentimiento para que todo el mundo lo tenga presente al día siguiente. La próxima vez que os reunáis, sugiere que todos compartan sus observaciones respecto a la emoción. ¿Qué sensaciones les provocó en el cuerpo? ¿Qué expresión tenía el rostro de la persona?

Construye un relato de tus propias emociones

Cada vez que tengas ocasión, expresa en voz alta lo que estás sintiendo. No hace falta que te limites a los sentimientos negativos; cualquier emoción servirá. He aquí algunos ejemplos:

- Cuando hace sol, me pongo de buen humor.
- Me siento frustrado/a cuando tengo que hacer una cola tan larga.
- Tengo hambre. Ojalá hubiera comido más durante el almuerzo.
- Estoy muy emocionado/a con la excursión de mañana.
- Cuando olvido devolver las llamadas, me siento culpable.
- ¡Me siento tan agradecida cuando papá dobla la ropa limpia!

SEIS

Sexto paso: Incúlcales hábitos que contribuyan a su felicidad

Igual que el campesino riega sus campos,
igual que el arquero apunta la flecha,
igual que un carpintero talla la madera,
los sabios modelan sus vidas.

BUDA

La felicidad en piloto automático

Era una mañana como otra cualquiera. Fiona no paraba de preguntarme, pese a mis persistentes negativas, si se podía comer una golosina de Halloween que había escondido hacía tres meses y que había encontrado por casualidad. Molly estaba tan absorta en un juego imaginario con su peluche, *Toto*, que era incapaz de obedecer la más sencilla de las instrucciones. Su padre, Mike, y yo nos habíamos separado hacía poco, y yo era una madre soltera que buscaba la manera de sacar a sus hijas de casa para ir al colegio. Dado que sólo tenía veinticinco minutos para dejar a las niñas antes de mi primera cita de la mañana, estaba claro que iba a llegar tarde. Posiblemente, muy tarde.

«Por favor, ponte los zapatos, Molly. Mírame. Por favor, ponte los zapatos.»

«Fiona, ¿te has lavado los dientes? ¿Has metido los deberes en la carpeta azul?»

«Molly. Por favor, ponte los zapatos. Están junto a la puerta.»

Me dirigí al piso superior para guardar el portátil y me distrajo un correo electrónico. Mientras tecleaba la respuesta, les grité a las niñas: «¡Necesito que os metáis en el coche!» No oí correteos hacia la puerta principal ni el ruido de las portezuelas del coche, de modo que volví a bajar. Nerviosa y sujetando a duras penas el maletín, la fiambrera de Molly y una taza de café para llevar, guié a las niñas hacia el automóvil. Fue como tratar de reunir un rebaño de gatos. Cuando estábamos casi en la puerta, me di cuenta de que había olvidado ponerme desodorante. Pensé en volver a subir para hacerlo, pero advertí que Molly aún no llevaba los zapatos puestos. «¡Molly! ¿Cuántas veces tengo que decírtelo? ¡Ponte los zapatos o te quitaré a *Toto* para siempre!» Ella ni siquiera levantó la vista. La cogí del brazo y la hice sentar en el primer escalón. La niña intentó zafarse del apretón y me gritó en la cara: «¡Me estás haciendo daño!» Me entraron ganas de gritar. «Eso es lo que pasa cuando tengo que ponerte los zapatos. Ponte éstos.» Empujé hacia ella los zapatos que menos le gustan, esos que me costaron un dineral, pero ella no quiere llevar. No usé un tono amable. «Si quieres llevar las zapatillas de deporte rojas, mañana te las pones sin que yo tenga que pedírtelo.» Se echó a llorar... desconsoladamente. Yo estaba cansada, y también tan nerviosa de pensar lo tarde que iba a llegar que mi corazón parecía a punto de estallar. No era muy feliz. Molly se desató los zapatos que yo acababa de abrocharle y lanzó uno al otro lado de la habitación. Ella tampoco parecía muy contenta.

En algún momento de aquella mañana, me di cuenta de que yo podía hacerlo mejor. Este libro parte de la premisa de que la felicidad no es sino una serie de recursos que los padres pueden enseñar a sus hijos. Si queremos ser felices, y deseamos que los niños lo sean también, debemos aprender a transformar tanto las habilidades descritas en esta obra como las cualidades que ya poseemos en hábitos automáticos. Sin embargo, mañanas como aquélla hacían patente que *también* estaba enseñando a mis hijas costumbres que fomentaban emociones negativas más que positivas. Por ejemplo, mis hijas tenían la irritante manía de esperar a oír una orden diez veces antes de obedecer. A mí, aquel hábito me provocaba frustración, y puesto que me dedicaba a lanzar amenazas al azar para conseguir mis propósitos, a ellas las asustaba.

Casi todos seguimos ciertas rutinas domésticas que, aun sabiendo que no funcionan, reproducimos un día sí y otro también. A mi amiga Riley, las batallas nocturnas para que su hijo de octavo hiciera los deberes la dejaban agotada y frustrada, mientras que el niño acababa malhumorado y distante. ¿Cómo podemos romper las costumbres que desembocan en frustración? ¿Cómo podemos cambiarlas por hábitos que nos hagan más felices? Las investigaciones tienen mucho que decir al respecto.

El elefante y el jinete

Como Jonathan Haidt describe impecablemente en *La hipótesis de la felicidad*, las funciones cerebrales encajan en dos categorías. Las partes más antiguas del cerebro rigen los procesos *automáticos*, gracias a los cuales los animales disfrutan de sus sofisticadas habilidades instintivas: la orientación de los pájaros en función de la posición de las estrellas y la cooperación de las hormigas para cuidar sus granjas de hongos. Los procesos automáticos nos permiten conducir el coche sin poner los cinco sentidos en ello, reaccionar ante una amenaza con el infame «lucha o huye», o reír un chiste sin pararnos a pensar por qué es gracioso. Los procesos *controlados*, en cambio, requieren el lenguaje y el pensamiento consciente, y se dan casi exclusivamente entre los seres humanos.

Haidt utiliza la metáfora de un elefante (el procesador automático) y un minúsculo jinete (el procesador controlado). Por mucho que queramos que el jinete dirija al elefante, el jinete será sólo el consejero más íntimo del elefante y, en el mejor de los casos, su guía. El elefante está a cargo y va siempre al mismo sitio. Las recompensas (comida, amor) lo impulsan a detenerse, y las señales de peligro lo inducen a correr. El jinete puede guiar al elefante, pero sólo si sus deseos no entran en conflicto con los de éste. «Una persona emocionalmente inteligente —escribe Haidt—, posee un jinete muy hábil que sabe cómo distraer y convencer al elefante sin enzarzarse en una lucha de voluntades.»

Los hábitos pertenecen al ámbito del elefante: son procesos automáticos que funcionan sin que nos paremos a pensar en ellos. Cuando hacemos el mismo recorrido cada día para ir al trabajo, no nos planteamos qué calle vamos a tomar o dónde tenemos que reducir la velocidad porque hay un colegio. Lo hacemos de manera automática.

De manera que si queremos que los niños adquieran hábitos que contribuyan a su felicidad, tenemos que esforzarnos en entrenar al elefante, no en convencer al jinete. Una tarea nada desdeñable.

Por qué las recompensas nos compensan

Las recompensas infantiles generan polémica. La mayoría de investigadores coincide en que, como estrategia de motivación, la recompensa no da resultado a la larga. Lo mismo puede decirse de la costumbre de amenazar a los niños con las «consecuencias» de su mala conducta (como cuando decimos: «Si vuelves a hacer eso, te quedarás una semana sin jugar con la videoconsola»). El problema de los premios y los castigos es que enseñan a los niños que el amor es condicional: sólo serán amados si obedecen. Además, las personas felices se dejan inspirar por algo que las trasciende, más que guiarse por recompensas materiales.

Algunas conductas acarrean su propia recompensa intrínseca. Tendemos a sentirnos más felices cuando expresamos gratitud, por ejemplo, de modo que no necesitamos ninguna estrella dorada para querer repetir la experiencia. Pero hay infinidad de cosas que no son divertidas. Una de las grandes claves para ser feliz consiste en convertir las tareas más insulsas de la vida cotidiana en rutinas automáticas, para no tener que vencer el impulso de rehuirlas un día sí y otro también.

Como es comprensible, por lo general la motivación intrínseca de mis hijas es mayor para seguir jugando con las muñecas recortables que para vaciar el lavaplatos. El único punto a favor de las tareas domésticas desde el punto de vista de la motivación intrínseca es el trabajo en equipo: los niños quieren formar parte de la familia, de modo que cuando hacemos hincapié en los aspectos cooperativos de las faenas del hogar, acceden más fácilmente. Pero seamos realistas: cuando Molly está inmersa en un juego simbólico y le pido que por favor se ponga los zapatos, es necesario que haya adquirido el hábito de hacer lo que le digo a la primera o, aún mejor, que tenga por costumbre ponerse los zapatos ella sola para que yo no tenga ni que pedírselo. En esos casos, los padres y los maestros a menudo recurren a las recompensas. Bueno, a jugosos, gratificantes premios.

Los nuevos hábitos se adquieren entrenando al elefante mediante una poderosa recompensa llamada dopamina. Cuando recibimos un premio o nos enfrascamos en determinadas actividades (como comer y, en el caso de los adultos, hacer el amor o consumir determinadas drogas), se libera dopamina en el cerebro, una sustancia que provoca sensaciones placenteras y el deseo subsiguiente de repetir la experiencia. Al establecer una relación estrecha entre la recompensa y determinada conducta, la dopamina nos ayuda a convertir dicha conducta en un proceso automático. Los animales, los niños, los adultos: todos repetimos aquel comportamiento que acarrea las mejores recompensas. La clave está en la coherencia: el elefante toma nota cuando la conducta no es recompensada. En esos casos, cuesta mucho más acostumbrarlo.

A diferencia de las recompensas inducidas por la dopamina, los «estímulos adversos» (por ejemplo, que te griten) ejercen el efecto contrario: incitan al elefante a evitar esas experiencias para conseguir «el placer de eludir los estímulos negativos». En otras palabras, cuando grito, amenazo o recurro a cualquier tipo de estímulo adverso, estoy incitando a mis hijas a que me ignoren por completo. Les estoy enseñando a no obedecer cuando doy una orden. Sería más fácil si sucediera a la inversa y Molly se pusiera los zapatos para evitar que le grite, pero, por desgracia, los estímulos negativos rara vez engendran conductas positivas.

Lo bueno de la dopamina es que va siempre asociada a la motivación y poco a la actividad. De modo que si a mis hijas no les divierte vaciar el lavaplatos, basta con que se sientan recompensadas para que estén dispuestas a hacerlo.

¿Los premios pueden ser un castigo?

Consciente de que los premios motivan a los niños a corto plazo, sobornaba a mis hijas (bueno, a veces aún lo hago). Constantemente. «¡La primera en llegar al coche escoge la música!», «Si tenéis el pijama puesto antes de dos minutos os leeré otro cuento». También las amenazaba, que es más o menos lo contrario del soborno: «¡Fiona, si vuelves a dar una patada a mi asiento del coche, te castigo un mes sin ir a jugar a casa de nadie!»

Sé, por supuesto, que mediante el soborno y la amenaza no se inculcan hábitos de felicidad, pero *sí* constituyen recursos eficaces para motivar y recompensar al elefante... a corto plazo. En la vida abundan las tareas desagradables pero importantes: a casi nadie le entusiasma guardar la ropa limpia, pero lo hacemos de todos modos. Los investigadores sociales han estudiado el tema en profundidad. Denominan a la automotivación «impulso intrínseco»: el deseo de hacer algo por el mero placer que nos proporciona la actividad en sí. También hacemos cosas por motivos «extrínsecos»; no por gusto, sino pensando en el resultado o en la recompensa final. Los niños suelen hacer los deberes para sacar buenas notas o para agradar al maestro más que por el placer de aprender algo nuevo.

La motivación intrínseca garantiza más éxitos y alegrías, sobre todo en lo concerniente a la vida académica, que abarca gran parte de la infancia. Los niños automotivados aprenden más, se consideran más competentes y sufren menos ansiedad. En cambio, los niños motivados extrínsecamente son más propensos a deprimirse. Mientras que la motivación intrínseca va unida a la dicha, la extrínseca tiende a provocar la infelicidad que nace del miedo a fracasar o a decepcionar al otro. Como las chicas tienden a estar más pendientes de su apariencia física y del entorno que los chicos, se mueven más por motivaciones extrínsecas y, en consecuencia, son más vulnerables a la depresión.

Si bien los premios dan un resultado espectacular a corto plazo (el niño que se levanta del sofá de un salto para pasear al perro cuando se le ofrece un helado a la vuelta), son contraproducentes a medio y largo plazo. Aunque las recompensas nos aseguran que nuestros hijos cumplirán las reglas y obligaciones impuestas, en último término debemos procurar que encuentren su propia motivación, sin intervención externa. Orientar a los niños a estar pendientes de las recompensas externas puede inducirles a perder el contacto con sus sentimientos e incluso con su motivación intrínseca; cuando descubren una actividad o tarea que les provoca placer en sí misma, como leer o ayudar a otros niños, las recompensas externas son contraproducentes. Premiarlos por hacer algo que les gusta tiende a reducir el placer de la actividad en sí, y disminuye las posibilidades de que vuelvan a enfrascarse en una tarea parecida cuando surja la ocasión. (El efecto negativo de las recompensas es mayor entre los jóvenes que entre los adultos, por cierto.)

Ahora bien, ¿qué pasa cuando la tarea *no* es algo que los niños quieran hacer por puro disfrute? Recompensar o no recompensar, ésa es la cuestión, sobre todo cuando hablamos de trabajos aburridos o complicados. No hace falta azuzar a los niños para que aprendan a andar, a montar en bicicleta o a conducir un coche. Sin embargo, a medida que los jovencitos crecen, las tareas se vuelven más complejas, y llegar a dominar una disciplina tanto como para disfrutar con ella —cogerle el tranquillo a los *phrasal verbs* para poder hablar inglés, estudiar cálculo el tiempo suficiente como para disfrutar con la abstracción— requiere la automotivación y la persistencia necesarias para crecer y aprender. Paradójicamente, la automotivación se aprende; es decir, los padres enseñan a sus hijos las competencias que necesitan para seguir motivados, y ellos practican la automotivación para dominarla. Todo el capítulo 7 trata de cómo inculcar autodisciplina en los más jóvenes, pero en éste tomaremos un atajo y aprenderemos a convertir las obligaciones más tediosas o complicadas de la vida —que a priori requieren una motivación tremenda— en hábitos automáticos.

De modo que ¿dónde nos deja eso? El elefante precisa estímulos a corto plazo en cualquier caso; requiere una buena recompensa que le haga sentir bien de inmediato. La clave, por lo visto, es asegurarse de ofrecer recompensas intrínsecas.

Cómo motivar, específicamente, al elefante

Hay una forma especial de pedir las cosas que constituye el estímulo ideal para los niños, porque de ese modo la recompensa está implícita: un sentimiento natural de satisfacción hacia sí mismos y su trabajo, que surge tras ejecutar incluso las tareas menos interesantes. El bienestar en sí es la recompensa.

Apuesto a que el bienestar no era el premio gordo que esperabas, ni la tarjeta de regalo para iTunes que tu hijo adolescente te ha pedido. No obstante, mantener a los niños en contacto con sus propios sentimientos y motivados por éstos funciona mejor que cualquier recompensa, hasta cuando queremos que vacíen el lavaplatos.

He aquí cómo fomentar la autonomía de tus hijos —la motivación intrínseca—, incluso cuando tienen que llevar a cabo tareas tediosas (pero necesarias). Al principio, tuve que recurrir a un truco mnemotécnico para poder recordar los tres componentes de la estrategia. Lo llamo REYNAr: estimular a los niños mediante la racionalización, la empatía y un lenguaje no autoritario. Antes, los animaba a obtener una *recompensa*; ahora los motivo mediante el estímulo REYNA.

Me alegra informar de que este tipo de estímulo con base científica acude ahora a mis labios tan fácilmente como: «Si te lavas los dientes ahora, te pondré una estrella más en el diagrama por darte prisa».

REYNAr y aprender

1. Racionaliza las órdenes. ¿Por qué les pides a los niños que lleven a cabo tareas en apariencia intrascendentes? Me estoy acostumbrando a argumentar las órdenes en positivo, como por ejemplo: «Por favor, ve a lavarte los dientes. Así los tendrás limpios y sanos». Esta fórmula me parece mucho más estimulante que alguna versión de: «Por favor, hazlo de una vez porque ya te lo he pedido cien veces».

2. Demuestra empatía antes de hacer la petición. Este paso cambió la vida de mi familia (bueno, vale, quizá sólo cambió las costumbres). Una noche quería que Fiona se lavara los dientes. Ya se lo había dicho varias veces, pero entonces pensé: «Oh, sí, expresa empatía». Le dije: «Fiona, ya sé que no quieres hacerlo, pero tienes que lavarte los dientes ahora mismo». Al no obtener respuesta, me di cuenta de que no sabía por qué se resistía. Me limité a preguntarle: «Fiona, ¿por qué no te quieres lavar los dientes?» Me contestó que no quería bajar al baño ella sola (no había ninguna luz encendida y había oscurecido) y que la acompañara. De modo que insistí: «Entiendo que no quieras bajar a oscuras, y yo también quiero estar contigo. Pero necesito que te laves los dientes ahora». A lo cual respondió: «Si lo entiendes, ¿por qué no vienes conmigo?» No le respondí que quería ganar algo de tiempo mientras ella se aseaba sola; me limité a acompañarla. Y ella se cepilló los dientes tan tranquila. En serio. Desde entonces, sé que si estoy más pendiente de las experiencias de mis hijas, las cosas funcionan mucho mejor para todos los implicados. No ordeno nada si sé que voy a encontrar una firme oposición o si preveo que no voy a obtener respuesta por razones justificadas, una decisión que se traduce en menos súplicas y gritos estériles. La empatía también me lleva a respetar lo que están haciendo en ese momento, de modo que procuro avisarles de antemano —«dentro de diez minutos tendrás que asearte»— antes de dar la orden. Esta actitud nos evita a todas mucha frustración.

3. Da a entender que tienen elección en vez de recurrir al «lenguaje autoritario». Terrible, pero cierto: mi tendencia a mangonear no incita a mis hijas a obedecer. Me resulta mucho más fácil decirles lo que tienen que hacer, como: «Por favor, vacía el lavaplatos. Ahora». Una formulación menos autoritaria sería: «Te propongo que...», o «Si quisieras...», o «Me ayudarías mucho si...» Al principio pensé, bueno, no va a funcionar; mis hijas van a rehusar si les doy la opción, y la verdad es que no tienen elección.

Cualquier cosa que no fuera mi autoritarismo habitual me parecía una impostura. Pero después comprendí que no quería ser tan mandona y que tampoco tenía nada que perder; ellas ya se negaban a hacer las tareas, una y otra vez. La mayoría de niños saben que acabarán haciendo lo que les decimos; no pueden optar por no limpiarse los dientes o no hacer los deberes. Pero cuando evitamos el lenguaje autoritario («Deberías...» o «Lo que te sugiero hacer ahora...»), no hay motivos para negarse en redondo y ofrecen mucha menos resistencia.

He aquí una ventaja adicional: cuando animamos a los niños a llevar a cabo tareas mortalmente aburridas con racionalidad, empatía y un lenguaje no autoritario, se sienten más satisfechos de ejecutarla que si les ofrecemos una recompensa material. La alegría que experimentan es su recompensa. Además, un estudio demostró que cuando se les pedía a los niños que hicieran algo aburrido, pero se les motivaba mediante la técnica REYNA, mostraban la misma predisposición a repetir la tarea en el futuro que aquellos a los que se les ofrecía una recompensa material. Y los niños estimulados mediante la racionalidad, la empatía y la posibilidad de elección aprendieron que no porque algo nos parezca aburrido es menos importante.

En resumen, las recompensas dan resultado a corto plazo porque nos inyectan una buena dosis de dopamina que nos hace sentir bien. Por desgracia, a la larga los premios tienden a afectar negativamente a la motivación infantil. La solución pasa por incitarlos a llevar a cabo las tareas poco interesantes pero necesarias mediante una forma de estímulo particular llamado REYNA, tal y como acabamos de describir. De ese modo, los cerebros infantiles liberan agradables sustancias químicas fruto de sus sentimientos de eficacia y autonomía (motivación intrínseca) y no a consecuencia de una recompensa material (motivación extrínseca).

Etapas del cambio

> *Si sembramos en el suelo de la reflexión, recogeremos en la cosecha de la acción.*
>
> MAESTRO ECKHART

El cambio rara vez se produce de golpe. Sucede en etapas. Las personas que incorporan con éxito a su rutina uno de sus buenos propósitos de Año Nuevo o aquellas que dejan atrás un hábito nocivo, como fumar, lo hacen por fases.

Los psicólogos James Prochaska y Carlo DiClemente han dedicado décadas de trabajo a observar y definir los diversos estadios del cambio, y han descubierto que, si tratas de transformar tu rutina o la de tus hijos cuando no corresponde, el hábito no persistirá.

La investigación de Prochaska y DiClemente apunta a que romper un hábito arraigado (como dejar de lloriquear) y sustituirlo con éxito por uno nuevo (emplear un tono de voz normal para pedir las cosas) suele llevar más tiempo del que pensamos; de tres a seis meses, en lugar de los veintiún días que afirma la sabiduría popular. Aunque nos parezca una eternidad, el resultado vale la pena.

Todas las batallas que libramos con los niños a diario se pueden transformar en hábitos de felicidad. Piensa en esas clases de preescolar bien llevadas en las que los niños cuelgan el abrigo en la percha sin rechistar, se ponen los zapatos después de la siesta y recogen las piezas del rompecabezas antes de empezar uno nuevo. Requiere grandes dosis de concentración y disciplina, pero merece el esfuerzo. Utilicé el plan descrito a continuación para conseguir que Molly adoptara la costumbre de ponerse los zapatos ella sola antes de salir de casa por las mañanas y, hace poco, para mejorar el rato que compartimos a la hora de la cena.

Hace unos meses, me di cuenta de que la cena familiar se había vuelto un poco caótica. Las niñas se tumbaban en el sofá en lugar de sentarse a la mesa, jugaban con la comida, se peleaban, etc. Me veía obligada a mandarlas a su cuarto cada dos por tres, y todo aquello se me hacía muy pesado. Así que me propuse cambiar los hábitos de las cenas familiares.

Primera etapa: previa a la reflexión

Durante esta etapa, nadie está pensando en cambiar. En el caso de mis hijas, la fase llegó a su fin una luminosa mañana de marzo. A la hora del desayuno, les dije: «¿Verdad que es agradable? Todo el mundo está sentado y comiendo con educación. Pero las cenas no son tan agradables. Mamá está cansada de pedir que cuidéis los modales a la hora de la cena».

Segunda etapa: reflexión

Aquella mañana —no en plena crisis, sino cuando estábamos tranquilas, descansadas y concentradas— hablamos de por qué yo me había propuesto mejorar las cenas familiares. Les propuse que consideraran si también a ellas les agradaría cambiar la dinámica de nuestras cenas. Charlamos de los aspectos más agradables de la cena en familia, de cómo se sentían cuando tenían que dejar la mesa e irse a su cuarto y de cómo sería, para nosotras, la cena ideal. Aquél se convirtió en nuestro gran objetivo, que abarcaba todos los demás. La cena ideal, en nuestra opinión, sería aquella en la que 1) pusiéramos la mesa en equipo, 2) nos divirtiéramos comiendo y charlando (sin que ninguna se fuera al cuarto castigada), y 3) quitáramos la mesa entre todas sin que nadie (yo) tuviera que insistir.

Tercera etapa: preparación

Es la fase de transición entre la idea de cambiar de hábitos y la puesta en práctica. Debía planificar muy bien —de hecho, reorganizar toda mi rutina nocturna— para contribuir al cambio de conducta de mis hijas. Tal vez penséis que ofrecer empatía, lógica y elección no puede ser tan difícil, y no lo es, pero se alejaba tanto de mi forma de expresarme normalmente que tenía que identificar en qué situaciones tendía a recurrir a mi, ejem, lenguaje autoritario. Sabía que si me precipitaba, enseguida empezaría a decir cosas como: «Molly, por favor, siéntate a la mesa ahora mismo o te quito el libro», en vez de «Sé que ahora mismo tienes ganas de leer; a mí también me gustaría. Pero te propongo que nos ayudes a llevar la comida a la mesa. Fiona y yo estamos trabajando en equipo para hacer la cena. Así comeremos enseguida y no nos pondremos de mal humor. ¿Qué te gustaría hacer para ayudarnos?»

Sabía también, por experiencia, que si los niños acaban de llegar a casa de sus actividades y no han tenido un rato para descansar, es muy difícil que ayuden a preparar la cena y después se sienten a comer tranquilamente. De modo que debía organizarme para salir del trabajo media hora antes. Como ya he dicho, parte de la preparación consistió en reestructurar las últimas horas del día.

Otro aspecto clave de la preparación es lo que yo llamo el efecto placebo: si crees que va a funcionar, lo hará. Para cualquier lector optimista de *El secreto*, de Rhonda Byrnes, esto es una perogrullada. La mera convicción de que eres capaz de cambiar de hábitos te garantiza el éxito, según los estudios llevados a cabo con sujetos que lograron atenerse a sus buenos propósitos de Año Nuevo. De modo que haz cuanto esté en tu mano por convencer a tus hijos de que van a ser capaces de modificar sus costumbres.

Puedes recurrir al viejo truco de los vendedores: haz «preguntas con segunda intención». Las personas que se dedican a la investigación corporativa saben que basta con que contestes una sola pregunta sobre tus intenciones de hacer (o comprar) algo para que aumenten las probabilidades de que lo hagas. Si últimamente has visto muchos Toyota Prius de color verde y a ti te gusta el coche, cuando un vendedor te pregunte cuál va a ser tu próximo vehículo, probablemente le digas «un Toyota Prius verde». A partir de ese momento, aumentan las posibilidades de que adquieras el coche en cuestión.

¿Cómo se traduce la situación en nuestro caso? Tenemos que formular a los niños preguntas con segunda intención. «¿Qué vas a hacer cuando sea la hora?», «¿Qué puedes hacer para que disfrutemos de una buena cena?»

Cuarta etapa: acción

> *Un sueño debe conducir a la acción. No basta con mirar los peldaños: hay que subir por ellos.*

> VANCE HAVNER

Pretender erradicar malas costumbres —como lloriquear y suplicar— de buenas a primeras no es una postura realista, así que divide tu gran objetivo final en varios pasos. Yo era muy consciente de que, por mucho que recurriese a la motivación REYNA, no conseguiría que mis hijas pusieran la mesa, colaboraran en la preparación de la cena, permanecieran sentadas mientras comían, y encima ayudaran a recoger los platos. Tenía que ir por partes.

Lo más importante es ir ganando pequeñas batallas. Para ello tienes que trazar un plan de acción consistente en estudiados pasos de tortuga que os conduzcan al objetivo final. Yo tiendo a ser más liebre que tortuga, de manera que este enfoque se me resiste. Sin embargo, a menudo lo consigo gracias a los consejos y el aliento de otra doctora en sociología y traductora científica, Martha Beck.

El secreto, según Beck, radica en dividir cada paso en fases tan diminutas que llegar al objetivo sea sencillísimo. Pregunté a cada una de mis hijas por qué paso de tortuga sencillísimo querían comenzar. Molly dijo que empezaría por poner la mesa. Como no me pareció una tarea sencillísima —casi siempre me toca rogar y suplicar—, dividimos el objetivo en partes aún más pequeñas hasta que el paso de tortuga fue minúsculo: a la primera indicación, se limitaría a sacar del cajón los salvamanteles y colocarlos sobre la mesa.

Fiona quería que su primer paso de tortuga fuera «comportarse tan bien como una princesa» durante la cena. Una vez diseccionado su propósito, su primer paso fue dejar de jugar con la comida (hablamos de una niña que usa la mantequilla para dibujar con los dedos). Yo quería dar un enfoque constructivo a su objetivo, para que su conducta viniera inspirada más por un ideal positivo que por una prohibición. Así pues, para llevar a cabo su primer paso de tortuga se propuso, sencillamente, utilizar bien los cubiertos durante la cena. Le pareció tan sencillo que adoptó la costumbre de hacer un poco de teatro al respecto. Se sentaba erguida como una princesa y declaraba imitando el acento británico: «Ahora voy a comer con el tenedor». A Molly también le divertía llevar a cabo su sencillísima tarea, y cuando acababa de poner los salvamanteles, presentaba la mesa con un gran «tacháaan».

Para mí, el primer paso de tortuga fue acordarme de mirar a diario los «planes de hábitos de felicidad» (uno para cada una) que habíamos pegado en la nevera, en los que figuraba el objetivo principal como titular y los pasos de tortuga detallados a continuación. En mi caso, el principal reto consiste en ser fiel a esos principios, algo particularmente difícil cuando tengo pensado cenar fuera o ir al gimnasio y hay otro adulto, como el padre de las niñas, a cargo. En esas ocasiones, suelo decir algo como: «¿Quién va a poner el brécol en el microondas?» y me pongo a mirar el iPhone. O, tras hacer la pregunta, comento quizá que Papá Noel las está mirando antes de subir a mi habitación a arreglarme. Puesto que esas costumbres no contribuyen a la felicidad, el cuadro me ayuda a recordar que el cambio depende en gran parte de mí.

El plan, un paso por semana

Una vez que hayáis pasado a la acción, es importante identificar y dejar constancia de los progresos. Cada pequeño cambio a mejor, o cada paso de tortuga que avancemos, será recompensado con una dosis de cumplidos con mentalidad de superación. El capítulo 3 explica al detalle en qué consiste esa forma de elogiar y por qué motiva tanto a los niños. Pero, en términos generales, se trata de alabar el esfuerzo, el único factor, de hecho, que depende de ellos: «Buen trabajo. Has lavado las fresas sin que te lo haya pedido. Te agradezco el esfuerzo». Las conductas positivas también les granjean independencia; si cumplen el objetivo, pueden elegir la siguiente tarea sin que yo se la asigne. Una de las más populares es escurrir la lechuga con la centrifugadora.

Para dejar constancia de los progresos, diseñé un útil diagrama que puedes fotocopiar o imprimir y colgar en la puerta de tu nevera. (Véase el «Plan para ser más felices» que he incluido al final de este capítulo. También puedes imprimirlo bajándolo de christinecarter.com.) Escribid el objetivo principal al principio y, después, cada persona debe escoger un paso facilísimo por semana. La idea es marcar una cruz por cada paso de tortuga que avanzas. Cuando están marcadas todas las cruces de la semana (o las de los días laborables, o las que proceda), escoges un nuevo paso. El siguiente paso de Molly fue poner en la mesa las servilletas *además* de los salvamanteles. El de Fiona, usar los cubiertos *y* no hacer burbujas con la leche. Y así progresivamente. Si alguien no cumple a diario la tarea asignada, divididla en pasos más pequeños la semana siguiente; procurad que el paso de tortuga sea aún más sencillo.

Ya lo sé, el sistema parece lento y bastante engorroso. Sería más fácil que los niños obedecieran a la primera... si ya tuvieran asimiladas las buenas costumbres. Pero recuerda dos cosas. En primer lugar, estás enseñando a tus hijos unas destrezas —adquirir unas costumbres, renunciar a otras— que les servirán para toda la vida. Cuando necesiten adquirir el hábito de hacer ejercicio, dejar de morderse las uñas o empezar a meditar, contarán con los recursos necesarios para ello y sabrán cómo se hace. En segundo lugar, aunque los pasos de tortuga son sencillísimos y minúsculos, constituyen el principio de un cambio descomunal. Antes de iniciar nuestro «plan para ser más felices» a la hora de la cena, tenía que insistir y suplicar a Molly que pusiera la mesa. Con aquel minúsculo paso de colocar los salvamanteles como mínimo, *comenzó* a poner la mesa sin apenas protestar, y a menudo incluso colaboraba de buen grado en otras tareas que antes yo ni había contemplado.

Si inculcar un hábito de felicidad te parece engorroso, párate a pensar cuántos de los hábitos que tenéis actualmente no funcionan. Por lo general, este enfoque requiere mucha menos energía que afrontar la mala conducta, o esas costumbres que tanto nos molestan, como pedirle a Molly una y otra vez que se ponga los zapatos (y después consolarla cuando se echa a llorar porque he perdido la paciencia y le he gritado). Lo bueno de esta estrategia es que al final nos podremos relajar. Ésa es la idea: el hábito que intentas inculcar acaba por convertirse en un gesto automático. El elefante lo hace sin instrucciones del jinete.

Las siguientes páginas resumen algunas otras ideas que la ciencia propone para inculcar hábitos con éxito. Te sugiero que no dejes nada al azar y las pruebes todas.

Suprime los estímulos

Otra manera de aumentar tus probabilidades de éxito es suprimir las distracciones y las tentaciones. Las personas que quieren dejar de fumar no pueden tener cigarrillos a la vista. Si quería que Molly se vistiera sin tener que pedírselo varias veces, debía asegurarme de que el gato no estuviera en la habitación, o se pondría a acariciarlo en vez de vestirse. Y lo mismo valía para mí: cuando decidí que mi primer paso de tortuga sería ayudar a las niñas a cambiar de hábitos, no podía ponerme a enviarle consejos a mi hermano sobre sus ligues, aunque fuera mucho más divertido e interesante que pelar patatas.

Anúncialo

Cuando contamos con la ayuda de los demás para cambiar de hábitos —por ejemplo, hacer ejercicio en compañía de un amigo—, somos más constantes. El mero hecho de anunciar un objetivo incrementa el apoyo social —y la presión— para alcanzarlo, lo cual explica por qué los buenos propósitos de Año Nuevo son eficaces. Para que los cambios persistan en otros contextos, tendrás que contar con un gran apoyo. Asegúrate de involucrar a las personas que participan del cuidado de tus hijos, si las hay, y de que los niños sepan que esas otras personas están ahí para echarles una mano.

Escoge un solo objetivo y procura que sea concreto

Cuando empezamos a trabajar con nuestro plan para ser más felices, estaba ansiosa por erradicar todas las cosas irritantes que hacían mis hijas. Las posibilidades parecían ilimitadas. Sin embargo, no es posible cambiar más de un hábito a la vez, y tampoco pueden hacerlo nuestros hijos. Las investigaciones demuestran que, a mayor cantidad de buenos propósitos de Año Nuevo, menor es la probabilidad de sostenerlos. Así pues, proponte una meta global y procura que sea concreta. Los niños son más proclives a perseguir un objetivo, como cambiar de hábitos, cuando saben a qué atenerse. Las metas difusas del estilo de «dar lo mejor de ti mismo» no les dicen qué se espera de ellos.

Los pasos de tortuga descritos anteriormente —con relación a una meta global— son ideales, porque los pequeños se esfuerzan más cuando obtienen resultados fáciles y rápidos. Así pues, asegúrate de que esos pasos sean sencillísimos. Y procura también que, si tus hijos no son muy pequeños, comprendan la relación entre las diversas partes; el conjunto de todos los pasos conforma un plan que los conducirá a un objetivo final.

La diferencia entre tropezar y recaer

Últimamente preparamos la cena todas juntas, recogemos los platos en familia, y rara vez mando a ninguna de las niñas a su cuarto en el intervalo. Aunque les hago alguna que otra advertencia, me limito a sugerir o preguntar algo, como: «Fiona, ¿en qué me vas a ayudar? ¿Untas la mantequilla en el pan? ¿Sirves la leche?» Le hice estas mismas preguntas el otro día, y me respondió: «Haré las dos cosas, mamá». *Créeme*, esta situación dista muchísimo de las súplicas, ruegos y sobornos a los que tenía por norma recurrir, y de la sordera que ella tenía por costumbre fingir en cuanto yo empezaba a hacer la cena. Seis semanas después de iniciar el plan, nuestros nuevos hábitos comenzaron a instalarse y las tres nos felicitamos por ello: yo, porque ya no me peleaba con mis hijas; y ellas, por haber conseguido algo que todas considerábamos importante.

Hubo muchos tropiezos por el camino, así que no te desanimes si al principio no todo va como la seda. Los tropiezos son recaídas momentáneas en la conducta que estás intentando modificar. A menudo tuve que recordarle a Fiona que no jugara con la comida; esos días no pudo marcar una cruz en el plan, pero hicimos hincapié en que «mañana sería otro día». Los tropiezos ocasionales forman parte del proceso de aprendizaje.

La recaída, en cambio, se produce cuando damos varios pasos en la mala dirección, que nos llevan de vuelta a los viejos hábitos y nos alejan de los nuevos. Una semana se nos olvidó completamente mirar los planes. Otra, no nos acordamos de definir el nuevo paso de tortuga dominical, lo que supuso un peligro de recaída. La recaída es todo un proceso, no un hecho aislado.

El *contexto* tiene mucha importancia en lo concerniente a tropiezos y recaídas. En ocasiones, un cambio de contexto puede provocar una recaída en toda regla. Al principio de proponerme inculcar a las niñas el hábito de vestirse y prepararse para salir ellas solas, pasamos un fin de semana en un hotel, y toda la rutina se fue al garete. A menudo, los nuevos hábitos están muy arraigados al entorno en el que se han adquirido: cierta hora del día se presta a determinada conducta o cierto suceso da lugar a otro. Las investigaciones preliminares apuntan a que diversificar el contexto durante el aprendizaje ayuda a sostener un nuevo hábito a la larga, pero yo estoy aquí para advertir que cambiar de entorno dificulta muchísimo el trabajo a corto plazo. Tenlo en cuenta.

Los hábitos se adquieren a base de repetición, y nadie lo hace todo bien siempre. Cambiar cuesta mucho; no nos pasemos de perfeccionistas.

¿Quién sabe?, quizás ahora nos costará menos dejar otros hábitos

Este apartado trata de las ventajas adicionales. Parece ser que la autodisciplina —o autorregulación, como la llaman los psicólogos— funciona como un músculo. Cuanto más recurres a ella, más fuerte se hace. Una de las mejores estrategias para cambiar de hábitos es ejercitar la fuerza de voluntad o el autocontrol en algún ámbito ajeno a la costumbre que pretendemos erradicar. Por ejemplo, los investigadores de la Universidad de la Reserva Case Western pidieron a una serie de alumnos que prestaran atención a su postura y la mejoraran siempre que pudieran. Al cabo de dos semanas, dichos alumnos obtuvieron una puntuación más alta en una prueba de autocontrol. Igual que los músculos, la fuerza de voluntad se fatiga. Si te has propuesto no fumar y alguien te ofrece un cigarrillo tras otro, las probabilidades de que recaigas aumentan con cada oferta. Pero, como sucede con los músculos, el ejercicio la fortalece. Tus hijos necesitarán un poco de fuerza de voluntad para cambiar y, gracias a eso, les será más fácil adquirir el siguiente hábito de felicidad.

HAZ LA PRUEBA

Adquiere un hábito de felicidad

1. Piensa qué hábito doméstico te gustaría transformar —o erradicar—, y después considera qué cambios tendrías que hacer para conseguirlo. ¿Qué mala costumbre te gustaría sustituir por un hábito de felicidad? ¿Qué considerarías un éxito, concretamente? ¿Piensan los niños que esa mala costumbre les favore-

ce? ¿Qué ventajas obtendrían si la sustituyeran por una buena costumbre?

2. Prepárate para el cambio:

   - Imprime o copia un plan para cada miembro de la familia. Escribe como título el objetivo final.

   - Decide qué día y a qué hora revisarás el plan para definir un nuevo paso de tortuga, y anótalo en tu agenda. Programa una alarma en el teléfono móvil o en el ordenador para que te lo recuerde.

   - Piensa primero qué costumbres tendrías que cambiar tú, el adulto, para ayudar a tus hijos a alcanzar el objetivo.

3. Escoge el primer paso de tortuga. Para ello, divide en varias fases la meta final y define el primer paso. Después disecciónalo hasta dividirlo en tareas sencillísimas. Escríbelas en el plan.

4. Amaña un poco la partida. Formula preguntas con segunda intención que predispongan a los niños a actuar. Suprime las distracciones y anuncia tus objetivos. Recurre al método REYNA para estimular a los pequeños mediante la racionalización, la empatía y un lenguaje no autoritario.

5. Ve a por ello. Pasa a la acción. Pon tu plan en práctica. Asegúrate de que cada vez que alguien avanza un paso de tortuga marca una cruz en el plan. Pronto tendrás la prueba visible de vuestros progresos.

PLAN PARA SER MÁS FELICES

CIENCIA SOCIAL PARA CRIAR NIÑOS FELICES						

Seguimiento de:

Mi nuevo hábito:

¿Qué aspecto tiene cuando has alcanzado el objetivo?

Paso de tortuga 1:	LUN	MAR	MIÉ	JUE	VIE	SÁB	DOM
	X	X	X	X	X	X	X

Paso de tortuga 2:	LUN	MAR	MIÉ	JUE	VIE	SÁB	DOM
	X	X	X	X	X	X	X

Paso de tortuga 3:	LUN	MAR	MIÉ	JUE	VIE	SÁB	DOM
	X	X	X	X	X	X	X

Paso de tortuga 4:	LUN	MAR	MIÉ	JUE	VIE	SÁB	DOM
	X	X	X	X	X	X	X

Paso de tortuga 5:	LUN	MAR	MIÉ	JUE	VIE	SÁB	DOM
	X	X	X	X	X	X	X

Paso de tortuga 6:	LUN	MAR	MIÉ	JUE	VIE	SÁB	DOM
	X	X	X	X	X	X	X

Paso de tortuga 7:	LUN	MAR	MIÉ	JUE	VIE	SÁB	DOM
	X	X	X	X	X	X	X

SIETE

Séptimo paso:
Enséñales autodisciplina

*La fórmula de mi felicidad: un sí, un no, una línea
recta, una meta.*

FRIEDRICH NIETZSCHE

Hace años, un investigador llamado Walter Mischel llevó a cabo los famosos «experimentos del bombón de malvavisco» con preescolares de cuatro años de edad. De uno en uno, fue dejando a los pequeños en una sala con una golosina. Les decía que, si aguardaban a comerse el bombón hasta que él volviera, les daría dos. Ahora bien, si eran incapaces de soportar la espera, podían comerse el dulce que tenían a mano.

Los niños reaccionaban de maneras distintas. Algunos no podían esperar ni un minuto a comerse el dulce, mientras que otros aguantaban más de quince minutos con tal de conseguir dos bombones. El experimento despertó mucha atención porque predijo de maravilla la conducta futura de aquellos pequeños. Los niños que no habían resistido la espera eran más propensos a acosar a sus compañeros en la escuela primaria, obtenían peores informes académicos y parentales diez años más tarde, y tenían más probabilidades de consumir drogas o alcohol a los treinta y dos. Los niños capaces de esperar obtuvieron puntuaciones más altas en las pruebas de aptitud estándar en la adolescencia.

He aquí lo que importa: está en tu mano alargar el tiempo que tu hijo puede esperar —metafóricamente hablando— a comerse el bombón. Este capítulo trata de dos tipos de disciplina: la externa, que tú impones a los niños —dictando normas y poniendo límites—, y la autodisciplina, que puedes ayudarles a desarrollar.

Todas las reglas y normas que dictamos buscan, en el fondo, incrementar la *auto*disciplina de los más jóvenes. Sin embargo, los niños actuales son mucho menos autodisciplinados que los de generaciones anteriores. Algunos investigadores han repetido los estudios efectuados en la década de 1940 sobre lo que los científicos llaman «autorregulación». En aquellos experimentos, los investigadores pedían a los niños, de tres, cinco y siete años que hicieran una serie de cosas a priori difíciles en estas edades: permanecer inmóviles, por ejemplo. En los estudios de 1940, los niños de tres años, como era de esperar, no lo lograban; los de cinco aguantaban unos minutos, y la mayoría de los mayores permanecían quietos tanto tiempo como se les pedía. No obstante, cuando se repitió la prueba en 2001, a los niños de cinco años les costó mucho conservar la postura desde el principio —experimentaron las mismas dificultades que los de tres en 1940—, y los de siete apenas alcanzaron la capacidad de autorregulación que habían demostrado los de cinco en el experimento anterior.

Esos resultados explican por qué mi madre se desespera cuando come con mis hijas, que son incapaces de permanecer quietas más de treinta segundos. Mi madre compara mi conducta de infancia con la de mis hijas, y comenta: «Vosotros erais inquietos, pero no estaba permitido levantarse durante las comidas, y no lo hacíais». Yo solía colocar el comentario en el mismo saco que «Íbamos andando al colegio por un camino nevado cuesta arriba», pero ahora sé que tiene razón. Mi hermano y yo seguramente nos autorregulábamos mejor, por eso no nos movíamos de la mesa mientras comíamos.

Las conclusiones de la investigación no son moco de pavo: la autorregulación es la clave del éxito y la felicidad. Recuerda, la capacidad de los preescolares para postergar la gratificación —esperar el segundo bombón— pronostica inteligencia, éxito académico y buenas relaciones sociales en la adolescencia. Sucede así, al menos en parte, porque la autodisciplina facilita el aprendizaje y el procesamiento de información. Además, los niños capaces de regularse a sí mismos soportan mejor la frustración y el estrés, y poseen mayor sentido de responsabilidad social. En otras palabras, la autodisciplina no sólo te ayuda a tener éxito en los estudios y a quedarte sentado durante las comidas, sino que te granjea más felicidad, más amigos y un mayor grado de compromiso social.

Por otra parte, los niños con poca capacidad para regularse experimentan más problemas de drogas, agresividad y violencia, además de ser más proclives a involucrarse en prácticas sexuales de riesgo.

Los investigadores describen dos sistemas nerviosos: uno que refuerza la fuerza de voluntad y el otro que la mina. Uno es caliente y emocional, y el otro frío y cognitivo. El sistema «caliente» o «de acción» funciona a base de impulsividad. Sede de nuestras emociones, miedos y pasiones, este sistema nos ayuda a procesar la información emocional rápidamente y a reaccionar con prontitud cuando corremos peligro. También nos induce a coger el bombón de inmediato, en lugar de aguardar pacientemente a que vuelva el investigador. El sistema de acción reacciona ante lo que sucede en el exterior, por lo que está, literalmente, «bajo el control de los estímulos».

El sistema «frío» o «de conocimiento» constituye la sede de la autorregulación y el autocontrol. Este sistema es lento y actúa con estrategia; se toma tiempo para pensar y sopesar las consecuencias. Mientras que, según se cree, el sistema de acción nos acompaña desde el nacimiento, el de conocimiento se va desarrollando a lo largo de la infancia. Nuestra capacidad para equilibrar ambos —el que mina el autocontrol y el que lo refuerza— depende de factores diversos, uno de los cuales es la práctica y el perfeccionamiento de una habilidad fundamental: la de postergar la gratificación.

La vida moderna también contribuye al declive de la capacidad infantil de autorregulación. Los avances tecnológicos nos facilitan la gratificación instantánea en muchos aspectos de la vida cotidiana. Eso incrementa los estímulos que activan nuestro sistema de acción y enardece el conflicto entre éste y el de conocimiento. Nuestra sociedad descansa sobre el sistema de acción: demandamos comida instantánea las veinticuatro horas del día, saber instantáneo (¿quién va a una biblioteca teniendo Google y Wikipedia?), comunicación instantánea (*twitteando* constantemente con amigos, compañeros..., ¡incluso con los políticos!). ¿Nos parece raro que los niños den rienda suelta a su sistema de acción en vez de desarrollar el de conocimiento?

El estrés es otro de los factores que inhiben el autocontrol. Los jovencitos de hoy soportan niveles de estrés mucho más altos que las generaciones anteriores. Cuando estamos nerviosos y ansiosos, nuestra capacidad para afrontar otros factores estresantes, por pequeños que sean, queda disminuida. Si el sistema frío y cognitivo de los niños está, además, ocupado con informes de lectura y preocupado por el desempleo de los padres, les costará mucho más llevar a cabo cualquier tarea que requiera autocontrol. Cualquiera que haya intentado dejar de fumar o hacer dieta sabe cuán rápidamente el estrés puede sabotear sus esfuerzos. Las investigaciones demuestran que el estrés crónico infantil disminuye la capacidad de postergar la gratificación.

De fuera adentro: cómo enseñar autodisciplina

¿Cómo podemos revertir esas tendencias y ayudar a los niños a desarrollar el autocontrol que necesitan? Hay muchísimas maneras de ayudar a los niños a aprender autocontrol. Los mismos investigadores que llevaron a cabo los experimentos de los bombones han pasado décadas buscando trucos y técnicas para ayudarnos a incrementar la fuerza de voluntad, todos los cuales se pueden enseñar a los niños. El estudio nos ofrece mucha información acerca de cómo inculcar disciplina a los más jóvenes, con la intención de que sean capaces de controlarse a sí mismos. En cuanto dominemos los mejores sistemas para influir en nuestros hijos desde el exterior, podremos enseñarles y ayudarles a poner en práctica trucos y técnicas que incrementen su fuerza de voluntad y su capacidad de autorregularse.

Los padres de hoy dicen «no» con mucha menos frecuencia que las generaciones pasadas; según el cálculo de cierta investigación, un 50 por ciento menos. Aunque nuestras excusas para evitar decir «no» son muy diversas, la investigación deja una cosa muy clara: los niños necesitan que sus padres les pongan límites, pero de manera positiva. Cuando los progenitores son firmes y cariñosos, cuando se implican sin invadirlos, los investigadores hablan de «padres con autoridad».

Cuatro décadas de investigación han corroborado que la crianza de padres con autoridad favorece la salud y el bienestar infantiles. No sólo ayuda a los niños a desarrollar un autocontrol sano —lo que disminuye sus probabilidades de tener problemas de drogas, alcohol o de sufrir un embarazo adolescente—, sino que los hace más proclives a alcanzar muchos otros parámetros de bienestar. Por ejemplo, los adolescentes que tienen padres con autoridad sacan mejores notas, confían más en sí mismos y tienen más amigos.

HAZ LA PRUEBA

Cómo ser un padre con autoridad

No seas blando. Di no, aunque te cueste. Es duro ver tristes a los niños, y difícil no ceder a las rabietas o los lloriqueos que los límites suscitan, sobre todo cuando, tras un largo día de trabajo, nos queda un tiempo escaso y precioso para pasar con nuestros hijos. No obstante, hay pocas cosas tan importantes para el bienestar y el sano desarrollo infantiles. No podemos esperar que los niños adquieran autocontrol si antes no hemos sido capaces de establecer lo que está permitido y lo que excede los límites.

Implícate. Gran parte de una crianza con autoridad consiste en supervisar, vigilar y, en general, estar ahí. No basta con poner reglas, también hay que sostenerlas. Los niños necesitan saber que sus padres saben dónde andan y con quién; que están pendientes de lo que hacen en el tiempo libre. Por mucho que nos cueste ser consecuentes con los límites marcados, sobre todo con niños que nos ponen a prueba constantemente, la falta de coherencia nos quita autoridad. Cuando hoy dices que no y mañana que sí, tu autoridad es nula.

Pero no intentes controlarlo todo, ni siquiera con buena intención. Los niños, en particular cuando entran en la adolescencia, necesitan que sus padres reconozcan que son individuos por derecho propio, capaces de vivir sus propias vidas. No controlar psicológicamente implica dejar que los jóvenes cometan sus propios errores (capítulo 3) para que aprendan que son capaces de reponerse tras un fracaso. También requiere animar a los niños a expresar su propia individualidad, aunque choque con nuestras opiniones como padres. Evita contestar a los argumentos de los niños con frases como «Ya lo entenderás cuando seas mayor».

En el transcurso de estudios con niños pequeños, los investigadores han descubierto que los hijos de padres que dan órdenes y controlan psicológicamente a sus retoños tienen más dificultades para postergar la gratificación a la edad de cinco años, en comparación con aquellos cuyos progenitores ponen límites basados en el aprendizaje. En lugar de recurrir a técnicas más tajantes, estos padres con autoridad —que no autoritarios— ponen límites a la exploración de los niños mediante estrategias de distracción, y de guía y argumentación discretas. Seguramente a consecuencia de ello, sus hijos desarrollan una capacidad para demorar la gratificación superior a la media.

Si sospechas que los investigadores definirían tu forma de decir «no» como autoritaria o controladora, procura ceder un poco y concede a tus hijos la libertad de ser ellos mismos.

Destila afecto. Como he explicado en el capítulo 4, una crianza afectuosa y receptiva nos ayuda a construir vínculos seguros. Las investigaciones demuestran que las relaciones de apego seguras contribuyen a que los niños regulen mejor tanto su conducta como sus emociones. Por ejemplo, una investigación demostró que los retoños de madres cálidas y poco dadas al castigo físico demostraban mayor capacidad para regular su conducta cuatro años después, hacia la mitad de la infancia.

Otro estudio concluyó que los niños de seis años cuyas madres tendían a la emotividad eran más capaces de postergar la gratificación que aquellos criados en familias menos expresivas. De modo que no escatimes arrumacos; paradójicamente, todo ese amor redundará en buen comportamiento.

No esperes a que el niño se porte mal para tomar medidas; prevé la mala conducta. He aquí otro principio obvio que las investigaciones han confirmado: un poco de esfuerzo previo compensa a la larga. Según otro estudio, los hijos de madres que animaban a sus hijos preescolares a «ayudarlas» a hacer la compra o les encomendaban alguna tarea (aparte de enredar en el supermercado), tendían a... lo has adivinado: portarse mejor. Como es lógico, *esperar* a que los niños se porten mal para reprenderlos garantiza el mal comportamiento. Este principio se cumple a cualquier edad y en cualquier situación. Incluso nosotros, los adultos, cuando las circunstancias nos inducen a hacer cosas que no nos convienen —comer demasiado, por ejemplo—, resistimos mejor si nos enfrascamos en algo constructivo que si dejamos que la tentación se vuelva insoportable. Prevenir la mala conducta, tanto la infantil como la nuestra, requiere autodisciplina, pero, igual que fortalecemos los músculos, nos ayuda también a reforzarla.

Un modo menos evidente de prevenir un comportamiento no deseado es centrarse en un posible desenlace positivo y no en evitar el desastre. Los estudios demuestran que los padres que condenan las conductas problemáticas haciendo hincapié en las terribles consecuencias que podría tener para el niño («¡Jack! ¡Baja de ahí! ¡Como te caigas te vas a romper la cabeza!» o «¡Como no acabes los deberes vas a suspender el examen!») tienen hijos cuyo autocontrol *se centra en la prevención*. En cambio, los progenitores que recalcan la posibilidad de un desenlace positivo, como alcanzar un objetivo o cumplir una aspiración («¡Jack, ven a ver esto! ¡Aquí podrás trepar cuanto quieras!» o «Termina los deberes para que puedas bordar el examen. ¡Universidad de Berkeley, allá va mi hijo!»), suelen tener hijos cuya fuerza de voluntad *está orientada a la superación*; se regulan con el fin de alcanzar sus metas, no para evitar un peligro. Para orientar a tus hijos hacia la superación, recálcales que está en sus manos conseguir buenos resultados, en vez de incitarlos siempre a evitar los riesgos.

Técnicas que enfrían el sistema de acción y activan el sistema de conocimiento

El experimento del bombón sugiere muchas estrategias distintas que los niños pueden emplear para alargar la espera y así conseguir la segunda golosina. Los padres podemos enseñarles a poner en práctica esas técnicas y habilidades que les ayudan a autorregularse. Podemos hacer, por ejemplo, lo siguiente:

Participar en juegos que requieran autorregulación. Propón juegos que los obliguen a controlarse. Jugar a «Simón dice» o a las estatuas es un buen recurso, porque obliga a los niños a pensar (lo cual implica al sistema de conocimiento) en lo que *no* deben hacer, con lo que practican el autocontrol. De igual modo, aquellas actividades que requieren planificación les enseñan a los niños a demorar la gratificación. Cocinar es una de ellas, como también los juegos que incluyen instrucciones o diagramas para construir algo. Pero cuidado: si estructuras demasiado sus actividades, corres el riesgo de regularlos *tú*, en lugar de dejar que sean *ellos* quienes se autorregulen.

Darles mucho tiempo para practicar el juego libre es también una buena forma de fomentar la autodisciplina, sobre todo si los pequeños cuentan con el espacio para crear un mundo imaginario complejo. Los capítulos 8 y 9 describen el recurso con más detalle, pero por ahora baste con decir que el juego imaginativo y no estructurado desarrolla la función ejecutiva de nuestros hijos, una importante función cognitiva relacionada con la autorregulación. Las artes marciales, la danza, la música y la lectura de cuentos —actividades divertidas que requieren una atención sostenida— fomentan también la autodisciplina porque obligan a los niños a retener información compleja. Los niños ejercitan el autocontrol cuando buscan la información que han retenido en la memoria (por ejemplo, el siguiente paso de una coreografía) venciendo al mismo tiempo el impulso de hacer otra cosa.

Incítalos a hablar consigo mismos. Otra razón por la que el juego imaginativo contribuye a la autorregulación es porque incita a los niños a hablar consigo mismos o con sus compañeros de juego para organizarse. Hablan consigo mismos con el fin de dirigir su propia conducta (en lugar de esperar a que papá o mamá les digan lo que tienen que hacer). Animar a los niños a hablar consigo mismos y a escuchar su «vocecilla interna» fomenta la autodisciplina. Cuando mis hijas hacen algo que contradice las normas, a menudo les pregunto: «¿No has oído una vocecilla que te sugería que no dijeras eso?» Hacerlos conscientes de que poseen un «sistema de conocimiento» que les ayuda a controlar los impulsos (de, por ejemplo, pegar a su hermana) es el primer paso.

Enséñales a distraerse. La distracción es una técnica de autocontrol que ayuda a los niños a alargar el tiempo de espera con el fin de conseguir el segundo bombón. Podría hacerse, por ejemplo, velando la tentación: tapando físicamente la sabrosa golosina. Cuando no tenían la recompensa a la vista, el 75 por ciento de los niños participantes en un experimento pudieron aguardar quince minutos a comerse el dulce; ninguno fue capaz de aguantar tanto mientras el bombón estaba a la vista. Esta eficaz maniobra, sin embargo, tiene truco: las madres de los participantes que hacían gala de buen autocontrol no trataban de distraerlos ordenándoles que prestaran atención a algo que no fuera el objeto prohibido, sino que los enfrascaban en alguna otra actividad.

También es importante contar con estrategias de distracción interna. Dar a los niños otras cosas en qué pensar los ayuda a no comerse de inmediato la tentadora golosina; y también a permanecer sentados durante una cena formal. En el transcurso de un estudio, los investigadores pidieron a los niños que «pensaran en algo divertido», «recordaran una canción» o «imaginaran que estaban jugando con sus juguetes». Empleando ese recurso, los pequeños pudieron esperar una media de veinte minutos, frente a menos de un minuto cuando nadie les sugería cómo distraerse. En este caso, la clave radica en no ceder al impulso de sugerirles que *no* piensen en algo. Decirles «No pienses en el bombón, piensa en...» sabotearía la técnica. Los mecanismos de la mente son extraños, y si le ordenas a alguien que no piense en, pongamos por caso, un oso polar, prácticamente se verá obligado a hacerlo.

Los más jóvenes reaccionan mejor a las distracciones materiales, aunque en circunstancias normales no les presten demasiada atención. Cuando a los niños (desde preescolares hasta muchachos de doce años) se les proporcionó un muelle con el que jugar, aguantaron 15 minutos más sin comerse el bombón, aunque en una situación distinta no hubieran demostrado ningún interés en el juguete.

Reduce los factores de estrés. A muchos padres de adolescentes les preocupa el exceso de estrés que padecen sus hijos en estos tiempos. El estrés —en particular el crónico— ejerce un impacto negativo en nuestro «sistema de conocimiento», nos hace más impulsivos y reduce nuestra capacidad de conseguir objetivos. Las investigaciones demuestran que vivir con niveles de estrés muy alto va asociado a las dificultades para postergar la gratificación. Paradójicamente, la preocupación y la ansiedad por las notas y los deberes limitan la capacidad de los niños de demorar las recompensas (estudiando en vez de hablar por teléfono, por ejemplo) mientras no hayan acabado el trabajo.

Apaga la caja tonta. La televisión y otras «distracciones en pantalla» tal vez no sean perversas (véase la página 242, «¿Es la televisión el origen de todos los males?), pero no cabe duda de que roban tiempo de juego. Muchos investigadores creen que si los niños ahora tienen más dificultades para postergar la gratificación que los de 1940 es porque pasan mucho más tiempo delante del televisor y del ordenador, ninguno de los cuales desarrolla la fuerza de voluntad o el control de impulsos. Dicho de otro modo, la televisión se cobra un precio en forma de oportunidades: no fomenta las cosas que los niños necesitan para desarrollarse de manera saludable, mientras que otras muchas alternativas, como el juego al aire libre, sí.

Alberga expectativas realistas. Autorregularse es difícil, y los niños no nacen con los recursos necesarios para controlarse sin más. Su sistema de acción ya está desarrollado al nacer, pero el sistema de conocimiento madura mucho después del nacimiento (y quizá incluso después de la adolescencia). Así pues, conforme el cerebro evoluciona, podemos ir incrementando nuestra capacidad de autocontrol, pero sería poco realista pensar que, aun con mucha práctica, los niños muy pequeños van a hacer gala de un control de impulsos ejemplar. De hecho, es prácticamente imposible que los infantes menores de tres años sean capaces de diferir la gratificación motu proprio. A los cinco años, en cambio, la mayoría puede entender, por ejemplo, que pensar en algo no hará sino empeorar la espera, y empieza a recurrir a técnicas de autodistracción. Si se practica, la autorregulación se desarrolla rápidamente entre los seis y los doce años, y terminado el sexto curso [doce años], los niños suelen estar listos, en cuanto a su madurez, para emplear técnicas sofisticadas de dilación.

¿Pasa algo por dar algún que otro cachete?

En ocasiones, las técnicas disciplinarias descritas en este capítulo nos parecen fáciles de aplicar —comerse a besos a un niño cariñoso cuesta muy poco, por ejemplo—, pero otras se nos antojan hercúleas. El otro día estaba en el supermercado con mis hijas y, créeme, no se me ocurrió prevenir la mala conducta proponiendo a las niñas entretenidos juegos matemáticos, como el boletín informativo del colegio me había sugerido hacía poco. Como muchos otros padres que estarán leyendo esto, trataba de hacer la compra para tener la cena a punto y las niñas sus deberes empezados antes de haber sobrepasado la hora de irse a la cama. Fiona me estaba volviendo loca: metiendo comida en el carro que, como ella bien sabe, no me gusta comprar; intentando subirse al carro, molestando a su hermana y, en fin, enredando de todas las formas imaginables. Recurrí a lo que en mi familia conocemos como «el apretón del supermercado», perfeccionado por mi propia madre: un estrujón justo por encima del codo y la amenaza, en susurros, de que si no paras enseguida nunca volverás a ver la tele. Jamás. Sé que el apretón del supermercado no figura en la lista de buenas conductas parentales demostradas empíricamente, pero ¿tan malo es usarlas de vez en cuando?

Al ser un control psicológico, la crianza punitiva causa estragos en la capacidad de los niños para autorregularse. Aunque la generación de «un cachete a tiempo ahorra muchos disgustos» defendió a capa y espada la necesidad de meter en cintura a los niños por la fuerza —mediante la pérdida de privilegios y el castigo corporal—, las ciencias sociales nos ha legado pruebas más que sobradas de que esas técnicas son del todo ineficaces, y sin duda indeseables para las personas que pretenden criar niños felices. Aunque aún no soy capaz de refrenarme y recurro al apretón de vez en cuando, yo, más que nadie, debería saber que no funciona. En la ocasión concreta que acabo de describir, Fiona me gritó: «¡Me estás haciendo daño! ¿Cómo puede una madre hacer daño a su hija?» Aquel día, como puedes imaginar, no fue una compañera de compras agradable y dócil.

Además de ser nefasto para mi imagen pública como experta en crianza, el apretón del supermercado es una pésima manera de enseñar disciplina a los niños. Cuando los padres transmiten a sus hijos el comportamiento que esperan de ellos de forma amenazadora o punitiva, los niños tienden a enfadarse, ponerse nerviosos o asustarse. Este sobreestímulo relega al fondo lo que el progenitor quiere o trata de enseñar y coloca en primer plano la reacción del niño al mensaje paterno. De ese modo, el castigo pierde eficacia y se reducen las probabilidades de que el niño comprenda y se avenga a los deseos del adulto.

Además de ser ineficaz a largo plazo, el castigo —sean prácticas punitivas de tipo físico, como las zurras, o conductas de amenaza, que incluyen gritos, apretones o intimidación verbal— es perjudicial para los más jóvenes. Diversos estudios han establecido la relación entre una crianza agresiva y unas tasas altas de rebeldía, problemas de conducta, depresión y ansiedad adolescentes, por no mencionar que disminuye la capacidad de los niños de controlar los impulsos y las emociones.

Dicho de otro modo, hay una gran diferencia entre la verdadera disciplina y el castigo. La palabra *disciplina* procede de la misma raíz latina que el término *discipulado*, que significa «proceso de aprendizaje».

Los discípulos y las personas que poseen autodisciplina están dispuestos a aprender. La palabra *castigo*, en cambio, se refiere al dolor, al sufrimiento o a la privación que se inflige a un individuo. Disciplinar a nuestros hijos —y enseñarles a disciplinarse a sí mismos— los predispone a instruirse: los hace curiosos, abiertos, equilibrados. El castigo ejerce el efecto contrario, porque no los incita a buscar qué pueden aprender de una situación determinada, sino sólo a atender al dolor que ésta les provoca. La próxima vez que experimente la tentación de controlar a mis hijas mediante el apretón del supermercado, me preguntaré a mí misma: ¿este gesto les va a ayudar a aprender autodisciplina? ¿Les va a enseñar algo, lo que sea?

HAZ LA PRUEBA

Más allá de los sobornos, las amenazas, y las promesas de regalo

En su libro *Punished by Rewards*, Alphie Kohn, el rey de «a los niños, ni premios ni castigos», propone algunas ideas científicamente demostradas para conseguir que los más jóvenes obedezcan sin esperar a cambio «estrellas de oro, puntos, sobresalientes, elogios y otros sobornos». Durante años, uno de mis peores hábitos educativos ha sido recurrir al soborno sutil: tentar al niño diciéndole «si haces esto, te daré lo otro». He aquí tres recursos más eficaces.

1. Selecciona las contiendas. Si te cuesta mucho justificar una orden, quizá no sea lo bastante importante. Si no eres capaz de explicar el límite que estás poniendo (por ejemplo, te preocupa la seguridad del niño: «No quiero que te quedes despierto hasta tan tarde porque no es seguro»), tal vez no sea una batalla que debas librar. Recuerda que siempre es aconsejable reconsiderar una indicación cuando encuentras mucha resistencia. ¿La oposición está justificada o no? Nunca cedas por agotamiento, pero si

comprendes que has cometido un error, admítelo y renuncia a la consigna.

2. Imparte disciplina con mano de seda. Piensa desde el punto de vista de organización y límites más que de control. Hay una enorme diferencia entre poner límites —crear la estructura necesaria para mantener el orden— y andar mangoneando (como yo soy propensa a hacer). Está bien, eso sí, establecer normas y sostenerlas: prohibido pegar, a la cama a las ocho y cosas así. Eso es estructura.

Los investigadores han corroborado una y otra vez que, a la hora de poner límites, la máxima delicadeza da mejores resultados. Como arguye Kohn: «No muevas a un niño con brusquedad si puedes hacerlo con delicadeza; no lo muevas con delicadeza si puedes decirle que se mueva; no se lo digas si se lo puedes pedir».

Eso significa que no hay que empujar más fuerte cuando encontramos resistencia. Si tu hijo no hace lo que le dices, obtendrás mejores resultados si te abstienes de gritar, pegar, amenazar o castigar; en ese momento en particular *y* en el futuro.

3. Apela a la razón del niño. En vez ceder al impulso de castigar (o, usando el eufemismo que empleamos en casa, actuar en consecuencia) al niño que se porta mal, podemos reenfocar la situación como un problema que se debe resolver o, como mínimo, aclarar. Explicando a los más jóvenes por qué no toleramos determinadas conductas apelamos a su capacidad de raciocinio («Si en esta casa no insultamos es porque...») más que a tu posición de poder («Porque lo digo yo»). En muchas ocasiones, la argumentación desembocará en una conversación más que en una discusión. Invita a los niños a participar —tal vez discurran alguna estrategia interesante para no volver a incurrir en el mismo error—, en lugar de esperar que te escuchen en silencio mientras los sermoneas.

OCHO

Octavo paso:
Disfruta el momento presente

La gente considera que caminar sobre las aguas o elevarse en el aire es un milagro. Pero yo creo que el verdadero milagro no es caminar sobre las aguas o elevarse en el aire, sino pisar tierra firme. Cada día presenciamos un milagro del que ni siquiera somos conscientes: un cielo azul, las nubes blancas, las hojas verdes, la mirada oscura y curiosa de un niño..., nuestros propios ojos. Todo es un milagro.

THICH NHAT HANH

La mayor epifanía de mi vida en relación con la crianza de mis hijas tuvo lugar durante un retiro silencioso al que asistí por impulso el pasado mes de enero. Tenía los nervios de punta. Acababa de pasar las vacaciones con el que pronto iba a ser mi ex marido, su madre y su padrastro, y aunque nos llevábamos bien, yo estaba emocionalmente exhausta, triste de no tener una familia «perfecta». El colegio, las tareas domésticas y las mañanas ajetreadas habían recomenzado. Arrastrar a las niñas a clase de español antes de la jornada escolar me impedía llegar puntual al trabajo, y estaba más nerviosa de lo habitual. Los malabarismos que hacía a diario incluían dar clases durante el día en el Centro de Investigación para el Incremento del Bienestar de la Universidad de California en Berkeley; escribir mi *blog*, *Half Full* [Medio lleno]; redactar este libro; dar clases de crianza; citas regulares para pronunciar conferencias, y varias colaboraciones que me ayudaban a pagar las facturas. Comenzaba a tener la sensación de que nunca tendría tiempo de acabarlo todo. Apenas empezaba a concentrarme en el trabajo tenía que ponerme a repasar qué actividades extraescolares tocaban ese día y dónde y cuándo debía recoger a las niñas. ¿Le toca a Heather o me toca a mí acudir a la salida de la clase de calceta? ¿Ha dicho Mike que recogería a las chicas en casa de mis padres? ¿O les toca teatro? O, espera un momento, ¿no estaba Fiona en casa de Margaret?

Me sentía como en un maratón, corriendo de cita en cita; el tiempo en familia se reducía a una cena apresurada mientras les preguntaba a mis hijas qué tal les había ido el día. Hacer la colada, programar una tarde de juego en casa de alguna amiga de las niñas, concertar un cita con el médico, ir al supermercado, pagar las facturas, vaciar el lavaplatos... La vida diaria se había convertido en una lista interminable de tareas hechas deprisa y mal.

Los fines de semana eran aún peores, pues el trabajo sin hacer, las tareas, los recados y cientos de correos sin leer me reclamaban. Como estaba tan distraída, incluso jugar con las niñas me fastidiaba. *Todo* me parecía aburrido. «Lo único que quieres es trabajar», me espetó Molly un día cuando, por enésima vez, intentó hacerme beber un café con leche de mentirijillas y yo no le presté atención. Me quedé destrozada. Mi hija estaba equivocada. Yo *quería* estar allí, jugar con ella. Pero también tenía razón: en realidad, *no* estaba con ella, sino fantaseando con huir a mi despacho, apagar el teléfono y el *e-mail* y ponerme a escribir. Paradójicamente, leer trabajos acerca de la felicidad y escribir sobre cómo criar niños felices me ayudaba a desconectar del frenesí de mi vida.

De modo que cuando me ofrecieron asistir a un retiro silencioso organizado por científicos interesados en la felicidad y el bienestar, una voz interior alta y clara me dijo que no dejara escapar la oportunidad. Siete días sin teléfono ni *e-mail*, sin trabajo, sin leer, ni tan siquiera escribir. Sin hablar con nadie. Mis amigos apostaron a que no aguantaría ni siete horas, y mucho menos siete días. Yo nunca me había separado de mis hijas durante más de cuatro días, y no podía concebir la idea de pasar siquiera una jornada sin hablar con ellas. Pero también sabía que debía asistir: si había algún modo de encontrar el equilibrio en medio de aquel caos, era ése.

Al sentarme a meditar hora tras hora, día tras día, no sentí nada salvo pura paz. Nadie se sorprendió tanto como yo: es muy raro sumirse en la quietud de inmediato la primera vez que haces un retiro largo. ¿Por qué no me aburría? ¿Por qué no estaba inquieta? ¿Impaciente por hacer algo? La segunda noche lo comprendí: si pudiera experimentar siempre el aquí y ahora como en aquellos momentos, ningún aspecto de mi vida me perturbaría. Ni me fastidiaría. Si estar sentada en una habitación a oscuras, concentrada sólo en la respiración y en los latidos de mi corazón, no me aburría, nada podía ser tedioso. Ningún montón de ropa sucia y, por supuesto, ni un millón de cafés con leche imaginarios.

Este capítulo aborda las tres estrategias que nos permiten estar muy ocupados y experimentar una felicidad intensa al mismo tiempo: la capacidad de vivir el momento presente a través del juego, el flujo y la consciencia. Los niños lo hacen de forma natural cuando «sólo están jugando», pero los adultos lo estropeamos todo cuando programamos hasta el último minuto de la jornada infantil con clases y liguillas. Vivimos en el presente cada vez que paladeamos la experiencia y también —como cuando yo me escondía para escribir— siempre que fluimos, ese estado de consciencia en el cual el tiempo parece detenerse. La atención plena —vivir en el momento presente, que a veces se expresa en forma de juego, deleite o fluir, pero que también podemos experimentar cuando estamos impacientes, tensos o abrumados por alguna emoción desagradable— es una praxis seria, instaurada por la tradición budista y rigurosamente estudiada por los neurocientíficos. Sé que la mayoría de padres y madres no pueden escaparse a las colinas de California para pasar una semana buscando su centro, como yo hice, pero espero que este capítulo siembre algunas semillas en ti que te ayuden a comprender que, aun en los momentos más duros, cada día que pasas en compañía de tus hijos está lleno de milagros.

Pon en práctica la atención plena, aunque no seas *hippie*

Hagas lo que hagas, pregúntate: ¿cuál es el estado de mi mente?

DALAI LAMA

La vida se ha vuelto muy estresante para muchos niños y sus ajetreados padres. Tanto estrés acumulado tiende a provocar ira y ansiedad. También perjudica el rendimiento académico porque perturba el pensamiento de los más jóvenes e interfiere en su aprendizaje. Dado que el estrés emocional suele mermar nuestra capacidad de aprender y recordar, es muy importante que los padres busquen formas de reducirlo en la vida de sus hijos, y enseñarles recursos para gestionarlo mejor.

Neurocientíficos de Wisconsin y psicólogos de Carolina del Norte están reuniendo pruebas científicas para demostrar la eficacia de un método increíblemente sencillo (y barato) para contrarrestar el estrés de la vida moderna. Los niños que juegan conocen por experiencia algo que los budistas descubrieron hace tiempo: el «poder del ahora», de vivir plenamente en el momento presente. También llamada *mindfulness*, «atención plena», «presencia atenta y reflexiva», esta forma de estar atentos a lo que sucede aquí y ahora incrementa en muchos sentidos nuestro bienestar, incluida la capacidad de gestionar el estrés.

Las personas que están así presentes tienden a confiar más en sí mismas, además de ser más extrovertidas y agradecidas. Son más tranquilas, menos neuróticas y ansiosas, y corren menos riesgo de padecer depresión, quizá porque experimentan menor número de emociones negativas y desagradables en términos generales. La atención plena se asocia también con:

- Sentimientos agradables y positivos más intensos y frecuentes.
- Mejor conocimiento de uno mismo, un elemento clave del autocontrol.
- Mayor empatía y compenetración con los demás.

Los niños que aprenden a «estar presentes» —que saben poner en práctica la atención plena— tienden a rendir más en el colegio porque les cuesta menos concentrarse y gestionan mejor las situaciones angustiosas. Cierto estudio demostró que los niños que practicaban la respiración con atención plena (véase «Haz la prueba: enseña a tus hijos a meditar», página 199) se relajaban con más facilidad y tomaban mejores decisiones en situaciones de conflicto. Prestaban más atención y, cuando se distraían, tardaban menos en recuperar la concentración. También pasaban menos nervios antes de los exámenes.

La atención plena contribuye al equilibrio emocional. Cuando no estamos en contacto con nuestras emociones —como cuando optamos por aislarnos para evitar el estrés—, la vida pierde sentido. En esas ocasiones, nos sentimos apáticos o deprimidos. Pero cuando las emociones nos dominan, cuando nos desbordan y tendemos a dramatizar (eso nos pasa a mis hijas y a mí cuando estamos agotadas), la vida se vuelve caótica y abrumadora. La praxis de la atención plena nos ayuda a encontrar ese difícil equilibrio entre el caos y el tedio, entre el drama y la insensibilidad.

Quizás uno de los grandes beneficios de la atención plena —sobre todo entre los niños demasiado impulsivos— sea que desarrolla la capacidad de pensar antes de actuar. Una simple pausa nos ayuda a considerar opciones en las que quizá no hubiéramos reparado de haber reaccionado con más precipitación. Ese gesto nos enseña a ser más flexibles, creativos y productivos.

Pero ¿qué es la atención plena?

Igual que la gratitud, el altruismo, la educación emocional y los vínculos sociales estrechos, la atención plena es un elemento más del fundamento de la felicidad. Jon Kabat-Zinn, el primer científico que trasladó la praxis budista de la atención plena a un programa secular para personas que padecían estrés y dolor crónico, la define como la «consciencia que emerge cuando nos esforzamos en prestar atención, en ese instante y de forma no sentenciosa, a la experiencia que se despliega momento a momento». El programa de Kabat-Zinn, «La reducción del estrés basada en la atención plena» (REBAP), ha sentado las bases de casi toda la teoría científica sobre el tema.

¿Por qué no tratas de estar presente aquí y ahora? ¿Qué sensaciones te recorren el cuerpo? ¿Qué pensamientos acuden a tu mente una y otra vez? ¿Puedes identificarlos y definirlos? ¿Estás experimentando alguna emoción? ¿Tensión? ¿Calma?

La atención plena no implica ausencia de emoción o un estado de calma total. Puedo estar triste —incluso llorar— y prestar atención consciente a la experiencia. Tampoco requiere no pensar en nada o experimentar un estado alterado de consciencia. De hecho, la atención plena a menudo adopta la forma de una conversación interna, una voz que describe la experiencia a medida que tiene lugar. «Estoy llorando tan desconsoladamente que noto cómo se me hinchan los ojos. Tengo el estómago revuelto. Oigo a las niñas arriba. Oigo el canto de un pájaro. Otra vez estoy pensando en mi madre. Voy a prestar atención a mi respiración. Inspiro. Expelo el aire.» Repara en la ausencia de enjuiciamiento que incluye la definición de Kabat-Zinn: expongo los hechos, no me castigo a mí misma por estar triste.

Prestar atención plena es lo opuesto a funcionar con piloto automático. Como comentábamos en el capítulo 6, hay ciertas cosas que, tanto nosotros como los niños, *debemos* hacer por hábito, sin pararnos a pensar. Sin embargo, podemos llevar a cabo cualquier actividad cotidiana con atención plena. Basta con que observemos nuestros actos y los hagamos conscientes. Cuando ponemos el piloto automático demasiado a menudo, oímos a nuestros hijos sin escucharlos de verdad, los miramos, pero no llegamos a verlos, hablamos sin saber lo que estamos diciendo. No estamos presentes, por así decirlo: tenemos la atención puesta en el futuro, tal vez planeando el fin de semana; o atascada en el pasado, preocupados por algo que ya pasó.

Estamos presentes cuando nos concentramos en lo que estamos experimentando, tanto interna como externamente, en tiempo real, aquí y ahora. ¿Eres capaz de reparar en cómo nace cada momento, en cómo lo experimentas y después se desvanece? A menudo practico la atención plena a la hora de comer. Tomo un bocado y me fijo en el sabor y el olor del alimento, reparo en su textura. Cuando trago, me doy cuenta de que he dejado de saborearlo; de que ese instante en particular se ha esfumado.

HAZ LA PRUEBA

Enseña a tus hijos a meditar. En serio

Podemos cultivar la atención plena con los niños a cualquier hora y en cualquier lugar. Basta con prestar atención al momento presente. Aunque no llegué a comprender del todo el poder de esta práctica hasta que no hube recibido algo de instrucción, no hace falta ser una lumbrera para captar la idea básica. Para empezar, prueba a hacer unos sencillos ejercicios. (Si quieres profundizar más, busca un programa de REBAP de ocho semanas o asiste a clases de meditación. Según mi experiencia, la ventaja de las clases no radica tanto en la información adicional que proporcionan —que puedes encontrar en cualquiera de los muchos títulos sobre presencia y meditación— como en la constancia que te exigen, que te ayudará a hacer de la meditación un hábito regular.)

Meditar con uvas pasas

Casi todos los cursos de REBAP empiezan con un ejercicio sencillo pero intenso para experimentar la atención plena. He aquí cómo hacerlo.

1. Entrega tres uvas pasas a cada uno de tus hijos. Si no tienes, prueba con granos de maíz.

2. Lee el texto siguiente en un tono tranquilo y pausado.

   Vamos a mirar estas pasas y a imaginar que nunca en la vida hemos visto una.

Coged la primera.

Concentraos en la sensación que os produce el hecho de tenerla entre los dedos.

Fijaos en su color.

Ahora reparad en los pensamientos que os suscita.

Observad si estáis albergando pensamientos o sentimientos de agrado o desagrado hacia el fruto.

Acercaos la pasa a la nariz y oledla durante un rato.

Ahora lleváosla despacio a los labios y tratad de reparar en todo lo que estáis pensando, sintiendo y oliendo.

Advertid cómo el brazo hace avanzar la mano hacia la boca.

Fijaos en la saliva que inunda la boca cuando la mente y el cuerpo se anticipan al acto de comer la pasa.

Lleváosla a la boca y masticadla despacio, saboreándola.

Dejadla ahí.

Cuando estéis listos para tragar, advertid cómo el cuerpo reacciona de manera automática al impulso.

Si habéis terminado, coged la segunda pasa y comedla con normalidad, como lo haríais si no estuvierais realizando un ejercicio de atención plena. A continuación, comeos la tercera igual que la primera.

Una vez finalizado el proceso, intenta trasladar toda esa atención intensa y presente a las actividades cotidianas —ducharte, desplazarte al trabajo, hacer la compra, cenar..., o quizá cuando tu hija te pida que te tomes mil y un cafés de mentirijillas— y anima a los niños a hacer lo mismo. La atención plena se puede poner en práctica en cualquier parte, a cualquier hora.

Meditar con atención plena

Meditar a diario acarrea beneficios concretos tanto a los adultos como a los niños. A veces, esta praxis supone un reto porque requiere disciplina. Considérala una nueva destreza que exige práctica diaria. Se trata de un ejercicio sencillo que puedes realizar en cualquier parte, con poco tiempo o preparación. He aquí algunas instrucciones para empezar a meditar con atención plena. Puedes seguirlas tú mismo o enseñárselas a tus retoños. Me encanta meditar con mis hijas; ninguna otra actividad nos centra tanto en menos de cinco minutos.

1. Siéntate en una silla o en el suelo, sobre un cojín. Busca una postura que te resulte cómoda, con la espalda recta, pero relajada. Si quieres apoyarte en el respaldo de la silla o tumbarte en el suelo, no hay problema. (Yo nunca me tiendo para meditar, porque me duermo.)

2. Apoya las manos en el regazo, cierra los ojos e inspira unas cuantas veces.

3. Presta atención a la respiración, concentrándote en las sensaciones físicas. ¿Qué sientes cuando el aire frío entra por la nariz y cuando expeles aire caliente? Sé curioso. ¿Qué sensación experimentas cuando el abdomen se expande y después se contrae, a medida que inspiras y espiras?

Este ejercicio puede durar un minuto o una hora. Fija un lapso de tiempo que te parezca factible y agradable para todos. Empieza poco a poco y ve alargando después las sesiones. Lo más importante es crear una rutina: en la mayoría de los casos, cinco minutos diarios dan mejores resultados que una sesión de una hora una vez al mes. He aquí algunos otros detalles que debes tener presentes:

• Si tu mente tiende a divagar o te das cuenta de que no estás prestando atención a la respiración, limítate a recuperar la concentración. Distraerse es normal y no debe preocuparnos ni hacernos sentir mal; sencillamente, observa tus pensamientos y vuelve a fijarte en la respiración. En eso consiste la meditación: observas cómo respiras, la mente divaga, reparas en la distracción, identificas los pensamientos, los aceptas, vuelves a prestar atención a la respiración..., una y otra vez.

- Si meditas con niños pequeños, tal vez sea la primera vez que prestan atención a su respiración. De ser así, les puede extrañar el ejercicio (¡y a ti también!). No hay que cambiar la manera de respirar, ni retener el aliento, inspirar más profundamente, acelerar el proceso o ralentizarlo. Limítate a observar cómo tu cuerpo respira sin tu ayuda.

- Contar las inspiraciones puede ayudar a los más jóvenes a mantener la concentración. Si su mente empieza a divagar y pierden la cuenta, sólo tienen que observar en qué estaban pensando y volver a empezar de cero.

- Tal vez te sorprenda lo mucho que cuesta concentrarse en el acto de respirar. Sin embargo, he descubierto que la meditación me beneficia por más que mi mente se empeñe en divagar.

- Recurre a la respiración consciente en la vida diaria y anima a tus hijos a hacer lo mismo. Cada vez que estoy nerviosa, aturullada o enfadada —también antes de iniciar un nuevo proyecto y cuando me levanto por la mañana—, respiro cinco veces prestando tanta atención como puedo reunir.

La crianza con atención plena

La atención plena no sólo ayuda a los niños a superar el estrés de la vida moderna; también contribuye a hacer de ti un progenitor mejor. Quizá mucho mejor. De hecho, si al finalizar el libro sólo recordases la parte de la presencia, aun así la conducta de tus hijos mejoraría gracias a tus nuevos conocimientos. Así lo afirma la ciencia. Ni siquiera tienes que iniciar a tus pequeños en la práctica.

Has leído bien. Un grupo de psicólogos y trabajadores sociales de Virginia han llevado a cabo un descubrimiento fascinante: la praxis de la atención plena no sólo disminuye el estrés e incrementa el placer de la crianza, también aporta grandes beneficios a los hijos. Los padres que apostaron por una crianza con atención plena a lo largo de un año se declararon profundamente satisfechos de sus destrezas parentales más allá de lo que la atención plena les hubiera aportado. En el transcurso de aquel año, la conducta de los retoños de aquellos padres conscientes también había cambiado para bien: se llevaban mejor con sus hermanos, eran menos agresivos, y sus habilidades sociales se habían incrementado. Y lo único que hicieron sus padres fue practicar la atención plena.

Así pues, ¿cómo se cría con atención plena? La respuesta breve sería: practicando mucho. Estoy muy versada en esa praxis, pero me queda mucho por aprender. He aquí un ejemplo real de crianza sin atención plena: esta mañana, todas nos hemos dormido. Fiona no me hacía ni caso. Cuando le he pedido que se vistiera, se ha puesto a jugar a las palabras con un cuento Mad Libs.* Cuando le he gritado desde la otra habitación: «¿Has dado de comer al perro?», se le ha ocurrido ir a buscar al gato, que estaba fuera. Sin darme cuenta, estaba cada vez más enfadada con ella. Unos mapaches habían invadido la casa durante la noche, y hemos tenido que echarlos. La cacería nos ha dejado a todas exhaustas y de mal humor. Yo misma no estaba lista para salir y los inminentes plazos de entrega me tenían preocupada.

Me he puesto a espetar órdenes: «¡Fiona! ¡Vístete!», para continuar después con una perla: «¡Fiona! ¿Qué pasa contigo? ¡Parece que tengas tres años en vez de ocho! ¿Tengo que entrar ahí y vestirte yo misma?» Que conste que nunca me ha servido de mucho ofender a mis hijas, y tampoco en esta ocasión. Fiona ha montado en cólera y se ha puesto a gritarme cosas como: «¡No pienso escucharte si me insultas!», lo cual no me ha ayudado precisamente a tranquilizarme.

---

* Juego muy popular entre los niños estadounidenses, que consiste en rellenar los espacios en blanco de un cuento mediante las palabras de una lista preconfeccionada. (*N. de la T.*)

Si pudiera rebobinar la mañana y reiniciarla prestando atención plena, todo habría sido muy distinto. Habría bastado con observar la situación. Reparar en que estaba nerviosa y cansada. Advertir que el agotamiento le había pasado factura a Fiona también, que estaba hiperactiva y sensible. Comprender que, por mucha prisa que nos diéramos, no llegaría puntual al trabajo. Aceptar los hechos sin enjuiciarlos —en vez de empeñarme fútilmente en transformarlos o castigarme a mí misma por no haber oído el despertador— me habría dejado espacio para discurrir alternativas más constructivas. Tal vez incluso habría reunido la atención plena necesaria para ayudar a Fiona a comprender que el cansancio le impedía centrarse. En ese caso, habría podido azuzarla de forma más cariñosa, demostrarle empatía, ofrecerle una explicación racional y proponerle alternativas (para más información al respecto, véase el capítulo 6).

En mi opinión, las claves de la crianza con atención plena son las siguientes: en primer lugar, párate a observar lo que está pasando (y lo que piensas o sientes). En segundo lugar, acepta los hechos sin enjuiciarlos. Si quieres ser un padre o una madre más consciente —y beneficiarte de las ventajas que ello acarrea—, te recomiendo encarecidamente el libro que Myla y Jon Kabat-Zinn han escrito sobre el tema, *Everyday Blessings: The Inner Work of Mindful Parenting.* Lo que más me gusta es el epílogo: siete propósitos y doce ejercicios para educar a los hijos en la atención plena.

Deja que los niños jueguen

La mayoría de niños pone en práctica la atención plena —disfrutar al máximo del momento presente— cuando juegan. Pero los pequeños de hoy juegan cada vez menos, en casa y al aire libre. En cambio, muchos de ellos dedican una cantidad de tiempo considerable a actividades organizadas como el deporte o los programas extraescolares; otros pasan largos ratos delante del ordenador. En conjunto, el tiempo que los más jóvenes dedican al juego libre, no estructurado y espontáneo, se ha reducido en ocho horas por semana a lo largo de las últimas dos décadas.

¿Debemos preocuparnos? ¿Tendríamos que borrar a los niños de las clases de piano para que pudieran disfrutar de más horas de juego en el parque? Los investigadores atribuyen en parte los retrasos de desarrollo cognitivo y emocional de la infancia actual a la espectacular reducción de las horas de juego no estructurado. En el capítulo 7 comentábamos que la capacidad de un niño para autorregularse —su destreza para controlar las emociones, regular la conducta y resistir los impulsos— ha empeorado respecto a la de los pequeños de hace sesenta años. Según el estudio que estableció que, en la actualidad, los niños de cinco años demuestran la misma capacidad de autocontrol que los de tres en 1940, el factor clave para incrementar el autocontrol no es la disciplina sino el juego.

Los científicos aventuraron que los pequeños regularían mejor su conducta —en aquel caso, permanecer quietos— si *jugaban* a no moverse en vez de sostener la postura por motivos arbitrarios. En el experimento original, se les pidió que fingieran ser vigilantes de una fábrica. Aquella pizca de juego imaginativo ayudó a los niños de cinco y seis años a permanecer inmóviles de tres a nueve minutos.

Sin embargo, cuando la psicóloga rusa E. O. Smirnova repitió el experimento cincuenta años más tarde, no sólo descubrió que la capacidad de seguir instrucciones se había reducido a la mitad entre los niños de todas las edades, sino que jugar a que eran vigilantes no ayudaba a los de cinco y seis años a mantener la postura. Los investigadores concluyeron que aquel declive en la capacidad infantil de autorregulación se debía a la reducción del tiempo que los niños dedicaban a jugar (recuerda, tenían menos práctica en el juego simbólico).

Salta a la vista que el juego acarrea grandes beneficios; mucho más importantes que aprender cómo se genera el vapor o que hacer un poco de ejercicio. Además de ayudar a los niños a autorregularse, el juego libre dirigido por ellos mismos (con o sin adultos) contribuye al bienestar intelectual, físico, social y emocional. También les enseña a trabajar en grupo, a compartir, a negociar, a resolver conflictos, a gestionar sus emociones y conducta y a expresar sus necesidades. «Neurólogos, biólogos evolutivos, psicólogos, científicos sociales e investigadores de todo el espectro científico saben a día de hoy que el juego es un proceso biológico fundamental», dice Stuart Brown, pionero en Estados Unidos de las investigaciones sobre el tema. El juego «moldea el cerebro y hace a los animales más inteligentes y adaptables», afirma. Desarrolla la empatía en los niños y constituye la base misma de la creatividad y la capacidad de innovación. Por todo ello, la capacidad de jugar contribuye enormemente a la felicidad.

Puesto que el juego es tan beneficioso, no debemos sentirnos culpables por jugar. No es una pérdida de tiempo para los adultos y, desde luego, tampoco para los niños. Actúa como un catalizador que nos vuelve más productivos y felices en todo lo que hacemos. Y constituye una actividad fundamental para el desarrollo neurológico infantil. De modo que, como padres conscientes, debemos vencer el impulso de sacrificar el juego de toda la vida a cambio de actividades para preescolares y deportes estructurados.

De hecho, una escolarización temprana no necesariamente implica un mejor rendimiento, e incluso podría ser perjudicial. Según demostró cierto estudio, los niños escolarizados en preescolar no hacen gala de más habilidades lectoras o matemáticas que aquellos que asisten a un parvulario centrado en el juego, pero sí presentan niveles más altos de ansiedad. Como comprobarás en el capítulo 9, los niños sometidos a presión académica eran menos creativos y demostraban más prevención hacia la escuela que los preescolares de centros basados en el juego.

La buena noticia es que, si bien los niños necesitan tiempo y espacio para «perfeccionar el juego», todos saben jugar por instinto. Los adultos deberían respetar el juego infantil considerándolo un mecanismo innato para adquirir inteligencia social, desarrollar la creatividad y ser más felices. Los padres, por otra parte, tal vez debamos reaprender lo que un día fue nuestra segunda naturaleza. He aquí tres claves que debes tener presentes cuando juegues con tus hijos.

- *Deja que los niños lleven la voz cantante.* Cuando nos vemos a nosotros mismos diciendo cosas como «Me gusta ese juego, pero

¿por qué no dejas que Sarah sea la hija y tú haces de padre?», posiblemente los estamos invadiendo. No corrijas el juego de tus hijos a menos que se comporten con agresividad. Si adviertes que estás frunciendo el ceño o mirando al cielo porque los niños no juegan como a ti te gustaría, hazte a un lado y deja que sean ellos quienes dirijan la función.

- *No juegues con tus hijos a cosas que te aburren.* Pasa tiempo con los más jóvenes haciendo cosas que *a ti* te divierten (pero sin tomar la voz cantante). Me encanta tirarme por el suelo con mis hijas, pero el juego simbólico no me divierte tanto, así que procuro zafarme de esa parte para no transmitir a las niñas el mensaje de que es aburrido. No hay problema por hacerse a un lado y dejar que jueguen solos o con otros compañeros, sobre todo cuando ya tienen cuatro o cinco años. Los pequeños aprenden a entretenerse a solas, y también con otros amigos. Lo más importante es hacerles comprender que valoras y apoyas su juego... y el tuyo.

- *El juego simbólico es particularmente beneficioso, de modo que deja mucho tiempo a los niños para ponerlo en práctica.* Los amigos imaginarios no indican que tu hijo esté loco ni que tenga problemas, sólo que es más abierto que otros niños y, por tanto, más propenso a sonreír y disfrutar en situaciones sociales. Inventar personajes y fingir conversaciones con peluches, juguetes o amigos imaginarios es un modo saludable de desarrollar la capacidad de concentrarse y de prestar atención a otros niños. Representar escenas con dos o más compañeros estimula el desarrollo social e intelectual, lo que a su vez contribuye al éxito académico.

Cuanto más complejo sea el juego imaginativo, mejor. Asegúrate de dar tiempo a los niños para desarrollarlo: media hora como mínimo, pero mejor si son varias. Anima a los pequeños a utilizar objetos simbólicos —un palo como varita mágica, una caja como casa o coche—

en vez de juguetes prefabricados. A los niños mayores se les pueden proponer unas clases de teatro o unirse a un centro excursionista. Pero recuerda: una clase de ballet no es lo mismo que improvisar una coreografía con los amigos en el jardín.

HAZ LA PRUEBA

Cinco formas de fomentar la creatividad

Para desarrollarse correctamente, los niños, además del juego imaginativo, necesitan creatividad. La mayoría de gente considera la creatividad un talento innato que sus hijos tienen o no. Piensan que, igual que hay niños más o menos inteligentes, los hay más o menos creativos. En realidad, la imaginación tiene más de destreza que de talento innato, y los padres pueden contribuir a desarrollarla.

Como en ella radica el éxito de casi todo lo que emprendemos, la creatividad constituye un factor primordial de la salud y la felicidad, y una habilidad fundamental que debemos trabajar con los niños. No se limita a las expresiones artísticas y musicales, porque de ella se nutren la ciencia, las matemáticas, e incluso la inteligencia social y emocional. Las personas creativas son más flexibles y resuelven los problemas con más facilidad, lo que las ayuda a adaptarse a los avances tecnológicos y a los cambios, y también a beneficiarse de las nuevas oportunidades.

Muchos investigadores sostienen que hemos alterado radicalmente la experiencia de la infancia en una dirección que merma el desarrollo creativo. Las fábricas de juguetes y la industria del entretenimiento alimentan a los niños con una corriente imparable de personajes, imágenes, objetos y argumentos prefabricados que hacen innecesario e incluso anticuado el juego imaginativo. Los pequeños ya no necesitan imaginar que un palo es la espada del juego o historia que se han inventado. Pueden representar las escenas de *La guerra de las galaxias* con sables de luz de plástico y disfraces diseñados para el papel que han escogido.

A continuación expongo algunas ideas para desarrollar la creatividad de tus hijos.

1. Convierte tu hogar en un laboratorio de creatividad. A la hora de comer, por ejemplo, organiza propuestas de ideas para el fin de semana siguiente y anima a los niños a discurrir cosas que nunca hayan hecho antes. Evita señalar la imposibilidad de algunas propuestas o valorar qué ideas son las mejores. Céntrate en el proceso de generar (en lugar de evaluar) nuevas ideas.

   Otro modo de fomentar un ambiente creativo en casa consiste en animar a los niños a correr riesgos, cometer errores y fracasar. Sí, fracasar. En su libro *La actitud del éxito*, la investigadora de Stanford Carol Dweck demuestra que los niños que temen el fracaso y el juicio ajeno reprimen su propio pensamiento creativo. Comparte los errores que hayas cometido recientemente con los más jóvenes para transmitirles la idea de que no pasa nada por meter la pata.

2. Ofrece a tus hijos libertad y autonomía para explorar sus propias ideas. Para mí, esa actitud me obliga a reprimir mi tendencia a mangonear. Las restricciones externas —obligar a los pequeños a pintar dentro de las líneas, por así decirlo— disminuyen el pensamiento creativo. En el transcurso de otro estudio, los niños dieron muestras de menor creatividad cuando los investigadores les enseñaron cómo montar un avión o un camión con piezas de Lego, frente a aquellos que disfrutaron de libertad para hacer lo que quisieran con el juego.

3. Anima a tus hijos a leer por placer y a hacer manualidades en lugar de mirar la televisión. Los trabajos del especialista en salud infantil Dimitri Christakis han demostrado que ver la televisión antes de los tres años puede frenar el desarrollo del lenguaje y reducir el intervalo de atención en etapas posteriores. Los trabajos del investigador holandés T. H. Van der Voort apuntan a que

mirar la televisión tiende a reducir la imaginación de los niños, y que los programas violentos se asocian con una disminución del juego imaginativo y un aumento de agresividad. Menos tiempo delante de la tele se traduce en más tiempo para actividades creativas, como ensayar una obra, aprender a dibujar o leer todos los libros de su autor favorito.

4. No caigas en la tentación de premiar a los niños por sus actos creativos. Un estudio llevado a cabo por la investigadora de desarrollo infantil Melissa Groves desveló que los incentivos interfieren en el proceso creativo porque reducen la flexibilidad del pensamiento. En lugar de estimular a los más jóvenes con premios e incentivos, los padres debemos hacernos a un lado para que los pequeños se enfrasquen en las actividades creativas que los motivan por sí mismas.

5. Deja de preocuparte tanto por los logros de tu hijo. Éste, creo yo, es uno de los mayores retos que nos toca superar a los padres del ultracompetitivo mundo actual. Pero el trabajo de Dweck es claro al respecto: los niños adquieren confianza cuando prestamos atención al proceso y no al resultado. No es un consejo fácil de seguir cuando lo niños llegan a casa con el producto final de un proyecto artístico. Pero tanto si trabajan en casa como en el aula, podemos hacer hincapié en el proceso creativo mediante preguntas. ¿Cómo lo has hecho? ¿Lo has terminado? ¿Qué te ha gustado más de la actividad? ¿Te has divertido?

Saborear el presente, reproducir el pasado

La vida no es un ensayo general. Cada día deberías experimentar al menos un momento exquisito.

SALLY KARIOTH

Por la noche, antes de apagar la luz, les pido a mis hijas que me digan al menos tres cosas buenas que les han sucedido durante el día. ¿Qué ha ido bien a lo largo de la jornada y por qué? Aunque por lo general busco conocer detalles de lo acaecido mientras no estaban conmigo (y también animarlas a poner en práctica la gratitud), casi siempre consideran que lo que está pasando «justo ahora» es uno de los mejores momentos del día. No dicen «justo ahora» para no tener que pensar en otra cosa, sino porque disfrutar del momento presente es un lujo, y lo saben.

Un día, sentada en mi regazo mientras me hacía trenzas en el pelo, Molly me miró y me dijo: «Ay, mamá, este momento va a ser una de mis tres cosas buenas». Algo que había comenzado como un ejercicio diario de gratitud había enseñado a mi hija lo que los investigadores llaman el «saboreo»: literalmente, pararse a oler las rosas. Saborear así el momento presente activa la parte del cerebro que registra las emociones positivas, nos ayuda a soportar mejor el estrés y fortalece nuestro sistema inmunitario. El hábito de saborear se relaciona con «una felicidad intensa y frecuente».

Prestar atención plena, jugar y saborear —detenerse a disfrutar de algo que nos hace sentir bien— son estrategias para ejercitar la «mentalidad de superación» de la que hablábamos en el capítulo 3. Nos ayudan a reparar en el proceso de la vida más que en el resultado final. Disfrutar el instante presente enseña a los niños a no posponer la felicidad.

Como el saboreo amplía e intensifica el deleite, constituye una divertida estrategia para fomentar la felicidad y un excelente ejemplo para los niños. Cuando disfrutamos y nos enorgullecemos de nuestros hijos, estamos saboreando. Cuando contamos una historia que les hace llorar de risa o rememoramos un momento feliz que reaviva su alegría, estamos saboreando. (En mi casa lo hacemos recordando escenas divertidas de las películas.) Cuando nos deleitamos en los placeres sencillos, como una cena en familia o un brote en el jardín, estamos saboreando. Aunque la teoría parezca más fácil que la práctica, en realidad basta con pararse a pensar lo que nos gusta de criar a nuestros hijos, o lo que nos hace disfrutar de este preciso instante.

Otra forma, menos instintiva, de saborear una experiencia consiste en recordarnos —y recordar a los niños— que nada dura para siempre. Es un modo agridulce de disfrutar las alegrías de la vida: reparar en el momento mientras aún lo tenemos. Ayer, estaba sentada en un banco del parque con mis dos hijas tomando un helado. Nos moríamos de risa tratando de cazar las gotas que resbalaban e intentando acabar las primeras dando unos bocados enormes. Yo sabía que toda aquella experiencia —tan rebosante de felicidad— habría terminado antes de que me diese cuenta, y se lo dije a las niñas: «Qué divertido, ¿verdad? Este momento va a ser una de mis tres cosas buenas de hoy. Ojalá durara para siempre, pero me voy a acabar el helado en un abrir y cerrar de ojos». Fiona, que había estado escuchando mis meditaciones budistas, me dijo: «No pasa nada, mamá. Todo es temporal». Por lo general, evoco esa idea (la ley budista de la no permanencia) cuando se rompe un juguete o una flor muere. Fiona me recordó que reconocer la naturaleza fugaz de un momento feliz intensifica los sentimientos positivos.

He aquí algunas pautas más para saborear el instante:

- Imagina que estás experimentando determinado acontecimiento por última vez. El otro día, viendo la puesta de sol detrás de San Francisco, les dije a las niñas (que empezaban a impacientarse): «¿Y si ésta fuera la última puesta de sol que vierais en vuestra vida? ¿Qué os gustaría recordar de ella?» Entonces nos turnamos para señalar lo que nos parecía más hermoso y conmovedor mientras admirábamos absortas el rápido cambio de paisaje. Este ejemplo te ayudará a entender que saborear no consiste sólo en experimentar sentimientos positivos; se trata más bien de percibir el sentimiento a través de los ojos de un periodista curioso en el momento en que se produce, y después transmitirse esas impresiones a uno mismo y luego a los demás.

- Practica la gratitud. El agradecimiento constituye una buena estrategia para saborear (véase el capítulo 4 para saber más acerca de cómo fomentar la gratitud en los niños). De hecho, si el agradecimiento contribuye tanto a la felicidad es, en parte, porque nos impide dar por sentadas las buenas experiencias.

- Evita la multitarea. Las investigaciones señalan que cuando tratamos de hacer varias cosas al mismo tiempo tenemos dificultades para saborear cualquier experiencia o sentimiento positivo. Me doy cuenta de eso cuando quiero acabar algo (como contestar un *e-mail* o un mensaje del *iPhone*) mientras estoy pasando el rato con mis hijas. No es sólo que me impida divertirme con ellas en el parque; la multitarea me impide pasarlo bien y también jugar con ellas, aparte de que arruina cualquier placer que pudiera proporcionarme la escritura del *e-mail*. En pro de la eficacia, borro los *e-mails* de broma sin leerlos, gracias a lo cual ahorro treinta segundos, pero me pierdo la oportunidad de reírme.

- Procura dar nombre a los sentimientos positivos. Si bien, por lo general, tendemos a ofrecer orientación emocional a los niños (véase capítulo 5) cuando están decaídos, señalar y definir específicamente las emociones positivas también es beneficioso: la orientación emocional durante los momentos agradables aumenta la capacidad de los más jóvenes de saborear. (Si, por lo general, a las mujeres se les da mejor saborear que a los hombres es, en parte, porque son más conscientes de sus sentimientos.) Pregunta a los niños cómo se sienten cuando parezcan felices, igual que lo harías justo antes de una pataleta. ¿Cariñosos, sosegados, llenos de energía, animados, emocionados, poderosos, cómodos? ¿La situación les parece particularmente divertida, satisfactoria, reconfortante, inspiradora?

- Comparte tus experiencias y sentimientos positivos con los demás, y anima a los pequeños a hacer lo mismo. Cuanto más expresamos nuestras emociones agradables a los demás, más disfrutamos de los acontecimientos positivos. Expresar lo que sientes amplificará tu sensación de dicha. Los abuelos suelen ser excelentes interlocutores en estos casos. A la abuela de Fiona y Molly, que vive en Maryland, le encantó oír la historia del concurso de helados, por ejemplo, y la alegría de las niñas se multiplicó cuando la compartieron con ella.

- Haz que los niños recuerden el tiempo de espera. Rememorar el tiempo de espera es otro modo de reparar en que las cosas positivas pueden ser fugaces, y que a menudo nos toca aguardar mucho tiempo a que algo especialmente agradable suceda. Yo lo hago casi todas las noches, cuando me acurruco con las niñas antes de irnos a la cama y les digo que llevo todo el día esperando ese momento especial con ellas. Me parece asimismo una manera maravillosa de saborear las relaciones que son importantes para mí, pero que, por la razón que sea, me están provocando cierta irritación. Me paro a pensar que debo a mis seres queridos gran parte de mi felicidad actual, y que en otras circunstancias habría dado cualquier cosa por tener los amigos y la familia que tengo.

Saborear multiplica el placer. Y si bien deleitarse intensifica también los sentimientos positivos que nos provoca determinada situación, lo más importante es prolongar la situación positiva, porque la duración de nuestros sentimientos y experiencias agradables, más que su intensidad, es el mejor pronóstico de nuestra felicidad global.

Ayuda a tus hijos a fluir

Después de haberme extendido tanto con la atención plena y el juego, sería una negligencia por mi parte no dedicar unas líneas a hablar del «fluir»: ese estado de paz interior que experimentamos cuando estamos tan absortos haciendo algo que nos encanta, que el tiempo parece detenerse. Me encanta cómo lo describe Mihaly Csikszentmihalyi, el mayor experto del mundo en el tema.

[Una] persona que fluye está absolutamente concentrada (...) La conciencia de sí misma desaparece, pero percibe las sensaciones con más intensidad de la habitual. Cuando una persona está rindiendo al máximo en cuerpo y mente, con todo su ser, lo que sea que hace merece la pena por el mero placer de hacerlo. La vida se justifica a sí misma.

Entre los adultos, este estado se da cuando nos hallamos tan absortos en el trabajo que nos olvidamos de comer, o cuando un atleta está «en la zona». En mi caso, la señal de que estoy fluyendo es una taza olvidada en el microondas, porque he puesto a calentar agua para prepararme un té, y después me he enfrascado tanto en el trabajo que no he oído el pitido ni he echado de menos la cafeína. Fluir es una forma de atención plena en tanto que supone una intensa implicación experiencial en una actividad del momento presente; implica fundirse con la acción y la consciencia. Cuando estamos «fluyendo», rendimos al máximo.

Los niños experimentan el flujo constantemente. El juego constituye la forma de fluir que más a menudo asociamos con la infancia. Cuando Molly y sus mejores amigas, Kate y Anna, están absortas en su juego simbólico, podemos hablar de flujo. Todas tienen mucho carácter (algunos dirían que son obstinadas), de modo que crear un juego imaginativo al gusto de todas no siempre les resulta fácil. En cierto sentido, jugar juntas constituye para ellas un desafío de desarrollo ideal: se ven obligadas a negociar constantemente las necesidades mutuas para que el juego progrese. No es fácil, pero sí posible. Este aspecto nos revela una de las claves del flujo: el reto no puede ser tan complicado como para provocar frustración o ansiedad, pero tan poco tan fácil como para suscitar aburrimiento o pérdida de interés.

He aquí por qué la felicidad que los niños obtienen del juego sobrepasa con mucho a la que les pueda proporcionar ver la televisión, que no requiere ningún esfuerzo o destreza en absoluto. Y ésa es una de las lecciones más importantes que debemos tener en cuenta si queremos sembrar en la infancia las semillas de la felicidad adulta: los niños aprenden a fluir cuando los padres los empujan a participar en actividades que fomentan ese estado; es decir, aquellas que representan un desafío para ellos y les reportan una respuesta inmediata.

Igual que el juego, fluir contribuye de manera importante al crecimiento y desarrollo de los más jóvenes. Experimentar ese fluir anima a los niños a buscar los retos que necesitan para adquirir destrezas diversas. Experiencias de fluir frecuentes garantizan cualidades como la esperanza y la perseverancia —ambas cruciales para el éxito y la felicidad infantiles— en tanto que les enseñan que el esfuerzo produce algo significativo y maestría. Además, fluir ayuda a los niños a estar a gusto en soledad para poder concentrarse más en las destrezas que necesitan para rendir bien, sin importales cómo aparecen sus logros ante los demás.

He aquí algunas formas de facilitar a los niños la experiencia de fluir.

- Enséñales las habilidades necesarias para dominar una actividad. Cuando los desafíos empiezan a superar sus posibilidades, primero se ponen alerta y luego nerviosos. Si adviertes ansiedad en ellos, intervén y proporciónales recursos para que puedan volver a fluir.

- Ayúdales a buscar el siguiente reto. A medida que un niño adquiere dominio sobre una actividad, puede perder el interés en ella. Enseñar a los niños a encontrar el equilibrio entre sus destrezas y los desafíos los mantiene implicados.

- Enséñales que se trata más de aprender a fluir que de dejarse llevar por la corriente, por así decirlo. Los niños deben poseer la suficiente autodisciplina para mantener la atención y el esfuerzo durante los períodos de inseguridad y aburrimiento.

- El estilo educativo también puede favorecer el flujo. Los padres con autoridad (¡lo contrario de autoritarios, recuerda!) —esos que combinan las reglas y las altas expectativas con ocasiones de elección y autoexpresión— ofrecen a sus retoños más oportunidades de fluir. El secreto radica en combinar los estímulos con la firmeza, y recordar que, a veces, apoyar a los niños implica permitirles abandonar cuando algo les cuesta demasiado. Los hijos cuyos padres los apoyan *y* los desafían tienen, durante más tiempo a lo largo del día, la sensación de fluir. En cambio, los niños cuyos progenitores los retan constantemente sin ofrecerles además cariño y apoyo dicen pasar muchos ratos malos a lo largo del día. Y, por último, los hijos que encuentran apoyo en sus padres pero ningún desafío, tienden a pasar mucho tiempo holgazaneando, enfrascados en actividades quizá divertidas, pero nada productivas.

Igual que el juego y la atención plena, fluir consiste en un proceso —implicarse en el momento presente— en el cual el resultado final no importa demasiado.

NUEVE

Noveno paso: Preocúpate del entorno para su felicidad

A lo largo de la historia, personas de todas las culturas han dado por supuesto que el entorno influía en la conducta. Hace más de dos mil años, la reflexión de Hipócrates de que el contexto determinaba nuestro bienestar fue adoptada como piedra angular de la medicina occidental. Ahora, la ciencia moderna acaba de confirmar que nuestros actos, pensamientos y sentimientos no sólo dependen de los genes y la neuroquímica, la historia y las relaciones, sino también de nuestro entorno.

WINIFRED GALLAGHER

Hace poco, mi buena amiga Dana sacó a su hijo, alumno de segundo, de la escuela pública de la localidad —una bastante buena para Oakland, California, pero aún con algunos vestigios pueblerinos— y lo matriculó en un colegio católico. Justificó la decisión diciendo que se había hecho amigo de unos niños que lo alentaban en sus travesuras, las típicas que cometen los niños para llamar la atención, y que, con el tiempo, aquello podía llegar a ser un problema. Quería, según sus propias palabras, «reducir el abanico de normalidad» para disminuir las posibilidades de que su hijo acabara convertido en un inadaptado con problemas de drogas.

¿Qué padre o madre no ha sentido ese miedo, ese deseo de controlar con quién se relacionaba su hijo? Tememos que si los niños quedan expuestos a «malas» influencias o a «malos» vecindarios se juntarán con lo peor y los perderemos para siempre. Nos preocupa no tener ningún control; buscamos hacernos con el mando modificando el entorno. ¿Es posible? ¿Podemos modificar el entorno de nuestros hijos para que sean más felices?

La pregunta es peliaguda, ya lo creo. Como socióloga, he estudiado en profundidad qué hace a ciertas estructuras sociales —familias, escuelas, negocios— más proclives a fomentar ciertas emociones y a inhibir otras. ¿Por qué algunas empresas obtienen de sus empleados una creatividad y alegría considerables mientras que otras apenas arrancan humor negro y una productividad mínima? ¿Por qué algunos colegios parecen fomentar la gratitud y el sentimiento de comunidad mientras que otros se enquistan en el pasotismo y los valores materialistas? Este libro trata de cómo construir familias que cultiven emociones positivas en los niños; en este capítulo abordaremos algunos de los factores que más influyen en la felicidad y que no pertenecen al ámbito familiar. ¿Qué tipo de guarderías y escuelas incrementan las posibilidades de que nuestros hijos sean felices? ¿De verdad nuestros retoños necesitan instalaciones de última tecnología y conocimientos sofisticados? ¿Hasta qué punto deberíamos proteger a los niños? Y, en último término, ¿en qué medida tenemos control sobre el entorno?

Estar leyendo (y escribiendo) un capítulo como éste es un privilegio; no todo el mundo tiene la suerte de tener siquiera un mínimo control sobre el contexto. Muchas familias sencillamente no poseen los recursos necesarios para sacar a sus hijos de una escuela pública, como hizo mi amiga, ni tienen la posibilidad de elegir el tipo de guardería que quieren para su retoño. No obstante, aun cuando nuestros recursos sean limitados, podemos improvisar algún que otro apaño para nosotros y nuestros hijos. Y cuando disfrutamos de una posición socieconómica que nos permite tomar grandes decisiones acerca del entorno y la cultura en los que se van a criar nuestros pequeños, debemos comprender la idiosincrasia de las distintas opciones con el fin de construir una sociedad mejor —más feliz— para todos los niños.

Un parque para las ratas

Mi metáfora favorita acerca de cómo crear estructuras sociales que fomenten el bienestar procede de una serie de experimentos diseñados por el investigador Bruce Alexander, especializado en la adicción a las drogas. Hacia finales de la década de 1970, Alexander empezó a desconfiar de las investigaciones que concluían más allá de toda duda que la adicción a las drogas se debía a un desequilibrio neurológico de nacimiento y no a factores de tipo ambiental. Viendo a sus ratas pulsar como maníacas las palancas que les inyectaban narcóticos directamente en la vena, Alexander no podía evitar pensar que, si él fuera una rata atrapada en una jaula, haría exactamente lo mismo; no tanto por la droga en sí como por las horribles circunstancias. Conectadas a las drogas mediante catéteres implantados quirúrgicamente, encerradas en cajas, aisladas de sus colonias, privadas de cualquier actividad a la que tiende una rata de forma natural —jugar, pelearse, holisquear, aparearse—, lo único que les quedaba era «colocarse» pulsando una palanca. *No es de extrañar que se hagan adictas a los narcóticos con tanta rapidez.*

Alexander se preguntó: ¿se engancharían las ratas a las drogas si sus circunstancias no fueran tan atroces? Para averiguarlo, construyó lo que él denomina «el parque de las ratas», un cielo en la tierra para roedores. Reunió a las ratas de laboratorio con sus amigas y familiares en recintos doscientas veces más grandes que las jaulas normales de laboratorio, y los equipó con todo lo que una rata pudiera desear: virutas de cedro, cajas y latas con las que jugar y donde esconderse, estructuras adonde trepar y anidar, buena comida. A continuación les ofreció agua pura y agua adulterada con morfina. La abrumadora mayoría de las residentes optó por el agua común. Cuando añadía azúcar al líquido que contenía morfina, el número de ratas que prefería el agua dulce aumentaba, pero, aun así, casi todas bebían la que estaba sin adulterar. Sólo cuando Alexander neutralizó los efectos de la morfina añadiendo naloxone, empezaron los animales a beber de los biberones que contenían el brebaje dulce: a las ratas les gustan las golosinas pero no quieren «colocarse».

He aquí otro hecho sorprendente: cuando el investigador colocó a los animales adictos a la heroína en el «parque de las ratas» y les ofreció ambos tipos de bebida, con morfina y sin ella, muchos de ellos se pasaron al agua pura. Sin asistir a ninguna conferencia que les explicase por qué el agua sin adulterar era mejor para ellos, sin saber que la adicción a las drogas te consume, sin grupos de apoyo, los roedores del «parque de las ratas» soportaron los terribles efectos del síndrome de abstinencia con tal de permanecer sobrias.

Parece ser, pues, que la drogadicción no se debe tanto a una cuestión genética como a factores ambientales; y no sólo en el caso de las ratas. Los experimentos con sujetos humanos demuestran también que el entorno posee una gran importancia a la hora de predecir si alguien va a preferir la heroína a la limonada.

Los estudios de Alexander me hacen pensar en Dana y en su decisión de sacar a su hijo del colegio público. El parque de las ratas aumenta mi convicción de que tenía razón al pensar que el entorno importa, pero no tanto por los elementos «negativos» a los que pudiera estar expuesto el niño (el «abanico de normalidad») como por la influencia de los factores ambientales en la felicidad.

Si tuviéramos elección, ¿qué clase de parque crearíamos para los niños y qué tipo de cosas pondríamos en él? Aunque la analogía te dé escalofríos, creo que los humanos no somos tan distintos de nuestros amigos roedores (al fin y al cabo, compartimos un 95 por ciento de la cadena genética con ellos). Las leyes que rigen un parque para ratas podrían aplicarse también a un parque para niños. Igual que estos animales, los más jóvenes necesitan, por encima de todo, tiempo y espacio para socializar y jugar, resolver sus diferencias y quizás explorar un poco. Precisan lugares para esconderse, trepar y anidar. Deben estar cerca de sus amigos y familia, de sus colonias. Necesitan comida nutritiva.

Este capítulo aborda los tres factores imprescindibles para que el entorno infantil se parezca más al parque de las ratas que a una jaula. El primero es la guardería, incluida la educación infantil. Aunque los padres no siempre poseen pleno control sobre todas las variables concernientes al cuidado de los chiquitines, escoger la guardería y la escuela infantil adecuadas es la primera y más importante de las decisiones que han de tomar en relación con el entorno, y existe abundante investigación con la que fundamentar la elección. El segundo factor ambiental importante es la cultura que permea el aire que respiramos, sobre todo en lo concerniente al omnipresente materialismo. El tercer elemento del «parque de los niños», como me gusta considerarlo, contradice un poco las ideas anteriores porque se refiere al grado de control que sería adecuado ejercer a la hora de crear el entorno infantil ideal.

¿La guardería puede provocar problemas de conducta?

Los sociólogos, así como nuestros colegas psicólogos, hemos reunido infinidad de datos empíricos acerca de los riesgos y los beneficios de dejar a los más chiquitines al cuidado de otras personas, y la prensa popular seguramente te habrá informado tanto de los unos como de los otros. Parece ser que cada vez que se publica una nueva investigación, el resultado contradice el trabajo anterior, o engruesa las malas noticias sin ofrecer alternativas útiles. Hace algunos años, recuerdo haber leído en *Newsweek* un reportaje acerca de una nueva investigación sobre los efectos de las guarderías en el desarrollo cognitivo. De inmediato, recibí media docena de llamadas de amigas aterrorizadas. «¿Y si no puedo pagar una niñera?», «¿Y si no me puedo permitir dejar de trabajar?», «¿Van a sufrir retrasos mis hijos?», «¿Sería mejor que me quedara en casa?»

Yo misma opté por el que resultó ser un tipo de cuidado infantil particularmente atroz, no una sino dos veces. Mis pobres hijas se vieron sometidas a toda una letanía de errores, que compartiré contigo al detalle para que aprendas de ellos. No tardé mucho en comprender las equivocaciones que estaba cometiendo y corregirlas, aunque no antes de revisar cientos de trabajos con el fin de averiguar qué tipo de cuidado infantil sería el ideal y dónde encontrarlo.

Error número uno relativo a los cuidados infantiles: contratar —y pagar a precio de oro— a una pésima niñera. Cursaba el primer año de posgrado cuando Fiona era un bebé, y estaba agotada por la paliza doble que suponía ser mamá primeriza y estudiar al mismo tiempo. ¿Quién puede leer a Marx en un estado de semiinconsciencia por falta de sueño?; las facultades sólo me alcanzaban para intentar que Fiona estuviera bien alimentada. (Tenía un problema en el paladar que hacía que la lactancia fuera lenta y difícil. Llegué al límite cuando el perro se comió mi pezonera.) Lo primero que se me ocurrió fue dejar a Fiona con mi madre mientras estaba en clase, lo que no era mala idea porque en aquel entonces vivíamos con mis padres. Cuando me enteré de que mi madre prefería el papel de abuela que el de niñera, pensé que sería ideal si mi amiga del instituto, Ryan, que había asistido al parto, le hacía de canguro. Sabía que le encantaban los bebés. Por desgracia, Ryan pensó que estaba de broma. Era evidente que yo no había sopesado los inconvenientes. ¿Cómo iba a pagarle los honorarios por hora (tres veces más de lo que gana una niñera) que obtenía trabajando como enfermera? ¿Acaso tenía que programar los turnos en el hospital en función de mis clases? Comprendí que debería dejar mi precioso dechado de virtudes al cuidado de una *completa desconocida*.

Sigo con el primer error: esperar a tener la necesidad de dejar a mi bebé al cuidado de alguien, no ya para empezar a buscarlo, sino tan sólo para pensar en ello. Sin saber por dónde empezar, revisé los anuncios por palabras en busca de una niñera. Entrevisté a una única candidata en persona y me gustó tanto que la contraté sin *ver* siquiera cómo se relacionaba con los niños o con los bebés. Jessica tenía unos antecedentes interesantes: escribía obras de teatro, había sido productora de una emisora de la Radio Pública Nacional, tenía un máster en Bellas Artes, y me contó una preciosa historia de por qué quería trabajar como niñera (que consistía, básicamente, en que se había perdido la infancia de sus propios hijos porque no pudo quedarse en casa a cuidarlos, como hubiera querido). Tres semanas de calvario después, empecé a sospechar que Jessica tenía un problema mental, o como mínimo era muy inestable. Por fortuna, pude encontrar una alternativa antes de que la sangre llegase al río. Retahíla de errores cometidos: desconocer lo que esperaba de una guardería o de una niñera; no entrevistar a una serie de profesionales experimentadas, con buenos currículos y excelentes referencias; no ver cómo cuidaba a un niño o a un bebé.

He aprendido mucho desde el incidente de Jessica. Para empezar, hay un extenso cuerpo de literatura científica producto de las discusiones entre investigadores en torno a los riesgos y beneficios del cuidado infantil no materno. Jay Belsky, una psicóloga inglesa famosa por su trabajo sobre la importancia del vínculo madre-hijo, hizo saltar la chispa de la que llegó a ser la «guerra del cuidado infantil» entre investigadores: demostró empíricamente que «la asistencia temprana, intensiva y prolongada» a una guardería entraña riesgos. El tema levantó tantas ampollas que se han dedicado millones de dólares a evaluar hasta qué punto el niño se beneficia —y sufre— cuando pasa desde su más tierna infancia hasta la etapa escolar obligatoria al cuidado de una persona que no es su madre.

Gracias a ello, poseemos respuestas sólidas, fundamentadas y empíricamente demostradas a la primera de las preguntas que Belsky planteó en su investigación, hace una década. He aquí lo que hemos descubierto:

1. La calidad de las circunstancias del cuidado infantil es mucho menos importante de lo que creíamos. Como es obvio, unos cuidados deficientes no constituyen una buena experiencia para tus hijos, a muchos niveles. Si puedes permitírtelo, *evítalo*. A los niños les convienen unos cuidados más atentos, responsables y estimulantes a cualquier edad, y padecen problemas de desarrollo cuando sus educadores no están a la altura (cuando no son cariñosos, por ejemplo, o cuando la ratio de alumnos por maestro es demasiado alta). Curiosamente, sin embargo, esas ventajas y perjuicios en el desarrollo infantil se esfuman por completo cuando el niño llega al quinto curso [diez-once años], y a veces antes, en función de cuáles sean los beneficios o los problemas en particular. Cuidados de alta calidad aumentan las probabilidades de ob-

tener mejores resultados en las pruebas estándares de matemáticas, lectura y memoria, pero sólo hasta el tercer curso. Cuando los niños alcanzan los once años aproximadamente, el único beneficio que persiste en relación con los cuidados infantiles de alta calidad es una puntuación más alta en vocabulario.

En lo que concierne a la felicidad, los beneficios de unos cuidados de calidad sólo pueden medirse en comparación con la crianza parental. Los niños son más propensos a desarrollar vínculos de apego inseguros con sus madres cuando son sometidos a cuidados diarios de baja calidad *y* sus madres adolecen de poca sensibilidad. En cambio, las probabilidades de desarrollar vínculos de apego seguros con la madre y de disfrutar de relaciones armoniosas aumentan ante unos cuidados infantiles de calidad, aunque las madres no se impliquen demasiado. Este dato es importante porque, como hemos visto en el capítulo 5, las relaciones de apego entre los progenitores y sus hijos predicen el grado de felicidad y bienestar que los niños experimentarán a posteriori. Pese a todo, para cuando esos pequeños sometidos a cuidados deficientes y con madres insensibles cumplan los tres años, los efectos de los cuidados infantiles pobres (aunque no los de la insensibilidad materna) parecen esfumarse.

Si la calidad de la guardería y de la escuela infantil importa menos de lo que se pudiera esperar es porque hay otras cosas mucho más trascendentes. Los efectos del cuidado infantil son insignificantes comparados con la importancia de la crianza parental, por ejemplo.

Con ello no quiero decir que la calidad de la guardería carezca de interés; lo tiene, y deberías esforzarte al máximo por proporcionar a tus hijos el centro más cualificado que encuentres y te puedas permitir. Afirmo, no obstante, que si tus hijos no acuden a una guardería fantástica, no puedes pagar una niñera o no hay un centro excepcional cerca de tu casa, mientras los cuidados que les dispensen sean correctos, los niños no sufrirán las consecuencias de por vida.

2. El tipo de cuidados que escojas para tus hijos provocará efectos distintos; algunos buenos, otros malos. Las mejores investigaciones comparan los cuidados infantiles en un centro con los que se llevan a cabo en el hogar (por parte de la madre o de una niñera que cuida a los niños de varias familias) y con los cuidados por parte de familiares, como el padre, una tía o una abuela. (Ya lo sé, es sorprendente que los investigadores metan a los padres en el mismo saco que a las abuelas. A mí también me indigna.) Las niñeras me despiertan muchas preguntas: ¿realmente son tan beneficiosas, en comparación con las guarderías, como para justificar un coste mucho más elevado? Aunque no lo sabemos con seguridad —pues pocas familias pueden permitirse una niñera privada—, sospecho que los cuidados prodigados por una canguro se parecen a los de un pariente en algunos aspectos, al menos en lo concerniente a las consecuencias cognitivas (inteligencia) y conductuales. Los autores de los estudios más extensos y mejores tienen en cuenta también que los niños a menudo participan de diversos tipos de cuidados. Por ejemplo, muchos permanecen al cuidado de la madre o del padre durante la primera infancia, y después, a los tres años, acuden a la escuela infantil a media jornada. Otros, en cambio, asisten a la guardería a jornada completa a partir de los dos años, hasta que son admitidos en la escuela infantil.

He aquí lo que me han enseñado todas esas investigaciones: las guarderías producen en los niños efectos evolutivos de largo alcance en comparación con otros tipos de cuidados. De modo que la respuesta al título de este apartado es sí, los cuidados infantiles realizados en un centro tienden a provocar problemas de conducta. Aunque los niños que asisten a una guardería desde los primeros meses tienden a dar muestras de mayor desarrollo lingüístico hasta que empiezan la educación infantil, estos beneficios a corto plazo no compensan, a mi juicio, los costes. El único efecto que parece perdurar —al menos hasta donde llega el seguimiento de los investigadores, que hoy por hoy alcanza desde el nacimiento hasta el final de la escuela primaria— es una mayor probabilidad de que los niños exterioricen diversos problemas de conducta desde la educación infantil en adelante. Los cuidados infantiles en un centro incrementan las posibilidades de que los más jóvenes sean desobedientes, agresivos y tengan problemas con sus maestros. Nada de eso proporcionará a los niños una felicidad durable.

3. También es muy importante el número de horas que nuestros retoños pasan al cuidado de otras personas. En relación con la cuestión cuantitativa, debemos tener en cuenta un par de factores. El primero es la edad de inicio: ¿a los seis meses o en preescolar? El segundo se refiere al tiempo diario: ¿cuánto rato pasa el bebé en la guardería o el niño en la escuela infantil? La continuidad de los cuidados también afecta al cálculo de la cantidad. En los primeros meses, el peligro que supone dejar muchas horas al niño a un cuidado no materno depende de la calidad de la relación madre-hijo. Cuando existen otros factores de riesgo asociados, como una madre con poca sensibilidad, pasar mucho tiempo en una escuela infantil incrementa las posibilidades de que un niño construya un vínculo de apego inseguro con su madre (véase el capítulo 5 para saber por qué eso supone un problema). De ser el caso, más de diez horas semanales en un centro de cuidados infantiles cuando el bebé tiene entre tres y quince meses incrementará sus posibilidades de desarrollar apego inseguro hacia una madre con poca sensibilidad (una madre indiferente y poco sensible a las necesidades de su hijo). Pero el umbral de diez horas es indiferente en los casos de madres implicadas.

Observando cómo interactúan las madres y sus hijos (¿las relaciones son armoniosas o conflictivas?, ¿positivas o negativas?), los investigadores han concluido que, cuanto más largos son los períodos de cuidado no materno, más problemas tienen los niños al llegar al primer curso.

E igual que sucede con las guarderías, la cantidad de tiempo que el niño pasa con un cuidado no materno, sea el que sea, durante los primeros cuatro años y medio de vida, sirve para pronosticar los niveles de agresividad y desobediencia. Por desgracia, no se ha establecido ningún umbral que determine qué período es perjudicial, o no, para nuestros retoños. Me gustaría poder darte unas indicaciones más rotundas, como: si dejas a tu hijo en la guardería menos de treinta y cinco horas semanales, no percibirás ningún efecto. Pero no puedo. Sabemos que cuanto más tiempo pasan los niños privados del cuidado materno: más probabilidades hay de que sean calificados por sus maestros y educadores como:

- Habladores, fanfarrones y polemistas.

- Desobedientes y desafiantes, incapaces de respetar el turno para hablar, contestones, etc.

- Agresivos: más proclives a participar en peleas, a ser crueles, a acosar a sus compañeros o actuar con malicia, y a destruir sus propias pertenencias.

Los peligros asociados a pasar muchas horas en un centro infantil —y sólo son riesgos, no consecuencias garantizadas— persisten incluso cuando los investigadores tienen en cuenta factores como el nivel socioeconómico de la familia, el estado civil de los padres o su educación.

Además de estos problemas de conducta manifiestos, pasar mucho tiempo en una guardería o centro infantil pronostica también peores hábitos de trabajo académico y menor competencia social en la escuela primaria.

Ahora bien, una vez más, hay buenas noticias: esos efectos no son duraderos y se manifiestan, sobre todo, entre los niños que acuden a guarderías u otros centros similares. Entre los niños que han pasado muchas horas bajo un cuidado no materno, los problemas de conducta dejan de manifestarse a partir del tercer curso, y los malos hábitos de trabajo así como la deficiente competencia social se transforman cuando llegan a sexto.

En resumen, he aquí las tres conclusiones que extraigo de las investigaciones:

1. Cuanto menos, mejor. Siempre que sea posible, reduce la cantidad de tiempo que los chiquitines pasan bajo un cuidado de pago, sobre todo durante la primera infancia.

2. Intenta reducir al máximo las horas que acuden a una escuela infantil hasta que hayan cumplido tres años; parece ser que, de todos los supuestos, es éste el que tiene peores consecuencias. No cedas a la tentación de dar crédito a los efectos beneficiosos de asistir a una guardería. ¿A quién le importa la riqueza del vocabulario si su hijo se mete en peleas y contesta al maestro?

3. Los efectos de la escuela infantil son mínimos comparados con el resto de factores que influyen en la felicidad y el éxito, y los efectos negativos que pueda ocasionar rara vez se prolongarán más allá de la primaria. Es preferible concentrarse en mejorar las destrezas educativas —un aspecto al que, como es evidente, ya concedes importancia si estás leyendo este libro— que obsesionarse por la calidad de los cuidados infantiles de tu hijo, sobre todo si tus opciones son limitadas.

Y si tengo elección, ¿qué tipo de centro escojo?

Cuando llegó el momento de dejar a Molly al cuidado de alguna guardería —Fiona ya iba a preescolar y Molly necesitaba algo más que una niñera—, me creía una experta en la búsqueda de los cuidados infantiles adecuados. Lo que me llevó a cometer el error número dos: la guardería Braguitas de Encaje (no es el verdadero nombre). Puesto que aún no había llevado a cabo toda la investigación que he expuesto anteriormente, no sabía que, de ser posible, debía evitar las guarderías: sólo pensaba en todo el dinero que me iba a ahorrar. Me había dicho un pajarito que Braguitas de Encaje, una escuela infantil muy conocida sita en un barrio elegante cerca del nuestro, tenía una plaza. Fui a echar un vistazo y me dejé impresionar por la filosofía de la directora y las actividades de los niños. No había televisión en las instalaciones, pero sí grandes estructuras para jugar y un patio exterior impresionante. Aunque había muchos niños, también abundaban los educadores. El edificio, un caserón transformado, era hermoso, estaba limpio y parecía de lo más acogedor. Además, ofrecían a los niños un almuerzo y dos tentempiés al día, con alimentos saludables y biológicos; menos faena para mí por las mañanas.

A aquellas alturas, ya sabía que debía tener la prudencia de observar un poco y charlar con los otros padres antes de decidirme. Pero conocía a un montón de personas inteligentes que llevaban a sus hijos allí, lo que, en mi opinión, decía mucho a favor del centro. Y a menos que entregara a la directora de Braguitas de Encaje un depósito en aquel mismo instante, ofrecería la plaza a otra familia. Agobiada por la presión y el miedo a perder una oportunidad de oro, saqué el talonario y, listo, Molly estaba matriculada. Aquél fue mi gran error.

El día que mi hija comenzó a asistir al centro, al lunes siguiente de que hubiera pisado por primera vez Braguitas de Encaje, me quedé observando varias horas. Advertí que el novio de la directora andaba por allí todo el día, como un educador más. Me encanta ver especialistas del sexo masculino trabajando en una escuela infantil, y se lo comenté a la directora: «Oh, él no trabaja aquí —me respondió—, no tiene el título. Sólo es una gran ayuda. ¡Chist! ¡No se lo digas a nadie!» Gran señal de alarma número uno. Aquel mismo día, más tarde, vi cómo el novio se llevaba a dos niños al parque, lo que me intranquilizó.

La tarde siguiente, a la hora de la cena, Molly trató de describir una cosa emocionante que le había pasado en Braguitas de Encaje con su limitado vocaculario de niña de dieciocho meses, algo acerca de nadar, televisión y oro. Supusimos que había oído a alguien hablar de los Juegos Olímpicos, que se estaban celebrando en aquel entonces. Aquella noche, llamé a las familias del centro que conocía, y nadie me dio referencias espectaculares: les preocupaba más justificar por qué llevaban a sus hijos allí, pese a «ese novio que da grima», según sus propias palabras.

Tratando de disipar mis crecientes temores a haber cometido un error y estar a punto de perder un enorme depósito, al día siguiente me presenté sin avisar, una estratagema que recomiendo encarecidamente. Entré por la puerta trasera sin llamar. El hecho de poder colarme sin ser advertida disparó una segunda señal de alarma desde el punto de vista de la seguridad. Una vez dentro, le pregunté a un niño de dos años si sabía dónde estaba Molly. Señaló una puerta que yo no había visto antes. Aquella puerta conducía a una zona del piso inferior que no me habían enseñado en la primera visita. Antes de que la educadora me viera siquiera, encontré a Molly en un sótano mugriento aparcada delante de un enorme televisor entre una docena de pequeñines adormilados. Mirando los Juegos.

La moraleja de esta historia, naturalmente, es que no se deben tomar decisiones precipitadas basadas en la reputación de un centro. Los directores de las escuelas infantiles pueden hablar maravillas de su filosofía, pero ¿son sus métodos tan buenos como sus intenciones? La única manera de averiguarlo es estar allí y observar, así como hablar con muchos otros padres acerca de sus experiencias. Además de unas normas de limpieza y seguridad básicas, que hay que comprobar antes de seguir indagando, hay tres factores esenciales que debemos tener en cuenta cuando dejamos a los niños al cuidado de otros, tanto si ese otro es un familiar o una niñera como si los llevamos a un centro o a otro tipo de entorno. El primero es la calidad de la conexión entre los especialistas y los niños. ¿Están creando los pequeños fuertes vínculos con sus educadores? ¿La rotación del equipo es lo suficientemente lenta —nula sería lo ideal— para que los niños, tras encariñarse con sus miembros, no tengan que separarse de ellos al poco tiempo? ¿La ratio de alumnos por educador es lo bastante baja como para que cada pequeño desarrolle un vínculo especial con un profesional como mínimo, ojalá que con más?

El segundo factor importante es la positividad. ¿El entorno favorece las emociones positivas? ¿En qué medida son cariñosos los educadores? ¿Atienden las necesidades de los niños y se muestran accesibles? ¿Parecen felices los propios educadores? ¿Utilizan el elogio con actitud de crecimiento (véase capítulo 3)? ¿Emplean una disciplina estructurada pero positiva? En otras palabras, ¿previenen la mala conducta en lugar de corregirla? ¿Controlan a los niños sin recurrir a órdenes y amenazas? ¿Qué hacen los niños? ¿Las actividades que propone el centro son alegres y positivas, como pintar y bailar?

El tercer aspecto que debemos tener en cuenta cuando buscamos un centro infantil es el juego. ¿Cuánto tiempo pasan los niños jugando en comparación con el que dedican a mirar la televisión o a hacer fichas? No digo que todas las actividades estructuradas sean malas (marcar las horas y hacer clase de música también es importante), pero una estructuración excesiva no es lo ideal (véase «Por qué el juego es tan importante» en la página 234). Si quieres contratar a una niñera, observa cómo se relaciona con los niños que a la sazón tiene a su cargo, o en un día de prueba con tus propios hijos. Cuando entrevistes a educadores en potencia, pídeles que discurran, sin pensarlo mucho, diez o más actividades que podrían proponer a los niños. ¿Cuántas de dichas actividades implican juego?

Ante el dilema del cuidado infantil, los padres se sienten a menudo como si tuvieran que escoger entre manzanas y naranjas: ¿deben optar por el centro limpio como una patena y con la filosofía ideal, pero cuya ratio de niños por educador es enorme? ¿O por el pariente o amigo extremadamente cariñoso pero inculto que ni siquiera es capaz de expresar sus ideas acerca de la crianza? Si te enfrentas a una decisión semejante, recuerda que a veces nos dejamos tentar por una buena declaración de principios y por la comida biológica. Pero son las cosas más sutiles —la fuerza de los vínculos que tu hijo pueda crear, el buen ambiente y el talante positivo, la cantidad de tiempo que le dejen para jugar— lo más importante a la hora de buscar un entorno que contribuya a la felicidad.

¿Por qué el juego es tan importante?

En un mundo como el nuestro, centrado en los resultados, a menudo perdemos de vista lo importante que es el juego para los niños pequeños. Tenemos muy claro que debemos dar prioridad al tiempo que dedican a aprender las letras frente al que pasan jugando en el arenal. Llevada al extremo, esta actitud es un error, sobre todo entre los niños menores de cinco años. El juego contribuye enormemente al desarrollo cognitivo, social y psicológico de los pequeños, y también a su bienestar. Te invito a considerar una serie de beneficios del juego:

• Más habilidades sociales. Cuando juegan, los niños llevan a cabo un intenso aprendizaje. Aprenden a compartir juguetes y otros recursos con su hermanos y compañeros; a participar y cooperar en un grupo; a turnarse; a negociar para resolver conflictos y diferencias; a soportar la decepción cuando otros niños no hacen lo que ellos quieren; y, quizá, lo más importante, a expresar verbalmente sus necesidades y su imaginación. Psicólogos infantiles y especialistas en educación han corroborado una y otra vez que los niños que dedican mucho tiempo al juego simbólico complejo antes de la primaria (frente a los que pasan más horas realizando actividades estructuradas o dirigidas por el educador) tienden a demostrar más competencia cognitiva y social con sus compañereos y con los adultos.
• Más inteligencia emocional. Los pequeños que se enfrascan en juegos simbólicos con sus compañeros suelen ser más capaces de comprender las emociones de los otros niños. Con el juego imaginativo aprenden a personificar —y en consecuencia a entender— los sentimientos y motivaciones de los personajes que representan; si lo hacen a menudo, desarrollan la

empatía. Además, las pequeñas peleas entre ellos les enseñan a adoptar otras perspectivas y a distinguir entre los gestos reales de sus amigos y los que se relacionan con el juego.

- Mayor rendimiento escolar. Una inteligencia emocional y social bien desarrollada contribuye enormemente al rendimiento infantil en la escuela. El juego aumenta las probabilidades de que los niños sean persistentes y mantengan el interés en las tareas escolares, además de ayudarles a implicarse más en el aprendizaje.

  Jugar mejora también la concentración de los niños, la motivación y el pensamiento abstracto; todo lo cual es importante para un buen rendimiento escolar. Además, cuando juegan, los niños ejercitan el pensamiento lógico y diversos aspectos del lenguaje.

- Más autodisciplina. Como comentábamos en los capítulos 6 y 7, el juego imaginativo favorece el desarrollo de las fuerzas internas que los niños necesitan para controlar su propia conducta.

- Mayor creatividad. Jugar con la fantasía expande el repertorio cognitivo de los pequeños, así como el conductual, lo cual genera una creatividad mucho más compleja, pensamiento divergente y destrezas cooperativas para la resolución de problemas.

Por todas estas razones, el juego es sumamente importante en y por sí mismo. No debemos considerarlo un descanso, tras el cual seguir aprendiendo números y letras; ejerce un tremendo impacto en el desarrollo infantil.

Hay muchas teorías y filosofías educativas distintas (por ejemplo, Emilio Reggio o Montessori), pero, puesto que cada escuela tiene su manera particular de ponerlas en práctica, te sugiero que valores el centro en función de si está orientado a los niños o a los resultados. Particularmente en la educación preescolar, un proyecto centrado en el juego es beneficioso de cara a que, más tarde, los niños se impliquen en los estudios. Los alumnos de escuelas centradas en el niño, más que aquellos que asisten a centros preocupados por desarrollar capacidades estrictamente académicas, van al colegio más motivados. También demuestran más seguridad en sus conocimientos académicos, otorgan una puntuación más alta a sus propias habilidades y albergan mejores expectativas sobre su propio rendimiento. Los alumnos de escuelas centradas en el niño o en el juego dan muestras de depender menos del permiso y la aprobación de los adultos, están más orgullosos de sus logros y les inquietan menos las cuestiones relacionadas con la escuela. Los alumnos de centros infantiles que dan cierta libertad a los niños para escoger actividades y completarlas sin la presión de someterse a una fórmula en particular o de dar con las respuestas «correctas» tienden a elegir trabajos y tareas más difíciles que los preescolares que han estado en centros con proyectos más didácticos.

Así pues, si bien los proyectos preescolares de tipo didáctico mejoran las calificaciones de los más pequeños en las pruebas estándares de lectura (pero no de matemáticas), pueden matar el amor de los niños al aprendizaje. Las escuelas infantiles didácticas tienden a ofrecer un clima social más pobre, y los niños que asisten a ellas, paradójicamente, son poco proclives a escoger actividades relacionadas con habilidades académicas básicas en sus ratos libres. El dato apunta a que aprender números y letras les parece menos interesante que a los preescolares de proyectos centrados en el niño.

HAZ LA PRUEBA

Escoge una escuela infantil de calidad

A los investigadores les cuesta unas tres horas evaluar un proyecto preescolar, de modo que, cuando vayas a buscar una escuela infantil para tus hijos, proponte visitar distintos centros y pasar al menos ese mismo tiempo en cada uno. Previamente, haz los deberes para cotejar lo básico: aspectos legales, medidas de seguridad, experiencias de otros padres e información general que puedas reunir. Después, cuando hagas la visita, no olvides comprobar los siguientes detalles.

1. ¿Se permite a los niños tener iniciativa y escoger las actividades? ¿Cuentan con una gran variedad de actividades y materiales entre los que escoger en un entorno que invita al juego?

2. ¿Son cariñosas las educadoras? ¿Atienden y aceptan a los niños? ¿Son respetuosas y receptivas?

3. ¿En qué medida las educadoras aplican una disciplina positiva? ¿Les proponen actividades interesantes y controlan a los pequeños mediante recursos positivos, como expresar instrucciones y expectativas claras prescindiendo de órdenes y amenazas?

4. ¿Hay muchos materiales artísticos al alcance de los niños? Aún más, ¿dónde están colgados los cuadros, a la altura de los hijos o de los padres? He visto escuelas infantiles muy bonitas, que atraen muchísimo a los adultos, pero no debemos guiarnos por las apariencias. Un parvulario no es un hogar: los niños deberían poder derramar pintura en el suelo y después limpiarla, colgar sus obras en las paredes (sin preocuparse por el precioso papel pintado) y divertirse con la plastilina sin que nadie les diga que no ensucien la alfombra.

5. ¿Hay zonas para que los infantes miren libros, jueguen con piezas de construcción y participen en juegos imaginativos? Observa con qué materiales cuentan para el juego simbólico; ¿son comerciales o genéricos? Idealmente, los niños deberían recurrir a la imaginación para crear algo nuevo en vez de imitar lo que ven en la televisión una y otra vez.

Evita las escuelas infantiles que dedican una cantidad de tiempo excesiva a enseñar a los niños habilidades académicas básicas, sobre todo si utilizan fichas confeccionadas por editoriales. En preescolar, el aprendizaje debe basarse en actividades significativas para las criaturas o en experiencias del día a día. Tacha de tu lista los centros que presionen a los alumnos para obtener resultados. Rehúye a los educadores que critican las respuestas incorrectas, emplean la amenaza o el castigo para «motivar» a los niños, o no toleran el comportamiento poco convencional (que no sedicioso). De igual modo, prescinde de las escuelas infantiles cuyos educadores recurren a clasificaciones y recompensas públicas (como grados o adhesivos según el rendimiento), o hacen comparaciones ante todo el grupo.

¿Nuestra cultura supone una amenaza para la felicidad?

Un vestido nuevo no te lleva a ninguna parte; sólo aquello que vives con el vestido puesto, y el tipo de vida que hayas llevado antes, y lo que vivas con él después.

DIANA VREELAND

Los cuidados infantiles son, desde luego, una más de todas las variables del entorno infantil. Muchos investigadores dedican su carrera entera a comprender de qué modo los distintos factores que configuran nuestro medio —y las culturas que lo impregnan— influyen en nuestras conquistas y en nuestro bienestar. Un rasgo que viene a definir la cultura occidental moderna es su materialismo: hasta qué punto celebramos la riqueza y el lujo que comporta. Esta cultura nuestra, tan materialista y comercial, difunde la idea de que cuanto más dinero mejor, de que el dinero nos ayudará a tener amigos y objetos interesantes, y que todas esas posesiones nos harán sentir más felices y realizados. Este mensaje, impulsado por las empresas de productos comerciales que nos quieren vender sus bienes y refrendado por los famosos que los compran, no pasa desapercibido a nuestros hijos. Un niño de ocho años reconoce la información relativa al estatus social que transmiten las casas y los coches caros. Hacia los doce, los jóvenes entienden perfectamente el sentido sutil y simbólico que entrañan las marcas y los objetos materiales.

¿Qué tiene de malo el materialismo? Para empezar, no ayuda a rendir en el colegio, seguramente porque los niños muy materialistas pasan demasiado tiempo comprando y sometidos a la influencia de la publicidad en la televisión. Aprecian menos la escuela y sacan peores notas. Pero quizá lo peor de todo sea que el materialismo no contribuye a la felicidad. Los adolescentes materialistas son más nerviosos, menos alegres y adolecen de poca autoestima. Como comprobarás a continuación, el materialismo y la infelicidad forman parte de un mismo círculo vicioso: la infelicidad hace a los niños más propensos a ser materialistas, pero el materialismo a su vez agranda su descontento.

¿Por qué algunos niños son materialistas?

En el materialismo infantil influyen dos aspectos. El primero salta a la vista: los adultos, conscientemente o no, educamos a los niños en el materialismo. Cuando los padres —al igual que los compañeros o los ídolos juveniles— dan ejemplo de materialismo, los niños se interesan más en la riqueza y el lujo. Así pues, los hijos de padres materialistas tienden a serlo a su vez. La televisión ejerce el mismo efecto: cuanta más tele ven los niños, más materialistas se vuelven.

Hay otra razón menos evidente para explicar por qué algunas personas son más materialistas que otras, y guarda relación con el grado en que sentimos satisfechas nuestras necesidades. Cuando las personas se sienten inseguras o insatisfechas —a causa de la pobreza, o porque les faltan recursos psicológicos básicos como seguridad, aptitud, capacidad de conectar con los demás y autonomía—, con frecuencia confunden esas sensaciones con el deseo de poseer más riqueza u objetos lujosos. Debido a ello, los adolescentes que son relativamente pobres tienden, paradójicamente, a volverse más materialistas que los ricos. Además, las madres poco maternales y emocionalmente distantes tienden a tener una descendencia más materialista.

De manera que el materialismo y las conductas que acarrea —el deseo y la posesión de ropas de marca y objetos caros— son síntomas de inseguridad, *además de* estrategias para paliar los sentimientos de inferioridad o reafirmar una autoimagen deteriorada. No obstante, si lo que pretenden los niños en el fondo es ser más felices y sentirse realizados, el materialismo constituye un pésimo mecanismo de defensa. En el mejor de los casos, proporciona sólo un alivio momentáneo; a la larga, acabará por arraigar aún más el sentimiento de inseguridad.

Una buena forma de poner freno al materialismo infantil es limitar la exposición de los niños a la publicidad. Otra, casualmente, consiste en emplear las estrategias expuestas en este libro.

¿La felicidad se compra con dinero?

Ha quedado claro que el materialismo no contribuye a la felicidad, pero ¿significa eso que la renta familiar no influya en el bienestar infantil? Hay una gran diferencia entre ser un gran consumista y tener el dinero suficiente para «amañar el entorno de nuestros hijos». Aunque en nuestra sociedad abundan las opciones, el lujo sólo queda al alcance de los ricos. ¿Afecta eso a la felicidad de los niños?

Pese a la creencia popular de que la felicidad no se compra con dinero, el hecho de tener unos ingresos elevados parece ejercer muchos efectos positivos. Las personas más ricas disfrutan de mejor salud, tanto mental como físicamente (y no hablamos de los pobres frente a todos los demás; el grupo de mayores ingresos de cierto estudio enfermaba menos que el segundo más rico). Las personas con una renta elevada se enfrentan a menos acontecimientos estresantes y obtienen condenas más bajas por los mismos crímenes. En consecuencia, numerosos estudios psicológicos, sociológicos y económicos demuestran que en realidad el dinero *sí* compra la felicidad.

Entre los adultos, una renta más alta influye drásticamente en un grado mayor de felicidad, pero sólo cuando los ingresos no sobrepasan los 50.000 dólares [35.000 euros] anuales. A partir de esta cifra, la correlación disminuye. Cuando nuestras necesidades básicas están cubiertas, la correlación entre los ingresos y la felicidad es casi insignificante. Por lo visto, los miembros de la lista Forbes 400 —las personas más ricas de Estados Unidos— apenas son más felices que el resto de nosotros. A causa de ello, gran cantidad de intelectuales (y comentaristas y abuelas) han concluido que con dinero no se compra *mucha* felicidad. Dada la diferencia de ingresos entre los miembros de la Forbes 400 y el resto de nosotros, si la felicidad se comprara con dinero, cada una de estas personas sería, bueno, mil millones de veces más felices que yo. Pero no lo son. Cuando tienes las necesidades básicas cubiertas, los recursos económicos pierden su poder sobre la felicidad y el bienestar.

Ahora bien, la relación entre la felicidad y los ingresos familiares posee más importancia para los niños que para los adultos. Además de depender más de unos recursos materiales indispensables —como la guardería y la educación infantil—, los niños son más vulnerables a niveles más bajos en aspectos como alojamiento, cuidado de la salud y una nutrición adecuada. Muchos padecen también la disminución de los recursos financieros de los padres, en tanto que el estrés provocado por las dificultades económicas provoca el deterioro de la crianza, lo que a su vez afecta al bienestar emocional del pequeño.

Mi propia investigación demuestra que casi el 10 por ciento de los adolescentes pobres son infelices, en comparación con menos de un 2 por ciento de los que disfrutan de ingresos más altos. A medida que la renta familiar se incrementa, el porcentaje de adolescentes infelices disminuye progresivamente. De modo que, sin duda, la pobreza puede incrementar las posibilidades de un joven de ser desdichado. Ahora bien, no tiene por qué suceder a la inversa: la riqueza no implica necesariamente felicidad. Cuando proponemos a los adolescentes que definan su grado de felicidad (infeliz, muy poco feliz, feliz de vez en cuando, feliz a menudo), aquellos que disfrutan de una renta familiar elevada son menos proclives a declararse infelices, aunque sólo ascienden a una de las categorías medias, en vez de situarse en la más alta, «feliz a menudo».

¿Por qué los ingresos familiares tienen más peso a la hora de determinar la infelicidad que la dicha? Porque los niños tienen muchas necesidades básicas que son muy caras. Y cuando no podemos satisfacerlas, las probabilidades de que se sientan desgraciados se incrementan. Lo malo es que no basta con satisfacer esas necesidades básicas. Tomemos por caso una como pueda ser comer a diario. Si bien el carecer de alimentos suficientes haría a un niño profundamente infeliz, atender esa necesidad —darle más comida— no necesariamente lo hará dichoso, sólo le quitará el hambre. Este libro se refiere a un segundo grupo de factores: los factores que contribuyen a la felicidad, como por ejemplo los vínculos de apego seguros, las numerosas relaciones sociales, promocionar el crecimiento personal y mucho tiempo para jugar. Cuando esos factores de felicidad están atendidos además de las necesidades básicas, las probabilidades de que los niños se declaren «felices a menudo» se incrementarán drásticamente.

¿Es la televisión el origen de todo mal?

Cuando estaba embarazada de Fiona, mis amigos —que aún no tenían hijos— pensaron que sería divertido redactar un libro de consejos de crianza para regalárnoslo a mi marido y a mí. Como es lógico, nadie sabía entonces que yo me dedicaría un día a escribir sobre el tema. Todos fueron escribiendo apartados que describían las cosas que, en su opinión, sus padres habían hecho bien. Mi amigo Rick —que casualmente es listo, divertido y amable— detalló de cuántas maneras «ver demasiada televisión» en la niñez le había ayudado después en la vida. Aunque comprendí que estar informado de la cultura popular de 1970 no podía llevar a un niño demasiado lejos, conociendo a Rick me inclinaba a pensar que no debía preocuparme por si mis hijos veían la tele.

No obstante, después descubrí que la Academia Americana de Pediatría (AAP) recomendaba encarecidamente a los padres que no pusieran la televisión a sus hijos como mínimo hasta los dos años, ni siquiera si la madre, agotada, quería darse una ducha. Como me tomo las normas al pie de la letra, no permití que Fiona conociera el significado de la palabra «televisión» hasta su segundo cumpleaños, cuando se hizo adicta sin demora a *Barrio Sésamo* y *Las pistas de Blue*. Cuando nació Molly, opté por olvidar los consejos de la AAP; me resultaba muy difícil suprimir la tele del todo. ¿Hice mal?

Está claro que no soy la única que ha dejado a sus hijos ver televisión. Los niños estadounidenses pasan, de media, de dos a cinco horas diarias delante de la pantalla. El 59 por ciento de los niños menores de dos años —que supuestamente no deben ver nada de televisión— miran, de media, 1,3 horas al día.

Parece ser que una gran cantidad de investigaciones advierten de los efectos nocivos que tiene la televisión en los niños, incluidos un bajo rendimiento académico, obesidad, trastornos de la atención, agresividad, privación del sueño, preferencia por los alimentos que se anuncian y rechazo de frutas y verduras en favor de la *pizza*, los aperitivos, las bebidas gaseosas y los alimentos altos en grasas. La mayoría de esas cosas —si no todas— se relacionan con la falta de autocontrol. Incluso los vídeos que afirman ser beneficiosos para los niños, como la serie Baby Einstein, no sólo no les hacen ningún bien, sino que podrían perjudicarles. Según afirma cierto estudio, por ejemplo, por cada hora diaria que dedican a mirar esos vídeos, los más pequeños aprenden, de promedio, de seis a ocho palabras menos que otros niños de su misma edad no expuestos a dichas películas; una pérdida de un 17 por ciento de vocabulario. Aunque antes he dicho que tener un vocabulario sensacional no me parece lo más importante del mundo, creo que el dato, en este caso, indica que el tiempo de exposición a la tele inhibe el desarrollo infantil.

Por otra parte, los videojuegos no merecen tan malas críticas. A veces, ayudan a los niños a relacionarse y conectar con sus amigos (sobre todo en el caso de los chicos). Y facilitan, más que entorpecen, el juego físico. Los chicos que juegan a videojuegos deportivos, por ejemplo, son mucho más proclives a ponerlos en práctica en la vida real. Utilizan los juegos para aprender nuevos movimientos, que luego ejecutan al aire libre.

Ocho cosas que tener en cuenta cuando la canguro electrónica pasa demasiado tiempo enchufada

1. La televisión aporta pocos o ningún beneficio, pero sustituye otras actividades que hacen a los niños más felices, más sanos y más inteligentes. Cuanta más televisión ven nuestros hijos, menos tiempo pasan con sus padres y hermanos, menos horas dedican a los deberes (en el caso de los jóvenes de siete a doce años), y menos ratos emplean en juegos creativos (en el caso de los menores de cinco). Si las criaturas son muy pequeñas (menores de tres años), el tiempo que pasan mirando televisión sustituye a actividades necesarias para un correcto desarrollo neuronal, sobre todo la interacción con sus educadores.

2. Mirar mucha televisión vuelve a nuestros hijos más materialistas. Varios estudios han demostrado que los anuncios televisivos promueven valores materialistas entre los niños de todas las edades. Los investigadores creen que la publicidad enseña a los pe-

queños que no pueden conseguir belleza, éxito y felicidad sin posesiones materiales. Se ha demostrado también que la frecuencia de la exposición está correlacionada con los niveles de materialismo: cuanta más televisión ven los niños, más materialistas se vuelven.

3. Las investigaciones demuestran que los videojuegos no suelen quitar tiempo al deporte y otras actividades, y que los aficionados adolescentes pasan la misma cantidad de tiempo con la familia y amigos que los no aficionados.

4. Las criaturas menores de dos años no deberían ver nada de televisión. La exposición temprana a la pantalla se asocia con problemas como el trastorno por déficit de atención (TDA) y el trastorno por déficit de atención e hiperactividad (TDAH), así como con menor desarrollo intelectual en etapas posteriores.

5. No es aconsejable el uso del ordenador antes de los tres años. Sin embargo, algunos trabajos demuestran que los programas de ordenador, combinados con actividades que facilitan lo que dichos programas pretenden enseñar, pueden ayudar a los niños de tres a cuatro años a desarrollar diversas habilidades, incluidas la memoria a largo plazo, la destreza manual y la capacidad verbal.

6. No todo el tiempo que pasamos delante de la pantalla es igual. Podemos prohibir en nuestros hogares el 20 por ciento de los videojuegos cuyo contenido está calificado como demasiado violento o sexual para los niños. Existe una clara relación entre el uso de videojuegos violentos y los sentimientos y comportamientos belicosos; este tipo de juegos activa una parte del cerebro que induce a las personas a actuar con agresividad. Y jugar con videojuegos violentos reduce tangiblemente las conductas serviciales. De igual modo, el acto de mirar por la televisión programas violentos se asocia con una reducción del juego imaginativo por

parte de los preescolares, y con un incremento de la agresividad infantil.

7. Los padres que miran la televisión con sus hijos y refuerzan los aspectos educativos de los programas pueden mejorar la experiencia de aprendizaje de sus hijos. Por desgracia, la mayoría de niños no suele ver televisión educativa con sus progenitores. Las familias miran programas para todos los públicos dirigidos a adultos más que a niños.

8. Aunque el 68 por ciento de los niños estadounidenses tiene un televisor en su habitación, los que cuentan con aparato de televisión en el dormitorio son 1,3 veces más proclives a sufrir de sobrepeso (aunque sean físicamente activos y/o participen en deportes de equipo).

No creo que la televisión sea el origen de todos los males. Dejo ver a mis hijas vídeos abyectos de princesas de vez en cuando; ¿cómo, si no, iba a conservar la cordura? Sin embargo, mirar la televisión no es un hábito que contribuya a la felicidad. De hecho, las investigaciones demuestran que existe un fuerte vínculo entre la felicidad y el hecho de *no* mirar la televisión. Los sociólogos afirman que las personas más felices tienden a mirar considerablemente menos televisión que los desdichados. No sabemos si la tele hace infeliz a la gente o si las personas previamente desgraciadas miran más televisión. Lo que sí sabemos es que hay montones de actividades que ayudarán a nuestros hijos a convertirse en individuos felices y bien adaptados. Si los niños están mirando la tele, no están poniendo en práctica esos hábitos que los harán más dichosos a la larga. Parece ser que mi amigo Rick, quien por lo visto se pasó toda su infancia mirando la tele pero cuyo cerebro se desarrolló de maravilla, es una excepción. La apuesta más segura es apagar la caja tonta y mandar a los niños a jugar al aire libre.

Lo has hecho lo mejor que has podido: ahora deja que jueguen

La lógica de este capítulo tiene un defecto. No sólo no podemos modificar todo el entorno de los niños, sino que ni siquiera deberíamos intentarlo. Tenemos que influir en algunos factores ambientales, de ser posible. Los primeros cuidados de los más pequeños y los valores que transmite la cultura en la que viven son importantes, y pueden influir en su dicha y bienestar. Sin embargo, creer que podemos meter a los niños en una burbuja rellena de felicidad saboteará su felicidad de forma drástica.

Como es natural, queremos proteger a los más jóvenes del dolor y la dificultad, pero cuando lo hacemos, los privamos de los desafíos que les ayudarán a crecer intelectual y emocionalmente. En el transcurso de una charla que el Dalai Lama dio hace poco en la Universidad de California en Berkeley, un estudiante le pidió algún consejo para recorrer el camino que tenía por delante. Su Santidad contestó: «Tendrás que encontrar trabajo y pareja. Eso es lo más difícil. Aunque no lo quieras, la vida es dura. Tendrás problemas y afrontarás retos. Pero aunque nuestra existencia sea difícil, es posible ser feliz». Se refería a que, cuando aceptamos, en lugar de rechazar, la idea de que la vida es dura, la sobrellevamos mejor. En el transcurso de mi propia investigación descubrí que la felicidad, en realidad, puede nacer de la dificultad y no sólo a pesar de ésta. La única que tenían a su favor los niños más desfavorecidos de mi estudio para ser felices, a diferencia de los más ricos, era un reto. Entre los adolescentes, la superación de retos existenciales adecuados guarda una estrecha relación con la felicidad. Mientras que los jóvenes más favorecidos de la investigación tenían a su alcance muchos de los factores que contribuyen a la felicidad, no se enfrentaban al grado de desafío adecuado.

La actual generación de padres y madres no ha asimilado la idea de que no pasa nada si los niños experimentan dificultades, sobre todo en forma de sufrimiento y tristeza. Queremos intervenir para resolver los problemas que tienen nuestros hijos en el colegio y con los amigos.

Los padres sobreimplicados hablan con los directores de las escuelas para asegurarse de que sus retoños disfrutan de la comprensión y el apoyo adecuados: «ayudamos» con los deberes en casa al máximo, organizamos citas de juego buscando controlar con quién traban amistad nuestros retoños y cómo se construyen esas amistades. Los protegemos de perros potencialmente peligrosos y de vecinos indeseables, de entrenadores injustos y de un exceso de responsabilidad. Esa actitud ejerce un efecto nada desdeñable en la generación de nuestros hijos: comparados con los niños criados en la década de 1960, los niños de hoy son conscientes de que apenas tienen control sobre sus vidas. Jean Twenge, psicóloga y autora del libro *Generation Me,* ha demostrado que los jóvenes estadounidenses están cada vez más convencidos de que fuerzas externas, y no sus propios esfuerzos, controlan sus existencias. Paradójicamente (desde el punto de vista de los padres que tratan de organizar las vidas de sus hijos para que triunfen), Twenge ha descubierto que las connotaciones de este convencimiento son «casi uniformemente negativas»: se asocian con el bajo rendimiento académico, la sensación de impotencia, la dificultad para soportar el estrés, el bajo autocontrol y la depresión. Tal vez les estemos ahorrando sufrimiento y protegiendo su inocencia, pero también estamos privando a nuestros retoños de la posibilidad de saber de qué están hechos, de aprender a superar los inevitables obstáculos y pesares de la vida, de desarrollar su pasión.

Parece ser que el tesón —el término que los investigadores emplean cuando miden la perseverancia ante una dificultad— constituye un importante pronóstico de éxito. ¿Quieres que tu hijo destaque en los estudios? Según una amplia investigación llevada a cabo entre estudiantes universitarios, la entrega al trabajo —la perseverancia, la resistencia y el trabajo duro que hacen que una persona tenga tesón— parece ser el factor más importante a la hora de predecir el éxito en muy distintos ámbitos, incluidas las ciencia, el arte, los deportes y las comunicaciones. El tesón se reveló más trascendente que los resultados en la prueba de aptitud estándar, los buenos informes académicos y la participación en actividades extracurriculares durante la secundaria.

El tesón también es un factor clave de la felicidad duradera. Cuando los niños aprenden que *no* pueden superar las dificultades de la vida —porque su madre o su padre parecen siempre ansiosos por evitarlas o porque corren a resolverlas—, acaban por evitar los desafíos. Los errores se convierten en algo que se debe rehuir a toda costa. Esta actitud puede desencadenar tendencias perfeccionistas, que son, como veíamos en el capítulo 3, una forma particular de infelicidad.

De modo que, si bien *deberíamos* tomar las mejores decisiones posibles en relación con los primeros cuidados y el entorno en el que se crían nuestros hijos, *no tendríamos* que dar por supuesto que podemos controlar cuanto hay en el «parque de los niños»; ni siquiera deberíamos considerar constructiva la maniobra de excluir aspectos «negativos» como la angustia, la tristeza y la frustración. Aunque podemos dedicar muchos desvelos y pensamientos a crear el mejor «parque de niños» posible, tropezarán de todos modos con el dolor y la dificultad. Aun así —o quizá porque disfrutan de la libertad para afrontar sus propios retos— sus vidas pueden ser felices. Quizás, incluso, rabiosamente felices. Queremos acondicionar su entorno, sí, pero también debemos recordar que tenemos que construir un medio no hipercontrolado, enriquecido con la libertad y la dicha que supone disfrutar de ratos interminables de juego imaginativo, ese que constituye la materia prima de un «parque de niños» en verdad satisfactorio.

DIEZ

Décimo paso:
Cena en familia

*Cenar con nuestros amigos y seres queridos consti-
tuye sin duda uno de los placeres primordiales y más
inocentes de la vida, tan gratificante para el alma
como eterno.*

JULIA CHILD

Ya estoy oyendo las protestas. «Pero estamos demasiado ocupados para
cenar juntos». O: «Mis hijos son muy pequeños. Están cenando antes
incluso de que lleguemos a casa del trabajo». Y también: «Me encantaría cenar en familia, pero los niños tienen clase de teatro y de fútbol
justo a esa hora». Ya sé que hablamos de un tema peliagudo para las
familias actuales: a menudo el deseo que sentimos de estar juntos se
parece al de un hambriento que ansía comer.

Cenar en familia es el último de los consejos basados en la investigación científica, si bien uno de los más importantes, que te ofrezco
para criar niños felices. Las comidas familiares a menudo suponen una
dosis condensada de alimento y cariño, dos de las necesidades humanas básicas más importantes. Y, como comprobarás enseguida, la hora
de la comida suele ofrecer la mejor ocasión para poner en práctica los
primeros nueve pasos expuestos en este libro.

Para los niños, los beneficios de comer con sus padres son notables.
Las investigaciones demuestran que los niños que se sientan a comer
en casa con regularidad poseen mayor estabilidad emocional y corren
menos riesgo de incurrir en consumo de drogas y alcohol. Sacan mejo-

res notas. Presentan menos síntomas depresivos, sobre todo las chicas adolescentes. Y son menos proclives a padecer obesidad o a desarrollar trastornos alimentarios. Las comidas familiares superan con creces incluso los beneficios de la lectura de cuentos e historias a los niños en cuanto a facilitarles la entrada a la escuela. Y esa correlación persiste aun después de que los investigadores la hayan contrastado con el grado de unión familiar, lo que implica que las ventajas de comer en familia poseen más trascendencia y alcance que las de la unión familiar.

Para que no creas que estoy sugiriendo que la familia entera se siente alrededor de una mesa preparada con elegancia, con manteles de lino y varios platos, a continuación expongo a qué me refiero cuando hablo de comer juntos: los niños cenan regularmente con un adulto como mínimo, cinco noches a la semana o más. Ayudan a preparar la comida en la medida en que son capaces, a poner la mesa y a retirarla. La caja tonta está apagada. Los más pequeños no comen aparte. Puedes servir comida precocinada o algo casero y sencillo; *lo que* comes, sinceramente, importa menos que con *quién* comes. Entiendo que quizá no quieras cenar tan pronto, que preferirías esperar y compartir la cena con tu cónyuge cuando llega a casa y los niños están ya en la cama. Este capítulo trata de cómo y por qué establecer una rutina de cenas familiares adecuada.

Así pues, ¿por qué considero la cena un recurso tan importante para criar niños felices? Para empezar, durante las comidas, los adultos ofrecen un ejemplo importante, como pueda ser optar por alimentos saludables, por supuesto. Pero son tantas las estrategias sociales que se aprenden a la mesa que apenas sé por dónde empezar. Las investigaciones alertan de una relación indiscutible entre el desarrollo del lenguaje y las horas de las comidas, y la capacidad verbal constituye uno de los aspectos que definen nuestra inteligencia social.

Por ejemplo, un equipo de la Escuela de Posgrado en Educación perteneciente a la Universidad de Harvard quiso saber dónde habían aprendido los niños las palabras poco usuales que los estudiosos consideraban indicios particularmente elocuentes de conocimiento de la lengua. De las 2.000 palabras que buscaban, sólo 143 procedían de los cuentos o historias que los padres leían a sus hijos. Más de 1.000 habían sido aprendidas a la hora de cenar; vocablos como «oxígeno», «plantel», «caballito de mar», «deleite», «langostino», «burócrata», «presupuesto» y «gobierno». He aquí por qué las cenas pierden trascendencia cuando aislamos a los más jóvenes de los adultos. Mi hija de ocho años es incapaz de enseñar a la de seis todas esas palabras poco usuales (aunque estoy segura de que podría ofrecerle unos 250 eufemismos de, bueno, cualquier término relacionado con la sala de baño).

Las buenas maneras también constituyen destrezas sociales más importantes de lo que pudiéramos pensar. Ciertas normas sociales instruyen a los niños acerca de las emociones que integran una vida feliz. Cuando sugiero: «Molly, por favor, no interrumpas a tu hermana», le estoy enseñando formas de reciprocidad y empatía. Cuando me ven ofrecer a un invitado la porción más grande de un pastel, aprenden generosidad. Los gestos sencillos de gratitud, como dar las gracias a alguien por pasarte la sal, no son sino piezas del gran edificio de la felicidad. Las estrategias sociales, incluido el lenguaje, sólo son eso: habilidades que se adquieren con el tiempo y que se asimilan mejor a través del ejemplo que mediante instrucciones explícitas. Los niños incorporan con más facilidad cualquier destreza si la aprenden en una situación rutinaria y segura, y la mesa del comedor constituye un entorno familiar ideal —quizás el mejor— para enseñar y aprender cualquier habilidad.

HAZ LA PRUEBA

Da ejemplo de alimentación saludable

Si de algo podemos dar ejemplo los adultos durante las comidas familiares es de lo que significa alimentarse de forma saludable. Comer alimentos variados beneficia la salud, y la salud física contribuye a la felicidad. Mis hijas preferirían tomar macarrones con queso (sobre todo caracolas con Cheddar blanco) tres veces al día; decir que se resisten a probar cosas nuevas sería quedarse corto. Se cree que esta obstinada reticencia a degustar alimentos desconocidos es un rasgo evolutivo diseñado para evitar que los más jóvenes ingieran frutos inmaduros, por lo que nos toca a nosotros animar a los niños a probar muchas viandas distintas.

He aquí cómo hacerlo: los niños aprenden a saborear alimentos nuevos viendo cómo los toman los adultos y los otros niños. El aspecto difícil es que el hábito se adquiere a base de repetición. Es decir, tu vástago debe verte comer el alimento a menudo; quizás a diario, tal vez durante años.

Paul Rozin, un antropólogo, investigó cómo se acostumbran los niños mexicanos a degustar platos picantes. Al principio, a la mayoría de bebés y niños pequeños les desagrada el sabor, pero crecen viendo a los adultos tomarlos a diario. Hacia los cinco o seis años empiezan a disfrutar lo que nosotros llamaríamos «comida de adultos». Uno de los aspectos interesantes de este estudio es el descubrimiento de que los perros se conducen del mismo modo: las mascotas que rondan la mesa aprenden a aceptar comidas especiadas tomando ejemplo de sus dueños, mientras que los perros sin dueño, que nunca han comido restos pero podrían acceder igualmente a los alimentos picantes, jamás se avienen a probarlos.

Hablo por los codos de que mis hijas comen lo mismo que los adultos, pero de la teoría a la práctica hay un gran trecho. «Las niñas comen de todo; ¡no les prepares algo distinto!», digo tranquilamente cuando vamos invitadas a casa de algún amigo. Molly sabe que los mayores adoran a las criaturas que comen de todo, de modo que, cuando le ofrecen un plato «nuevo», finge probar un bocado y después declara entusiasmada: «¡Me encantan los raviolis de pepino!» Todos los adultos presentes reaccionan con exclamaciones de admiración y sorpresa, y hacen comentarios como: «¡Caray, ojalá Jack se comiera el pastel de espinacas!» Nueve veces de cada diez, Molly ni siquiera lo ha probado.

Aparte de comer, cocinar es mi afición favorita. De modo que me resulta bastante descorazonador comprobar que nadie se come el fruto de mi amor sin que tenga que recurrir a las súplicas o al soborno. No obstante, la actitud correcta sería exponer a las niñas a la comida (está en su plato; yo me la estoy comiendo) y no pasar de ahí. Los expertos no recomiendan el tipo de argumentos a los que soy propensa: «Fiona, si te comes tres bocados del *delicioso pozole* [sopa de maíz y carne de cerdo o pollo] guisado a fuego lento que a tu madre le ha *costado tanto* preparar, te dejaré tomar dos galletitas Girl Scout de postre». La nutricionista y psicóloga Ellyn Satter nos propone una buena regla práctica: «El adulto es responsable de *qué, cuándo* y *dónde* da de comer, y el niño es responsable de *cuánto* come y de *si* lo hace». A mí me cuesta seguir la norma, pero después de pasar unos seis meses poniendo ensalada en el plato de las niñas y dejándolas que la ignoren, ahora (por lo general) la aceptan.

Convierte las comidas en un ritual

Otro de los aspectos que contribuyen a los poderosos efectos de las comidas en familia es la posibilidad de convertirlas en un «ritual». Los rituales, o cualquier tipo de rutina que posea un significado simbólico o especial, incrementan la felicidad porque ponen de manifiesto nuestros valores. Los niños saben por instinto que celebramos o ritualizamos aquello que consideramos más importante. Yo comparto algún que otro ritual con cada una de mis hijas por separado, como hablar de las «tres cosas buenas» (ver capítulo 8). Ahora bien, lo único que hacemos las tres juntas cada día es comer.

Cuando convertimos la cena en un ritual familiar diario, fomentamos la alegría y el bienestar de los niños de dos maneras distintas. En primer lugar, les mostramos que forman parte de algo más grande que ellos mismos: la familia. Como comentaba en el capítulo 2, las investigaciones en torno a la felicidad demuestran terminantemente que la dicha humana consiste en disfrutar de unas relaciones significativas.

Las criaturas necesitan sentir a diario que forman parte de la familia, y la hora de comer ofrece una ocasión excepcional para demostrárselo. Cuando nos sentamos juntos —formando, literalmente, un círculo familiar—, ponemos de manifiesto ese algo más grande del que los pequeños forman parte. Si lo hacemos por costumbre, ese algo se convierte en una extensión de los mismos niños y de cómo se ven a sí mismos: se saben integrados en un organismo, y esa certeza les proporciona seguridad.

En segundo lugar, las comidas ritualizadas aumentan la felicidad gracias a su capacidad para provocar sentimientos de dicha y muchas otras emociones positivas. La hora de comer llegará a ser un momento del día programado para experimentar alegría, amor, gratitud y muchas otras cosas buenas. La manera más segura de adquirir este hábito en pro de la felicidad consiste en adoptar (o mantener) la tradición familiar de bendecir la mesa, aunque no seáis religiosos. Bendecir la mesa ofrece la oportunidad de cultivar con regularidad toda una gama de sentimientos agradables:

1. Por lo general, consiste en expresar algún tipo de gratitud o reconocimiento por los alimentos que vais a tomar (mis hijas, por propia iniciativa, suelen dar gracias por cosas más trascendentes como «estar en este mundo»). El agradecimiento es una emoción positiva en relación con el pasado.

2. En el momento de la bendición (o el brindis, o lo que sea), solemos experimentar satisfacción: la alegría de oír a una niña o a un niño pequeño dar las gracias, la dicha que nos proporciona estar todos juntos. Satisfacción, alegría y dicha son emociones positivas con relación al presente.

3. Dar las gracias constituye también un acto de fe, es decir, una forma de optimismo o emoción positiva con relación al futuro.

4. Unir las manos alrededor de la mesa es un acto de amor. Significa: «Me importas lo bastante como para compartir esta comida

contigo». El amor está considerado la emoción positiva por excelencia.

Si definimos una vida dichosa como aquella en la que abundan las emociones positivas, como defiendo en la introducción, bendecir la mesa constituye una poderosa estrategia para cultivar la felicidad.

A menudo me preguntan si hay algún otro modo, aparte de las comidas familiares, de lograr efectos igual de beneficiosos. En principio, una oración nocturna en familia debería bastar, puesto que al dar las gracias apelamos a todas esas emociones positivas que acabamos de exponer. Pero es probable que no sea así. ¿En qué otra situación sino cuando estás a la mesa podrías dar ejemplo de conductas que desarrollan la inteligencia social y emocional, enseñar hábitos de nutrición y formas de relación, además de resaltar la historia familiar y crear una fuerte sensación de pertenencia? Quizá contar un cuento en familia. A la hora del desayuno.

HAZ LA PRUEBA

Crea una rutina factible en torno a la mesa

Sé lo mucho que cuesta conseguir que todo fluya cuando nos sentamos a la mesa del comedor, incluso para los creyentes como yo. Ayer por la noche, me senté con mis dos hijas a comer un plato precocinado, pensando que aquella comida no transmitía un profundo significado simbólico. Nadie quiso contarme cómo le había ido el día. Creo que ninguna de las niñas aprendió alguna palabra nueva. Dimos las gracias, pero, qué curioso, todas agradecimos lo mismo que la noche anterior. La comida despertó muchas quejas e intentos de abandonar la mesa. Pero cuando llevé a las pequeñas a la cama, Fiona me dijo que la cena había sido una de las tres cosas buenas del día. Imagínate.

He aquí algunas ideas para convertir la hora de la cena en un poderoso ritual para tus hijos.

1. El «felices para siempre» no es necesario, pero la repetición sí. Da igual si hay un solo adulto, o dos, o cinco, y no tienen que estar casados. Los hijos de familias monoparentales que participan de ese tipo de rutinas experimentan los mismos beneficios. En consecuencia, si estás casado, podéis turnaros. Mientras haya una persona mayor sentada a la mesa con los niños, no hay problema. Y recuerda que la repetición, no la decisión, obrará el milagro. No te preocupes si a menudo las cenas, más que mágicas, te parecen agotadoras.

2. Sé creativo. Ahora que entiendes por qué cenar en familia es tan importante, inventa tus propias reglas. Quizá prefieras el desayuno a la cena. Tal vez optes por dar una buena merienda a tus hijos a las cinco y media y después compartir un tentempié (aunque sea ligero) a las ocho y media. Es posible que recurras a la comida preparada cada noche: de todos modos surtirá efecto. O a lo mejor un día a la semana cenáis juntos en un restaurante. Estupendo. Basta con que te atengas a la rutina y pongas en práctica el ritual lo mejor que puedas. Recuerda, importa el *con quién*, por encima del *qué* o incluso del *cuándo*.

3. Une fuerzas con otras familias. ¿Tus vecinos tienen una familia numerosa que te encantaría conocer mejor? Invítalos a compartir un refrigerio «de fiambrera» una vez a la semana o con bastante regularidad. Siempre y cuando los adultos y los niños coman juntos —más que separados en dos mesas—, los más jóvenes cosecharán los beneficios de la cena familiar.

4. Rehúsa los compromisos menos importantes, aunque a tus hijos les moleste. En mi familia, eso implica procurar que las niñas no se apunten a deportes cuyos entrenamientos se celebran a la hora de la cena, y no dejar que canten en coros infantiles de su elección. Mis hijas me consideran una mala madre por poner esos límites, pero yo sé que, gracias a ellos, nuestra calidad de vida es

mejor. Si uno de tus retoños entrena cuatro días a la semana, lo que os impide cenar todos juntos, tal vez tengas que replantearte el horario. ¿Podéis retrasar la cena familiar durante la temporada de entrenamientos? ¿O dividiros las comidas? Por ejemplo, el hijo de nueve años de mi amiga Maureen tiene partidos de béisbol varias noches a la semana. Cuando llega tarde a casa, uno de los progenitores lo espera para cenar con él; el otro lo hace antes con su hermana de seis años. La estrategia funciona. Los niños comparten un momento especial con cada uno de sus progenitores, lo que también está cargado de trascendencia.

5. **¿Se os acaban los temas de conversación? Empieza a contar a tus hijos la historia de tu familia.** Hablar del pasado común crea vínculos emocionales estrechos y seguros, además de contribuir a la armonía familiar. Ni siquiera tienes que contar historias familiares *positivas*. No debe extrañarnos que, según desveló cierto estudio, los niños que tienen mucha información acerca de sus antepasados la han aprendido a la hora de la cena.

6. **Por el amor de Dios, dad las gracias** (retrocede un poco en la lectura si te preguntas por qué). Si no creéis en Dios, limitaos a ben decir la mesa o a brindar, o emplead la ocasión para crear vuestra propia tradición familiar. Nosotras, cuando tenemos invitados, unimos las manos, damos unas vueltas a la mesa, y cada persona nombra una cosa de la que está agradecido. Sí, al principio da vergüenza, pero nuestros amigos se han acostumbrado y los niños lo piden. La semana pasada, nuestra vecina Jill, de seis años, dijo antes de comer: «Doy las gracias por tener cuanto necesito». Fue una frase tan dulce, sincera y conmovedora que puso fin a cualquier sensación de incomodidad. Un momento de silencio —durante el cual todo el mundo pone en práctica la atención plena (véase capítulo 8) o piensa en las cosas que agradece— también es una buena manera de dar comienzo a una comida, sobre todo si a continuación cada cual expresa sus agradecimientos.

7. Adoptad un estilo familiar. Considera lo que expresa de vosotros como familia *la manera* que tenéis de comer juntos, incluidos los actos de cocinar y retirar la mesa. Para empezar, servid la comida de fuentes familiares. Permitir que los niños se sirvan ellos mismos en la mesa les proporciona sensación de control; muchos padres que conozco preparan los platos de los niños en la cocina y después se los llevan como si estuvieran en un restaurante.

En mi casa, nos sentamos a la mesa formando literalmente un círculo familiar. Y procuramos poner la mesa entre las tres. Todo el mundo ayuda a cocinar, aunque eso sólo signifique que Molly pulsa el botón del microondas y Fiona enjuaga la lechuga. (Llevamos a cabo esa rutina aun si tengo que insistir y tardamos más tiempo, con el peligro de que todas acabemos hambrientas y de mal humor.) También limpiamos juntas, aunque, de nuevo, sea tentador dejar que los niños se levanten para que los adultos puedan prolongar la sobremesa y charlar. La idea es dar ejemplo a los niños de cómo cuidar los unos de los otros a diario. Muchos padres que conozco prefieren fregar ellos los platos; es más fácil, o quizá les guste disponer de un tiempo a solas con el cónyuge mientras limpian. No hay problema, siempre y cuando los hijos tengan también un papel importante. En mi casa, las niñas quitan sus platos, retiran los restos y cargan el lavaplatos. A menudo tengo que reordenarlo, pero al menos la vajilla ya está dentro y las pequeñas disfrutan con la tarea, sobre todo si les toca poner el jabón y apretar el botón para poner en marcha el electrodoméstico. Si los adultos y los niños acaban a la vez, los pequeños cogen esponjas y limpian la mesa (es curioso cuánto les gusta esta tarea). Como es inevitable, yo acabo pasando más tiempo en la cocina, fregando las cazuelas y guardando la comida, pero para entonces los más jóvenes han contribuido al conjunto de la experiencia. Simbólicamente hablando, yo no soy la única cocinera, cucharón, ayudante de camarera y lavaplatos; hemos trabajado en equipo.

En ocasiones, tendemos a caer en la rutina de la mamá camarera/cocinera particular. Pero cuando servimos a nuestros hijos, les transmitimos la idea simbólica de que son actores pasivos con derecho a servicio y no participantes afortunados y activos de un todo mayor.

Si te cuesta hacerte a la idea de cenar en familia cinco noches a la semana o más, recuerda que ponerlo en práctica es más difícil todavía. No sólo estás gestionando la pesadilla de la organización privada, sino que te enfrentas a un gran problema social. Nuestros hogares se han reducido hasta tal punto que lo que antaño concernía a toda una comunidad de gente que cooperaba para llevar comida a la mesa se ha convertido, a menudo, en el problema de una sola persona. Grandes fuerzas económicas han contribuido al hecho de que mucha gente que ahora está en el trabajo hace sólo una generación habría estado cenando en casa. Los entrenamientos de los niños han invadido la hora de la cena. Cuesta mucho vencer esos obstáculos, pero es importante hacerlo. A medida que más y más gente comprenda la trascendencia de dar prioridad a la cena en familia, sobre todo aquellos que tienen poder para cambiar las cosas, resultará más fácil.

Emprende los primeros nueve pasos a la hora de la cena

Por si todo lo dicho no bastara, concluyo este libro ofreciéndote nueve razones más para cenar en familia... y una para no hacerlo. ¿En qué ocasiones procuro poner más en práctica los nueve pasos para criar niños felices? ¡A la hora de la cena, por supuesto! He aquí cómo hacerlo.

Paso 1: ponte primero tu propia máscara de oxígeno. Éstas son las únicas ocasiones en que *no deberías* comer con tus hijos: cuando has reservado tiempo para ti o para tu cónyuge. Si tu clase de gimnasia favorita coincide con la hora de cenar, ¡hazla! Sal a tomar algo con tus amigos.

Programa una cita por la noche. *Tú* no tienes que cenar siempre con los niños, pero ellos necesitan cenas familiares al menos cinco días a la semana. El truco consiste en que, de vez en cuando, alguien que no seas tú organice la cena familiar (así como las rutinas y los rituales que entraña). El tío favorito de los niños, por ejemplo. O la familia con la que intercambias canguros. O el padre de tus hijos. O un abuelo. Aunque vayas al gimnasio dos veces a la semana y salgas todos los sábados, los niños pueden seguir disfrutando de cenas en familia cinco días a la semana, o más, con un adulto que cuida de ellos. Eso es lo que cuenta.

Paso 2: funda una aldea. La hora de la cena es el momento ideal no sólo para fomentar las habilidades precisas para ser una de esas personas que atrae a mucha gente, sino también para alimentar los vínculos de la propia aldea. A mi casa vienen amigos y familiares a cenar con tanta frecuencia que, cuando no hay invitados, las niñas y yo nos miramos admiradas ante la relativa calma que reina, aunque ellas empiezan a quejarse de inmediato de que «sólo estemos nosotras». Una da las funciones de la cena familiar es ayudar a los más jóvenes a sentirse parte de algo más grande que ellos mismos; párate a pensar lo grande que quieres que sea ese algo. Yo incluyo a mis padres y a mi hermano, así como a unos cuantos amigos íntimos y vecinos.

No es tan difícil como parece. No estoy añadiendo «entretenimiento frecuente» a mi ya atiborrada agenda. He descubierto que, cuando tus invitados contribuyen a preparar la cena y a limpiar, cocinar para ocho o nueve bocas resulta tan sencillo como hacerlo para tres o cuatro. Si la gente se ofrece a traer algo, acepta siempre algo sustancioso: una ensalada o unas verduras mejor que una botella de vino. Pide a los niños que pongan la mesa todos juntos. Si quieren poner etiquetas o recoger flores para adornar, ¡genial! Pero al margen de las expresiones de entusiasmo infantil, no te compliques la vida. Resístete a cualquier impulso tipo Martha Stewart.* De hecho, la primera vez que lo hagas,

---

* Conocida empresaria de *caterings* para bodas y fiestas, jardinería, mascotas, decoración, cocina, con programas en televisión, etc. *(N. del E.)*

limítate a pedir *pizza*. Las vigilias de días lectivos, sáltate el postre. Y deja que todo el mundo te ayude a retirar la mesa y a cargar el lavaplatos mientras guardas las sobras. ¿La mejor garantía de que ahorrarás tiempo y crecerá tu aldea si viene gente a cenar a tu casa con frecuencia? La reciprocidad. Nos invitan a cenar en *otras* casas una vez a la semana.

Paso 3: espera esfuerzo y disfrute. No perfección. La hora de la cena es el momento ideal para dar ejemplo de actitud de crecimiento. Me gusta emplear las conversaciones en torno a la mesa para insistir en que está muy bien equivocarse. Lo hago preguntando a todos los presentes por los errores que han cometido ese día, y compartiendo los míos (véase página 98, «Haz la prueba: hoy he cometido el error de...»). También explicamos nuestros «momentos estelares» y nuestras «momentos peliagudos». Los logros del día se celebran con elogios educativos («Has sacado buena nota en el examen de ortografía porque ayer estudiaste mucho. ¡Bien hecho!»). Y se habla de los fracasos cotidianos como oportunidades de aprendizaje.

Paso 4: opta por la gratitud, el perdón y el optimismo. Dar las gracias o bendecir la mesa ayudará a todo el mundo a adquirir la costumbre de expresar gratitud, e incluso perdón y optimismo. Cuando tus hijos te cuenten cómo les ha ido en el cole, puedes ofrecerles respuestas que fomenten el optimismo (y te ayuden a ti a ponerlo en práctica). Lo hago a menudo concediendo a los demás el beneficio de la duda. De modo que si Fiona me habla de una niña que la ignoraba en la escuela, ofrezco explicaciones alternativas a su conducta que no tengan nada que ver con ella (quizás estaba absorta en sus pensamientos y ni siquiera la vio). Esa estrategia estimula el pensamiento optimista —no tomarse las cosas malas como algo personal y pensar que no van a repetirse— y la empatía, que es la piedra angular del perdón.

Paso 5: aumenta la inteligencia emocional de tus hijos. Muchas de las situaciones que se producen espontáneamente a la hora de la cena desarrollarán la inteligencia de los niños, la emocional y la otra. No obstante, la cena familiar ofrece una ocasión de oro para enriquecer de forma consciente el «vocabulario de sentimientos» familiar. Antes de sentarte a cenar, echad un vistazo a la «lista de sentimientos familiares» (página 154) y elegid unos cuantos para comentar. Por lo general, empiezo por algo de lo que sé que a las niñas les apetecerá hablar: «Cuéntame si, a lo largo del día de hoy, te has sentido boba o ridícula en algún momento») y después continúo con conceptos más difíciles, como una ocasión en la que hayan sentido rabia y vergüenza al mismo tiempo. ¿Qué sensación tenías en el cuerpo? ¿Cómo te comportaste cuando te sentiste así? ¿Qué te gustaría hacer la próxima vez que experimentes eso?

Paso 6: incúlcales hábitos que contribuyan a su felicidad. Cenar juntos es una costumbre fabulosa a la larga, pero las malas costumbres como hacer ascos a la comida o decir cochinadas estando sentados a la mesa pueden arruinar esos momentos. La cena ofrece una ocasión ideal para poner a prueba las habilidades que contribuyen a crear buenos hábitos comentadas en el capítulo 6, porque se repite más o menos a la misma hora cada día. Incluso puedes llevar a la mesa tu «Cuadro de seguimiento de hábitos para la felicidad» (página 178) y emplear la hora de la cena para cotejarlo y fijar objetivos. (En nuestra familia, el hábito que más se nos resiste es el de llevar la cuenta de nuestros progresos.) Podemos establecer un objetivo global para las cenas familiares, como *Cenar en familia cinco noches a la semana o más charlando tranquilamente (y sin mandar a nadie a su cuarto). Trabajar en equipo para preparar la cena y recoger la mesa después.* No obstante, cada cual debe tener su propio «cuadro de progresos de hábitos para la felicidad». Y recuerda, los pasos de tortuga para alcanzar el objetivo deben ser irrisoriamente fáciles.

Paso 7: enséñales autodisciplina. ¿Qué lugar mejor para poner en práctica la autodisciplina con regularidad que la mesa del comedor? Los restaurantes y las casas de otras personas son también espacios ideales para adoptar las técnicas que enfrían el sistema de acción y mejoran el sistema de conocimiento. Prepárate para ello recabando una buena provisión de trucos antes de sentarte a la mesa del restaurante. Ahora llevo un Slinky y un libro de actividades en el bolso. Y tengo una breve lista de cosas que distraen a las niñas durante las esperas largas, como: «Imagina que estás haciendo algo divertido. ¿Qué haces?» También practicamos juegos, como «Simón dice», que ayudan a mis hijas a desarrollar un buen autocontrol. Recuerda, el objetivo es prevenir la mala conducta más que corregirla.

Paso 8: disfruta el momento presente. La hora de la cena es un momento ideal para saborear las alegrías del día *y* el momento presente. Lo podemos hacer de manera consciente. Por ejemplo, empieza cada colación comiendo en silencio con atención plena, más o menos como se proponía en la meditación de la uva pasa. Ese gesto contribuye a calmar y centrar a toda la familia, y constituye una buena estrategia para que el resto de la comida sea un éxito.

Para mí, cocinar es uno de los grandes placeres de la vida, por lo que intento compartir la experiencia con mis hijas. Considero la cocina un arte creativo y una ciencia que requiere planificación y disciplina. Procuro fomentar la creatividad en las niñas (véase página 208) invitándolas a participar en la programación y en la preparación de los platos. Los domingos por la tarde, mis hijas aprenden lo que significa fluir, cuando preparo casi todas las comidas de la semana. Les explico que debe ser algo nuevo y distinto, algo que me suponga un desafío, o no viviré la experiencia; me resulta muy aburrido hacer macarrones con queso cada semana.

Paso 9: preocúpate del entorno para su felicidad. A estas alturas del libro, supongo que ya te has dado cuenta de que cenar en familia con regularidad constituye la piedra angular del «parque de los niños». Además, he descubierto que las comidas ofrecen una ocasión idónea para echar un vistazo al aspecto del resto del «parque». Me he esforzado al máximo por amañar su entorno para la felicidad, escogiendo la escuela y los cuidados que me han parecido idóneos; a la hora de la cena me entero de cómo va todo. Procuro enseñarles valores que contrarresten la cantinela materialista de nuestra cultura, e intento que se sientan llenas de amor y de todas las cosas que necesitan para que no caigan en la tentación de andar en pos de objetos lujosos que nunca las harán felices (y que no nos podemos permitir). Lo que me cuentan mientras comemos me informa de lo bien —o lo mal— que lo han pasado. Saber qué cosas agradecen, cuáles han sido sus momentos estelares y cuáles sus momentos peliagudos es muy revelador. Me ayuda a saber si están demasiado cansadas o si han pasado excesivo rato sentadas (y necesitan más tiempo de juego). Por encima de todo, me informa de si lo estoy haciendo bien. Cuando Molly dice que da las gracias por ser como es —el otro día expresó: «Doy las gracias por ser yo»— o cuando a Fiona se le ocurren media docena de momentos estelares y se queda en blanco cuando le pregunto por su momento peliagudo. Entonces sé que las cosas están bien en el «parque de los niños».

En fin, ya has llegado al final. Has recorrido las diez etapas necesarias para educar niños felices, y todo en una comida de veinte minutos. La idea casi me provoca carcajadas, porque sé que unos cuantos de vosotros lo intentaréis. ¿Será posible poner en práctica todas esas cosas en una sola comida? ¿En el equivalente a las comidas de una semana? Quién sabe; la cuestión no es hacerlo todo al mismo tiempo y a la perfección, sino hacer algo. E incluso los minúsculos pasos de tortuga llegarán a ser algo grande cuando los hayas repetido a lo largo de veinte comidas al mes, o de 240 a lo largo de un año. Como decía en la introducción, si encuentras aunque sea una sola cosa en todo el libro que puedas poner en práctica —el mero hecho de cenar en familia sería un logro en sí mismo—, la felicidad de tus hijos aumentará, y la tuya también. Se sabe, por ejemplo, que ejercitar la gratitud consciente a solas hace a las personas ciertamente más felices. Si lo haces, y además practicas atención plena..., ¡imagínate!

Tenemos suerte de andar embarcados en este tema de criar niños felices. No se trata de cualquier cosa; constituye la base de un mundo mejor. Somos afortunados de tener la oportunidad de enseñar a los niños las capacidades que necesitan para ser amables y compasivos, seguros y emocionalmente inteligentes, cariñosos y conectados con sus semejantes. Lo que necesita el mundo son más niños así, más personas así. Sólo de ese modo la sociedad y la civilización pueden fortalecerse y construir la paz. En palabras de Thich Nhat Hanh: «Si somos capaces de sonreír a diario, si nos sentimos felices y en paz, no sólo nosotros sino todo el mundo se beneficia. Constituye la manera más básica de trabajar en pro de la paz».

Agradecimientos

No tengo palabras para expresar lo mucho que agradezco la ayuda de todas las personas que han colaborado para hacer realidad este libro, pero con el ánimo de practicar la gratitud (véase capítulo 4) me alegro de tener la oportunidad de intentarlo.

En primer lugar, gracias a mis padres, por el papel trascendental que tienen en mi vida. Vuestra gran red de seguridad hace posible mi felicidad, la de Fiona y la de Molly en infinidad de sentidos, tanto prácticos como emocionales. Mi amor y mi agradecimiento también a mi hermano, Tim, por tu apoyo y por haberme cedido un espacio para escribir.

No estaría escribiendo esto si no fuera por la orientación y el apoyo de Dacher Keltner; gracias por ser mi mentora, mi colega y mi querida amiga. Gracias también a Jason Marsh por su paciencia, y a Alexandra Dawidson por su ayuda entusiasta e inteligente. No podría haber escrito este libro ni llevar mi *blog* al día si no fuera por mis infatigables ayudantes de investigación, sobre todo Stephanie Harstrup y Caroline Wilmuth. Caroline, gracias por poner en práctica este libro con Fiona y Molly, y por la infinita ayuda que me has prestado este año. Mi más profundo agradecimiento a Tom y Ruth Ann Hornaday, a Lee Hwang, y a todos los miembros de la Fundación Herb Alpert que han hecho posible mi trabajo gracias a su apoyo al Centro de Investigación para el Incremento del Bienestar. Mi gratitud también a Liza Veto (¡y otra vez a Alexandra!) por leer el borrador, así como a Eileen Healy y a Cassi Vieten por sus atentas sugerencias.

Siento una inmensa gratitud hacia todas las personas que nos sustentan a mí y a las niñas con su gran amor e infinito apoyo. Mi aldea es enorme, y cuenta con habitantes estupendos. Gracias a Mike McLaushlin por ser tan amable y considerado, y a mis amigos por haber sido fuente de diversión, juego y amor a lo largo de este año. Kerryn LaDuc, Andrea Muchin y Heather Haggarty, gracias por estar ahí en los momentos críticos. Kelly Huber y Laura Beth Nielsen, sois las mejores amigas que podría soñar. Marissa Harrison, Sheryl O'Loughlin y Katie Keim, gracias por inspirarme; Kristen Malan, Ariel Trost, Jen Colten, Danielle Hawn Bluey, Charlie Marinelli, Alex Peterson, Tracy Clements y Melissa Raymond, gracias por ayudarme a seguir en pie y por proporcionarme tanta alegría. Por haber estado ahí en muchos sentidos, cuidando de mí y de las niñas, doy las gracias también a Elizabeth y Paul Simonetti, Stacy Merickel, Annie y Coley Cassidy, Catherine Teare, Lydia Adams, Lois Cottrell, Denise Lombard, Chad Olcott, Dave Crombie, Sara Lardner, Brett Arnott, Laurie Dalton White, John LaGatta, Deborah Efron, Jennifer Pringle, Grammy y Grampa Snuggles, y a mi primo Kevin y a Amy. Un agradecimiento muy, muy especial a Monica Jane, a quien nunca podré expresar la gratitud que siento por lo mucho que ha contribuido a la felicidad de nuestra familia.

Por fin, gracias a Jackie por creer en el proyecto desde el principio, y por ponerme en contacto con mi fabulosa agente, Andrea Barzvi, quien a su vez me presentó a mi maravilloso editor, Marnie Cochran. Estoy profundamente agradecida a los tres por todo lo que habéis hecho para encauzar este libro.

Notas

Introducción: el arte y la ciencia de criar niños felices

11 **Casi la mitad (quizá más):** Para una explicación de la idea escrita para el gran público, véase Sonja Lyubomirsky, *The How of Happiness: A Scientific Approach to Getting the Life You Want* (Nueva York, The Penguin Press, 2007). [Trad. cast.: *La ciencia de la felicidad: Un método probado para conseguir bienestar* (Barcelona: Ediciones Urano, 2008).]

12 **Eso no significa que el código genético:** Daniel Goleman, *Social Intelligence: The New Science of Human Relationships* (Nueva York: Bantam Dell, 2006), p. 151. [Trad. cast.: *Inteligencia social: La nueva ciencia de las relaciones humanas* (Barcelona: Editorial Kairós, 2010).]

14 **Según una serie de estudios llevados a cabo:** La referencia de dichos trabajos se puede buscar en http://www.lpfch.org/newsroom/releases/parentpoll10_27_05.html.

14 **Tenemos motivos para estar preocupados:** Se pueden encontrar referencias y estadísticas acerca de estas correlaciones en http://www.childtrends databank.org/indicators/30Feel-SadorHopeless.cfm.

15 **La ansiedad y el estrés maternos:** E. P. Davis *et al.*, eds., *Prenatal Stress and Stress Physiology Influence Human Fetal and Infant Development, Placenta and Brain, Birth and Behavior, Health and Disease* (Cambridge, Inglaterra: Cambridge University Press, 2006); M. E. Coussons-Read, M. L. Okun y C. D. Nettles, «Psychosocial Stress Increases Inflammatory Markers and Alters Cytokine Production across Pregnancy», *Brain, Behavior, and Immunity* 21, n.º 3 (marzo 2007); L. Bonari *et al.*, «Risks of Untreated Depression During Pregnancy», *Canadian Family Physician* 50 (enero 2004).

15 **Además, los niños eeducados emocionalmente:** John Gottman y Joan DeClaire, *Raising an Emotionally Intelligent Child* (Nueva York: Simon & Schuster Paperbacks, 1997).

16 **Pese a la creencia popular de que:** Christine Carter McLaughlin, *Buying Happiness: Family Income and Adolescent Subjective Well-Being* (defensa de la tesis doctoral, Universidad de California, Berkeley, 2007).

16 **Una investigación reciente demuestra que:** G. H. Brody *et al.*, «Parenting Moderates a Genetic Vulnerability Factor in Longitudinal Increases in Youths' Substance Use», *Journal of Consulting and Clinical Psychology* 77, n.º 1 (febrero 2009).

16 **Si, por ejemplo, fomentas la gratitud:** Para saber más de la gratitud, véase el capítulo 4.

16 **Como padres, tenemos dos largas décadas:** Daniel Goleman, *Social Intelligence: The New Science of Human Relationships*, ob. cit.

17 **Por lo general, las personas felices:** Las ventajas de la felicidad —y las investigaciones sociales que las respaldan— se explican al detalle en estos tres libros: Lyubomirsky, *The How of Happiness: A Scientific Approach to Getting the Life You Want*, ob. cit.; Barbara L. Fredrickson, *Positivity: Groundbreaking Research Reveals How to Embrace the Hidden Strength of Positive Emotions, Overcome Negativity, and Thrive* (Nueva York: Crown Publishers, 2009); y Ed Diener y Robert Biswas-Diener, *Happiness: Unlocking the Mysteries of Psychological Wealth* (Malden, Massachusetts: Blackwell Publishing, 2008).

17 **Las emociones positivas ayudan al cuerpo:** B. Fredrickson, *Positivity: Groundbreaking Research Reveals How to Embrace the Hidden Strength of Positive Emotions, Overcome Negativity, and Thrive*, ob. cit., p. 226. Véase también S. Lyubomirsky, *The How of Happiness: A Scientific Approach to Getting the Life You Want*, ob. cit.

17 **Por lo visto, entre las personas:** Shigehiro Oishi, Ed Diener y Richard E. Lucas, «The Optimum Level of Well-Being: Can People Be Too Happy?», *Perspectives on Psychological Science* 2, n.º 4 (2007).

18 **Sin embargo, parece ser que:** B. Fredrickson, *Positivity: Groundbreaking Research Reveals How to Embrace the Hidden Strength of Positive Emotions, Overcome Negativity, and Thrive*, ob. cit.

21 **Diane Ackerman comentó una vez:** Jone Johnson Lewis, «Diane Ackerman Quotes», http://womenshistory.about.com/od/quotes/a/ackerman.htm.

Primer paso: ponte primero tu propia máscara de oxígeno

26 **Abundantes investigaciones demuestran:** para saber más de la relación entre la depresión, el estrés y la ansiedad parental y la adaptación infantil a la escuela, véase S. B. Campbell, *et al.*, «Trajectories of Maternal Depressive Symptoms, Maternal Sensitivity, and Children's Functioning at School Entry», *Developmental Psychology* 43, n.º 5 (2007); Xin Feng, Daniel S. Shaw y Jennifer S. Silk, «Developmental Trajectories of Anxiety Symptoms among Boys across Early and Middle Childhood», *Journal of Abnormal Psychology* 117, n.º 1 (2008); Karen L. Franck y Cheryl Beuehler, «A Family Process Model of Marital Hostility, Parental Depressive Affect, and Early Adolescent Problem Behavior: The Roles of Triangulation and Parental Warmth», *Journal of Family Psychology* 21, n.º 4 (2007); Xin Feng, *et al.*, «Emotional Exchange in Mother-Child Dyads: Stability, Mutual Influence, and Associations with Maternal Depression and Child Problem Behavior», *Journal of Family Psychology* 21, n.º 4 (2007); K. A. Moore, *et al.*, «Depression among Moms: Prevalence, Predictors, and Acting out among Third-Grade Children» (Washington, DC: Child Trends, 2006).

27 **Los jóvenes reproducen las emociones de sus progenitores:** A. N. Meltzoff, «Imitation and Other Minds: The 'Like Me' Hypothesis», en *Perspectives on Imitation: From Cognitive Neuroscience to Social Science*, S. Hurley y N. Chater, eds. (Cambridge, MA: MIT Press, 2005).

27 **De modo que, si damos ejemplo de hábitos clave de felicidad:** Bill E. Peterson, «Generativity and Successful Parenting: An Analysis of Young Adult Outcomes», *Journal of Personality* 74, n.º 3 (2006).

27 **Y dado que, según las investigaciones:** C. Anderson, D. Keltner y O. P. John, «Emotional Convergence between People over Time», *Journal of Personality and Social Psychology* 84, n.º 5 (2003).

27 **Las reacciones emocionales de los amigos y las parejas:** Ferran Casas, *et al.*, «Does Subjective Well-Being Show a Relationship between Parents and Their Children?», *Journal of Happiness Studies* 9, n.º 2 (2008).

27 **Igual que las de amigos y parejas:** Ferran Casas, *et al.*, «Does Subjective Well-Being Show a Relationship between Parents and Their Children?», *Journal of Happiness Studies* 9, n.º 2 (2008).

28 **Un doctor en ciencias políticas de:** J. H. Fowler y N. A. Christakis, «Dynamic Spread of Happiness in a Large Social Network: Longitudinal

Analysis over 20 Years in the Framingham Heart Study», *British Medical Journal* 337, n.º a2338 (2008).

29   **Ten en cuenta, por ejemplo, que:** Frank Fujita y Ed Diener, «Life Satisfaction Set Point: Stability and Change», *Journal of Personality and Social Psychology* 88, n.º 1 (2005).

29   **Las personas con muchas relaciones sociales:** Robert D. Putnam, *Bowling Alone: The Collapse and Revival of American Community* (Nueva York: Simon and Schuster, 2001). [Trad. cast.: *Solo en la bolera: colapso y resurgimiento de la comunidad norteamericana* (Barcelona: Galaxia Gutenberg, 2002).]

30   **Los neurocientíficos creen que:** Dacher Keltner, *Born to Be Good: The Science of a Meaningful Life* (Nueva York: W. W. Norton & Company, 2009). (Véase el capítulo 7 sobre la risa, para saber de cuántas maneras te beneficia reírte.)

30   **Pide a tus hijos o a tu pareja:** Ibíd. (Véase el capítulo 9 para saber más sobre los beneficios del contacto físico.)

31   **¿Quieres que tus ondas cerebrales...?:** Véase Sharon Begley, *Train Your Mind, Change Your Brain* (Nueva York: Random House, 2007) [trad. cast.: *Entrena tu mente, cambia tu cerebro: cómo una nueva ciencia revela nuestro extraordinario potencial para transformarnos a nosotros mismos* (Barcelona: Ediciones Granica, 2008)] para encontrar información fascinante acerca de esta ciencia.

31   **Una divulgadora científica llamada Sharon Begley:** S. Begley, *Train Your Mind, Change Your Brain,* ob. cit.

32   **Las personas que «practican» el agradecimiento:** Robert A. Emmons y Michael E. McCullough, *The Psychology of Gratitude* (Nueva York: Oxford University Press, 2004). [Trad. cast.: *¡Gracias!: de cómo la gratitud puede hacerte feliz* (Barcelona: Ediciones B, 2008).]

32   **Hacer ejercicio con regularidad incrementará:** John J. Ratey y Eric Hagerman, *Spark* (Nueva York: Little, Brown and Company, 2008).

32   **Cierto experimento demostró que:** B. Fredrickson, *Positivity: Groundbreaking Research Reveals How to Embrace the Hidden Strength of Positive Emotions, Overcome Negativity, and Thrive,* ob. cit.; M. G. Berman, J. Jonides y S. Kaplan, «The Cognitive Benefits of Interacting with Nature,» *Psychological Science* 19, n.º 12 (2008).

32   **Las personas materialistas tienden a ser:** T. Kasser, «Frugality, Generosity, and Materialism in Children and Adolescents», in *What Do Children*

Need to Flourish? Conceptualizing and Measuring Indicators of Positive Development, K. A. Moore y L. H. Lippman, eds. (Nueva York: Springer Science + Business Media, 2005).

33 **Los estudios demuestran que más de la mitad:** Suzanne Bianchi, John P. Robinson y Melissa A. Milkie, *Changing Rhythms of American Family Life* (Nueva York: Russell Sage Foundation, 2007).

33 **Las madres casadas de hoy dedican:** Liana C. Sayer, Suzanne M. Bianchi y John P. Robinson, «Are Parents Investing Less in Children? Trends in Mothers' and Fathers' Time with Children», *American Journal of Sociology* 110, n.º 1 (2004); otro recurso excelente para profundizar en cómo las familias y las tareas domésticas se han ido transformando es el Council on Contemporary Families [Centro de Estudios de Familias Contemporáneas]: http://www.contemporaryfamilies.org/index.php.

34 **Sin embargo, trabajar en la relación matrimonial:** C. P. Cowan y P. A. Cowan, *When Partners Become Parents: The Big Life Change for Couples* (Mahwah, Nueva Jersey: Lawrence Erlbaum Associates, 2000).

34 **El psicólogo y prolífico escritor John Gottman:** Gottman ha escrito muchos libros para el gran público sobre sus investigaciones, incluido el que escribió con Nan Silver, *The Seven Principles for Making Marriage Work* (Nueva York: CrownPublishers, 1999). [Trad. cast.: *Siete reglas de oro para vivir en pareja* (Barcelona: Nuevas Ediciones de Bolsillo, 2001).]

35 **El principal pronóstico de la satisfacción de una esposa:** Alyson Shapiro, John Gottman, y Sybil Carrere, «The Baby and the Marriage: Identifying Factors That Buffer against Decline in Marital Satisfaction after the First Baby Arrives», *Journal of Family Psychology* 14, n.º 1 (2000).

35 **En *Siete reglas de oro para*:** J. M. Gottman y Nan Silver, *The Seven Principles for Making Marriage Work*, ob cit.

37 **El sexo empieza a ser menos satisfactorio:** M. Dixon, N. Booth, y R. Powell, «Sex and Relationships Following Childbirth: A First Report from General Practice of 131 Couples», *British Journal of General Practice* 50, n.º 452 (2000).

37 **La frecuencia de las relaciones sexuales:** Susan H. Fischman, *et al.*, «Changes in Sexual Relationships in Postpartum Couples», *Journal of Obstetric, Gynecologic, & Neonatal Nursing* 15, n.º 1 (1986).

37 **Desde un punto de vista darwiniano:** Tara Parker-Pope, «Is It Love or Mental Illness? They're Closer Than You Think», *Wall Street Journal* (13 febrero de 2007).

37   **Uno de los indicadores más importantes**: Vaughn Call, Susan Sprecher, y Pepper Schwartz,« The Incidence and Frequency of Marital Sex in a National Sample», *Journal of Marriage and the Family* 57, n.º 3 (1995).

37   **Hay también otras diferencias según el sexo**: Rachel Zimmerman, «Researchers Target Toll Kids Take on Parents' Sex Lives», *Wall Street Journal* (24 de abril de 2007).

38   **Otra idea extendida:** Felicia de la Garza-Mercer, Andrew Christensen y Brian Doss, «Sex and Affection in Heterosexual and Homosexual Couples: An Evolutionary Perspective», *Electronic Journal of Human Sexuality* 9 (2006), http://www.ejhs.org/volume9/Garza.htm.

39   **Los estudios refieren que las mujeres:** David P. Schmitt *et al.*, «Is There an Early-30s Peak in Female Sexual Desire? Cross-Sectional Evidence from the United States and Canada», *Canadian Journal of Human Sexuality* 11 (2002); Julie Y. Huang y John A. Bargh, «Peak of Desire: Activating the Mating Goal Changes Life-Stage Preferences across Living Kinds», *Psychological Science* 19, n.º 6 (2008).

39   **Sea como sea, los estudios demuestran que**: Call, Sprecher y Schwartz, «The Incidence and Frequency of Marital Sex in a National Sample», art. cit.

40   **Como sociedad, tendemos a pensar**: Judith S. Wallerstein, *The Unexpected Legacy of Divorce: The 25 Year Landmark Study* (Nueva York, Hyperion, 2001).

40   **He aquí las conclusiones que he extraído**: P. A. Cowan y C. P. Cowan, «Strengthening Couples to Improve Children's Well-Being: What We Know Now,» *Poverty Research News* 6, n.º 3 (2002).

41   **Depende de lo grave que sea el conflicto:** Donna Ruane Morrison y Mary Jo Coiro, «Parental Conflict and Marital Disruption: Do Children Benefit When High-Conflict Marriages Are Dissolved?», *Journal of Marriage and the Family* 61, n.º 3 (1999).

42   **Un número considerable de investigaciones**: G. T. Harold, J. J. Aitken y K. H. Shelton, «Inter-Parental Conflict and Children's Academic Attainment: A Longitudinal Analysis,» *Journal of Child Psychology and Psychiatry* 48, n.º 12 (2007); Marcie C. Geoeke-Morey, E. Mark Cummings y Lauren M. Papp, «Children and Marital Conflict Resolution: Implications for Emotional Security and Adjustment», *Journal of Family Psychology* 21, n.º 4 (2007); K. H. Shelton y G. T. Harold, «Marital Conflict and Children's Adjustment: The Mediating and Moderating Role of Children's

Coping Strategies», *Social Development* 16, n.º 3 (2007); E. M. Cummings, K. S. Simpson y A. Wilson, «Children's Responses to Interadult Anger as a Function of Information About Resolution», *Developmental Psychology* 29, n.º 6 (1993); E. M. Cummings *et al.*, «Children's Responses to Different Forms of Expression of Anger between Adults», *Child Development* 60, n.º 6 (1989).

42 **Ciertos tipos de discusiones:** John Gottman comenta el trabajo de Shapiro para el gran público en http://www.edge.org/3rd_culture/gottman05/gottman05_index.html.

42 **El grado de conflicto entre los padres:** Esta conclusión procede de la tesis de Alyson Shapiro. Véase nota anterior.

42 **Por si lo dicho aún no basta:** S. J. T. Branje, W. H. J. Meeus y M. D. Van Doorn, «Longitudinal Transmission of Conflict Resolution Styles from Marital Relationships to Adolescent-Parent Relationships», *Journal of Family Psychology* 21, n.º 3 (2007).

44 **Eileen Healy, consejera familiar:** Eileen D. Healy, *EQ and Your Child: 8 Proven Skills to Increase Your Child's Emotional Intelligence* (San Carlos, California: Familypedia Publishing, 2005).

45 **Aunque todas esas posturas puedan parecer:** Christina M. Rinaldi y Nina Howe, «Perceptions of Constructive and Destructive Conflict within and across Family Subsystems», *Infant and Child Development* 12 (2003).

Segundo paso: funda una aldea

47 **Las personas muy felices:** E. Diener y M. E. P. Seligman, «Very Happy People,» *Psychological Science* 13, n.º 1 (2002).

47 **Compartir acontecimientos y pensamientos positivos:** D. G. Myers, *The American Paradox: Spiritual Hunger in an Age of Plenty* (New Haven, CT: Yale University Press, 2000).

48 **Por mucho que la tecnología:** R. Putnam, *Bowling Alone: The Collapse and Revival of American Community,* ob. cit.

48 **Hay pocas cosas tan importantes:** J. P. Shonkoff y D. Phillips, *From Neurons to Neighborhoods: The Science of Early Child Development* (Washington, DC: National Academy Press, 2000).

48 **La capacidad de los niños para crear:** K. H. Rubin, W. Bukowski, *et al.*, *Peer Interactions, Relationships, and Groups. Handbook of Child Psycho-*

logy, 5ª. ed., vol. 3: *Social, Emotional, and Personality Development*, W. Damon, ed. (Nueva York: John Wiley & Sons, 1998).

48   **Los niños que son rechazados sistemáticamente:** Shonkoff y Phillips, *From Neurons to Neighborhoods: The Science of Early Child Development*, ob. cit.

49   **Cuando hablas con:** Goleman, *Social Intelligence: The New Science of Human Relationships*, ob. cit.

49   **Cuando dos personas se compenetran:** Linda Tickle— Degnen y Robert Rosenthal, «The Nature of Rapport and Its Nonverbal Correlates,» *Psychological Inquiry* 1, n.º 4 (1990).

50   **Según cierto estudio, los empleados:** B. L. Fredrickson, «Why Positive Emotions Matter in Organizations: Lessons from the Broaden-and-Build Model», *Psychologist-Manager Journal* 4, n.º 2 (2000).

51   **Por ejemplo, cuanto más tienden:** F. J. Bernieri, «Coordinated Movement and Rapport in Teacher-Student Interactions», *Journal of Nonverbal Behavior* 12, no. 2 (1988); «Interpersonal Sensitivity in Teacher-Student Interactions», *Personality and Social Psychology Bulletin* 17, n.º 1 (1991).

51   **Los científicos han demostrado que:** Goleman, *Social Intelligence: The New Science of Human Relationships*, ob. cit.

52   **De igual modo, se sabe que los lactantes y los niños de pañal:** Ibíd.

52   **En cambio, cuando estos mismos cómplices:** Ibíd.

53   **Entre los niños:** D. W. Johnson, *et al.*, «Effects of Conflict Resolution Training on Elementary School Students», *Journal of Social Psychology* 134, n.º 6 (2001); D. Chen, «Preventing Violence by Promoting the Development of Competent Conflict Resolution Skills: Exploring Roles and Responsibilities», *Early Childhood Education Journal* 30, n.º 4 (2003).

53   **La mayoría de niños o bien:** Chen, «Preventing Violence by Promoting the Development of Competent Conflict Resolution Skills: Exploring Roles and Responsibilities», art. cit.

55   **Haz la prueba: Diez pasos:** Adaptación parcial de Johnson, *et al.*, «Effects of Conflict Resolution Training on Elementary School Students», art. cit.; C. Pearlman, «Finding the 'Win— Win': Nonviolent Communication Skills Help Kids— and Adults— Resolve Conflicts in Ways That Work for Everybody», *Children's Advocate* (2007), www.4children.org/news/1107hcone.htm; C. Miller, «Teaching the Skills of Peace: More Ele-

mentary and Preschools Are Going Beyond 'Conflict Resolution' to Teach Positive Social Behavior», *Children's Advocate* (2001), http://www.4chil dren.org/news/501teach.htm.

56 **En cierto estudio, el 40 por ciento:** Chen, «Preventing Violence by Promoting the Development of Competent Conflict Resolution Skills: Exploring Roles and Responsibilities», art. cit.

60 **Para empezar, ayudar a los demás:** Stephen Post y Jill Neimark, *Why Good Things Happen to Good People* (Nueva York: Broadway Books, 2007); Stephen G. Post, «Altruism, Happiness, and Health: It's Good to Be Good», *International Journal of Behavioral Medicine* 12, n.º 2 (2005).

60 **Las personas que participan en voluntariados:** Allan Luks, «Doing Good: Helper's High,» *Psychology Today* 22, n.º 10 (1988).

60 **Tanto es así, que la generosidad:** Post y Neimark, *Why Good Things Happen to Good People,* ob. cit., p. 7.

60 **Colaborar como voluntario:** Doug Oman, Carl E. Thoresen y Kay McMahon, «Volunteerism and Mortality among the Community-Dwelling Elderly», *Journal of Health Psychology* 4, n.º 3 (1999).

60 **Nos sentimos de maravilla:** Jorge Moll, *et al.*, «Human Fronto-Mesolimbic Networks Guide Decisions About Charitable Donation», *Proceedings of the National Academy of Sciences of the United States of America* 103, n.º 42 (2006).

60 **Aproximadamente la mitad de los participantes:** Post, «Altruism, Happiness, and Health: It's Good to Be Good», art. cit.

60 **Trabajar como voluntario reduce:** Marc A. Musick y John Wilson, «Volunteering and Depression: The Role of Psychological and Social Resources in Different Age Groups», *Social Science & Medicine* 56 (2003).

60 **Tanto prestar como recibir ayuda:** Carolyn E. Schwartz, *et al.*, «Altruistic Social Interest Behaviors Are Associated with Better Mental Health», *Psychosomatic Medicine* 65 (2003).

61 **Los adolescentes que consideran:** Zipora Magen, «Commitment Beyond Self and Adolescence», *Social Indicators Research* 37 (1996).

61 **De igual modo, los adolescents que:** Musick y Wilson, «Volunteering and Depression: The Role of Psychological and Social Resources in Different Age Group», art. cit.

61 **La conducta generosa reduce:** Peter L. Benson, E. Gil Clary y Peter C. Scales, «Altruism and Health: Is There a Link During Adolescence?», en

Altruism and Health: Perspectives from Empirical Research, ed. Stephen
G. Post (Nueva York: Oxford University Press, 2007).

61 **Los adolescentes que participan en voluntariados:** Joseph P. Allen, *et al.*,
«Preventing Teen Pregnancy and Academic Failure: Experimental Evaluation of a Developmentally Based Approach», *Child Development* 64,
n.º 4 (1997).

62 **Pacientes que padecían enfermedades más graves:** Larry Scherwitz, *et
al.*, «Type A Behavior, Self Involvement, and Coronary Atherosclerosis»,
Psychosomatic Medicine 45, n.º 1 (1983).

62 **Una de las cosas más sanas:** Post y Neimark, *Why Good Things Happen
to Good People,* ob. cit.

62 **La psicóloga Barbara Fredrickson:** B. L. Fredrickson, *et al.*, «The Undoing Effect of Positive Emotions», *Motivation and Emotion* 24, n.º 4
(2000).

62 **Cierto estudio demostró:** Neal Krause, «Church-Based Social Support
and Mortality», *Journal of Gerontology* 61B, n.º 3 (2006); Neal Krause,
Christopher G. Ellison y Keith M. Wuff, «Church-Based Emotional Support, Negative Interaction, and Psychological Well-Being: Findings from
a National Sample of Presbyterians», *Journal for the Scientific Study of
Religion* 37, n.º 4 (1998).

62 **En lo concerniente a niños y adolescentes:** Gustavo Carlo, *et al.*, «Parenting Styles or Practices? Parenting, Sympathy, and Prosocial Behaviors
among Adolescents», *Journal of Genetic Psychology* 168, n.º 2 (2007).

63 **Fomentar los sentimientos de seguridad:** Mario Mikulincer, Phillip R.
Shaver y Dana Pereg, «Attachment Theory and Affect Regulation: The
Dynamics, Development, and Cognitive Consequences of Attachment-
Related Strategies», *Motivation and Emotion* 27, n.º 2 (2003).

63 **A los niños altruistas:** Norman Buckley, Linda S. Siegel y Steven Ness,
«Egocentrism, Empathy and Altruistic Behavior in Young Children»,
Developmental Psychology 5, n.º 3 (1979).

63 **La amabilidad puede ser contagiosa:** Goleman, *Social Intelligence: The
New Science of Human Relationships,* ob. cit.

63 **Las investigaciones sugieren que:** Martin L. Hoffman, «Altruistic Behavior and the Parent-Child Relationship», *Journal of Personality and Social Psychology* 31, n.º 5 (1975); Peterson, «Generativity and Successful
Parenting: An Analysis of Young Adult Outcomes», art. cit.

63 **De igual modo, los preescolares**: Marian Radke Yarrow, Phyllis M. Scott y Carolyn Zahn Waxler, «Learning Concern for Others», *Developmental Psychology* 8, n.º 2 (1973).

64 **Se ha comprobado que los sermones empáticos de:** Nancy Eisenberg-Berg y Elizabeth Geisheker, «Content of Preachings and Power of the Model/Preacher: The Effect on Children Generosity», *Developmental Psychology* 15, n.º 2 (1979).

64 **Cuando se pidió a niños de cuatro a trece años:** Geoffrey Maruyama, Scott C. Fraser, y Norman Miller, «Personal Responsibility and Altruism in Children», *Journal of Personality and Social Psychology* 42, n.º 4 (1982).

64 **La mera idea de pensar en dar:** D. C. McClelland y C. Kirshnit, «The Effect of Motivational Arousal through Films on Salivary Immunoglobulin A», *Psychology & Health* 2, n.º 1 (1988).

65 **De igual modo, rezar por los demás:** Krause, «Church-Based Social Support and Mortality», art. cit.

65 **Esta investigación sugiere que:** Felix Warneken y Michael Tomasello, «Extrinsic Rewards Undermine Altruisitic Tendencies in 20— Month-Olds», *Developmental Psychology* 44, n.º 6 (2008).

65 **Los padres que expresan:** Ariel Knafo y Robert Plomin, «Parental Discipline and Affection and Children's Prosocial Behavior: Genetic and Environmental Links», *Journal of Personality and Social Psychology* 90, n.º 1 (2006); «Prosocial Behavior from Early to Middle Childhood: Genetic and Environmental Influences on Stability and Change», *Developmental Psychology* 42, n.º 5 (2006).

66 **Los pacientes de esclerosis múltiple (EM):** Carolyn E. Schwartz y Rabbi Meir Sendor, «Helping Others Helps Oneself: Response Shift Effects in Peer Support», *Social Science & Medicine* 48, n.º 11 (1999).

67 **Podemos tomar ejemplo:** Stephen J. Suomi y Harry F. Harlow, «Social Rehabilitation of Isolate-Reared Monkeys», *Developmental Psychology* 6, n.º 3 (1972); H. F. Harlow y M. A. Novak, «Psychopathological Perspectives», *Perspectives in Biology and Medicine* 16, n.º 3 (1973).

67 **Un estudio particularmente impresionante:** Paul Wink y Michele Dilon, «Religiousness, Spirituality, and Psychological Functioning in Late Adulthood: Findings from a Longitudinal Study», *Psychology of Religion and Spirituality* 5, n.º 1 (2008).

67 **Los jóvenes de familias:** Ibíd.

68 **El trabajo de la psicóloga positiva:** David P. Johnson, *et al.*, «Loving-Kindness Meditation to Enhance Recovery from Negative Symptoms of Schizophrenia», *Journal of Clinical Psychology* 65, n.º 5 (2009).

71 **Las madres ostentan ese papel:** E. Z. Tronick, S. Winn y G. A. Morelli, «Multiple Caretaking in the Context of Human Evolution: Why Don't the Efe Know the Western Prescription to Child Care?», en *The Psychobiology of Attachment and Separation*, M. Reite y T. Field, eds. (Nueva York: Academic Press, 1985).

71 **Infinidad de estudios demuestran:** Harry McGurk, *et al.*, «Controversy, Theory and Social Context in Contemporary Day Care Research», *Journal of Child Psychology and Psychiatry* 34, n.º 1 (1993), p. 15.

71 **Por regla general, los niños cuyos padres:** S. Allen y K. Daly, «The Effects of Father Involvement: An Updated Research Summary of the Evidence», en un informe del Centre for Families, Work & Well-Being (Universidad de Guelph, Guelph, Canadá 2007).

74 **Los sociólogos de familia a menudo:** Oriel Sullivan y Scott Coltrane, «Men's Changing Contribution to Housework and Child Care: A Discussion Paper on Changing Family Roles», en la undécima Conferencia Anual del Council on Contemporary Families (Chicago, Illinois: Universidad de Illinois, 2008).

75 **He aquí tres estrategias:** C. P. Cowan, *et al.*, «An Approach to Preventing Coparenting Conflict and Divorce in Low-Income Families: Strengthening Couple Relationships and Fostering Fathers' Involvement», *Family Process* 46, n.º 1 (2006).

75 **Las madres a veces actúan como «guardianas»:** Sarah Schoppe-Sullivan, *et al.*,«Maternal Gatekeeping, Coparenting Quality, and Fathering Behavior in Families with Infants», *Journal of Family Psychology* 22, n.º 3 (2008).

76 **A menos que la relación entre los progenitores:** Paul R. Amato, Laura Spencer Loomis y Alan Booth Source, «Parental Divorce, 0Marital Conflict, and Offspring Well-Being During Early Adulthood», *Social Forces* 73, n.º 3 (1995).

76 **El mejor pronóstico de la calidad:** A. M. Anderson, «Factors Influencing the Father-Infant Relationship», *Journal of Family Nursing* 2, n.º 3 (1996).

77 **Participar en las «actividades de ocio»:** E. Flouri, «Fathering and Adolescents' Psychological Adjustment: The Role of Fathers' Involvement,

Residence and Biology Status», *Child: Care, Health, and Development* 34, n.º 2 (2007).

77 **El valor de la ayuda que percibe:** Allen y Daly, «The Effects of Father Involvement: An Updated Research Summary of the Evidence», art. cit.

79 **¿Lo apoyas, cuidas de él y lo aceptas?:** Ibíd.; R. Palkovitz, «Reconstructing 'Involvement': Expanding Conceptualizations of Men's Caring in Contemporary Families», en *Generative Fathering: Beyond Deficit Perspectives*, A. J. Hawkins y D. C. Dollahite, eds. (Thousand Oaks, California: Sage, 1997).

Tercer paso: pídeles a tus hijos esfuerzo y fruición, no perfección

83 **Una vez que se domina, este tipo:** la mejor reseña acerca de la ciencia que respalda los dos tipos de actitud, escrita para el público general, es Carol S. Dweck, *Mindset: The New Psychology of Success* (Nueva York: Random House, 2006). [Trad. cast.: *La actitud del éxito* (Barcelona: Ediciones B, 2007).]

84 **La investigación de la psicóloga de Stanford Carol Dweck:** C. M. Mueller y C. S. Dweck, «Praise for Intelligence Can Undermine Children's Motivation and Performance», *Journal of Personality and Social Psychology* 75, n.º 1 (1998).

85 **Por desgracia, cuando los pequeños se aferran:** C. S. Dweck y M. L. Kamins, «Person Versus Process Praise and Criticism: Implications for Contingent Self-Worth and Coping», *Developmental Psychology* 35, n.º 3 (1999).

87 **Las personas más felices ganan más:** Julia K. Bowhm y Sonja Lyubomirsky, «Does Happiness Promote Career Success?», *Journal of Career Assessment* 16, n.º 1 (2008).

87 **Sin embargo, la felicidad a menudo precede:** S. Lyubomirsky, L. A. King, y E. Diener, «The Benefits of Frequent Positive Affect: Does Happiness Lead to Success?», *Psychological Bulletin* 131 (2005).

88 **No obstante, investigadores procedentes de:** Michael J. A. Howe, Jane W. Davidson, y John A. Sloboda, «Innate Talents: Reality or Myth?», *Behavioral and Brain Sciences* 21 (1998).

88 **K. Anders Ericsson, psicólogo:** K. A. Ericsson, R. T. Krampe, y C. Tesch-Romer, «The Role of Deliberate Practice in the Acquisition of Expert Performance», *Psychological Review* 100, n.º 3 (1993).

88   **Los grandes triunfadores de muy diversos:** Citado en Geoffrey Colvin, «What It Takes to Be Great», CNNmoney.com; http://money.cnn.com/ magazines/fortune/fortune_archive/2006/10/30/8391794/index.htm.

89   **En quinto y último lugar, se ha demostrado que:** A. Bandura *et al.*, «Self-Efficacy Beliefs as Shapers of Children's Aspirations and Career Trajectories», *Child Development* 72, n.º 1 (2001); A. Bandura y D. H. Schunk, «Cultivating Competence, Self-Efficacy, and Intrinsic Interest through Proximal Self-Motivation», *Journal of Personality and Social Psychology* 41, n.º 3 (1981).

89   **Sin embargo, saber que es la práctica:** A. Bandura y R. Wood, «Impact of Conceptions of Ability on Self-Regulatory Mechanisms and Complex Decision Making», *Journal of Personality and Social Psychology* 56, n.º 3 (1989).

90   **Los hijos de unos padres demasiado pendientes de los resultados:** Suniya S. Luthar y Bronwyn E. Becker, «Privileged but Pressured? A Study of Affluent Youth», *Child Development* 73, n.º 5 (2002); Suniya S. Luthar, «The Culture of Affluence: Psychological Costs of Material Wealth», *Child Development* 74, n.º 6 (2003); Suniya S. Luthar y K. D'Avanzo, «Contextual Factors in Substance Use: A Study of Suburban and Inner-City Adolescents», *Development and Psychopathology* 11 (1999); Suniya S. Luthar y S. Latendresse, «Children of the Affluent: Challenges to Well-Being», *American Psychological Society* 14, n.º 1 (2005); Suniya S. Luthar y C. C. Sexton, «The High Price of Affluence», en *Advances in Child Development and Behavior*, R. Kail, ed. (San Diego, California: Academic Press, 2005).

91   **El equipo de investigación de Carol Dweck:** Dweck y Kamins, «Person Versus Process Praise and Criticism: Implications for Contingent Self-Worth and Coping».

91   **Dweck lo explica así:** C. S. Dweck, «Caution—Praise Can Be Dangerous», en *Educational Psychology in Context: Readings for Future Teachers,* Bruce A. Marlowe y Alan S. Canestrari, eds. (SAGE, 2005), p. 209. http://greatergood.berkeley.edu/goodwiki/index.php/Psy.

94   **En lugar de disfrutar:** Kathleen Y. Kawamura *et al.*, «Perfectionism, Anxiety, and Depression: Are the Relationships Independent?», *Cognitive Therapy and Research* 25, n.º 3 (2001); Petra H. Wirtz *et al.*, «Perfectionism and the Cortical Response to Psychosocial Stress in Men», *Psychosomatic Medicine* 69 (2007).

99 **Cierta investigación demostró que las adolescentes:** Clay Risen, «Quitting Can Be Good for You», *New York Times* (19 diciembre, 2007); Gregory E. Miller y Carsten Wrosch, «You've Gotta Know When to Fold 'em: Goal Disengagement and Systemic Inflammation in Adolescence», *Psychological Science* 19, n.º 9 (2007).

100 **Los autores de *El poder del pleno compromiso*:** Jim Loehr y Tony Schwartz, *The Power of Full Engagement* (Nueva York: Free Press, 2003). [Trad. cast.: *El poder del pleno compromiso* (Madrid: Algaba Ediciones, 2003).]

102 **Según el investigador Randy O. Frost:** Hara Estroff Marano, «Pitfalls of Perfectionism», *Psychology Today* magazine (2008); Randy O. Frost y Patricia A. Marten, «Perfectionism and Evaluative Threat», *Cognitive Therapy and Research* 14, n.º 6 (1990); Randy O. Frost *et al.*, «Reactions to Mistakes among Subjects High and Low in Perfectionistic Concern over Mistakes», *Cognitive Therapy and Research* 19, n.º 2 (1995).

104 **Barry Schwartz, el psicólogo:** Barry Schwartz, *The Paradox of Choice: Why More Is Less* (Nueva York: HarperCollins Publishers Inc., 2004). [Trad. cast.: *Por qué más es menos* (Madrid: Taurus, 2005).]

Cuarto paso: opta por la gratitud, el perdón y el optimismo

108 **Sin embargo, un 40 por ciento de:** S. Lyubomirsky, *The How of Happiness: A Scientific Approach to Getting the Life You Want* [Trad. cast.: *La ciencia de la felicidad: un método probado para conseguir bienestar* (Barcelona: Edic. Urano, 2008)], pp. 20—22; S. Lyubomirsky, L. A. King y E. Diener, «Pursuing Happiness: The Architecture of Sustainable Change,» reseña de *General Psychology* 9, n.º 2 (2005); K. M. Sheldon y S. Lyubomirsky, «Achieving Sustainable Gains in Happiness: Change Your Actions, Not Your Circumstances», *Journal of Happiness Studies* 7 (2006); Robert A. Emmons y Michael E. McCullough, «Counting Blessings Versus Burdens: An Experimental Investigation of Gratitude and Subjective Well-Being in Daily Life», *Journal of Personality and Social Psychology* 84, n.º 2 (2003); C. Tkach y S. Lyubomirsky, «How Do People Pursue Happiness: Relating Personality, Happiness-Increasing Strategies, and Well-Being», *Journal of Happiness Studies* 7 (2006).

109 **Cierto investigador del tema:** Robert A. Emmons, «Pay It Forward», *Greater Good* (2007).

110   **Por la noche, antes de apagar la luz:** Martin E. P. Seligman *et al.*, «Positive Psychology Progress: Empirical Validation of Interventions», *American Psychologist* 60, n.º 5 (2005).

111   **Los psicólogos han probado:** Emily L. Polak y Michael E. McCullough, «Is Gratitude an Alternative to Materialism?», *Journal of Happiness Studies* 7, n.º 3 (2006); Martin E. P. Seligman, *Authentic Happiness: Using the New Positive Psychology to Realize Your Potential for Lasting Fulfillment* (Nueva York: Simon & Schuster, 2002). [Trad. cast.: *La auténtica felicidad* (Barcelona: Ediciones B, 2003).]

111   **Los adultos que lo prueban:** Seligman, *et al.*, «Positive Psychology Progress: Empirical Validation of Interventions».

115   **Si el gesto te parece algo drástico:** Juliet Schor, *Born to Buy: The Commercialized Child and the New Consumer Culture* (Nueva York: Simon & Schuster, 2004). [Trad. cast.: *Nacidos para comprar: los nuevos consumidores infantiles* (Barcelona: Ediciones Paidós, 2006).]

112   **Por ejemplo, los científicos han descubierto:** Emmons y McCullough, *The Psychology of Gratitude*, ob. cit. [*¡Gracias!: de cómo la gratitud puede hacerte feliz*]; Emmons, «Pay It Forward», ob. cit.

114   **Deleitarse en las buenas experiencias:** véase cap. 8.

115   **Pese a todo, es importante:** G. Bono, M. E. McCullough y L. M. Root, «Forgiveness, Feeling Connected to Others, and Well-Being: Two Longitudinal Studies», *Personality and Social Psychology Bulletin* 34, n.º 2 (2008); M. E. McCullough, E. L. Worthington y K. C. Rachal, «Interpersonal Forgiving in Close Relationships», *Journal of Personality and Social Psychology* 73, n.º 2 (1997).

115   **Los investigadores han descubierto que las personas rencorosas:** Everett L. Worthington, «The New Science of Forgiveness», *Greater Good* (2004); Frederic Luskin, «The Choice to Forgive», *Greater Good* (2004); P. Koutsos, E. H. Wertheim y J. Kornblum, «Paths to Interpersonal Forgiveness: The Roles of Personality, Disposition to Forgive and Contextual Factors in Predicting Forgiveness», *Personality and Individual Differences* 44, n.º 2 (2008); Michael E. McCullough y Charlotte van Oyen Witvliet, «The Psychology of Forgiveness», en C. R Snyder y S. J. Lopez, eds., *Handbook of Positive Psychology* (Nueva York: Oxford University Press, 2002); Michael E. McCullough, «Forgiveness: Who Does It and How Do They Do It?» *Current Directions in Psychological Science* 10, n.º 6 (2002); Lyubomi-

rsky, *The How of Happiness: A Scientific Approach to Getting the Life You Want*, ob. cit.

116 **La evasión es una reacción frecuente:** M. E. McCullough, G. Bono y L. M. Root, «Rumination, Emotion, and Forgiveness: Three Longitudinal Studies,» *Journal of Personality and Social Psychology* 92, n.º 3 (2007); Lyubomirsky, *The How of Happiness: A Scientific Approach to Getting the Life You Want*, ob. cit.

117 **Pero la hostilidad es perjudicial para la salud:** C. V. O. Witvliet, T. E. Ludwig y K. L. Vander Laan, «Granting Forgiveness of Harboring Grudges: Implications for Emotion, Physiology, and Health», *Psychological Science* 12, n.º 2 (2001).

117 **Por eso, el mejor modo de activar:** Luskin, «The Choice to Forgive», art. cit.

118 **En cierta investigación llevada a cabo entre católicos y protestantes:** Ibíd.

119 **Compartir una sonrisa, una risa:** Lyubomirsky, *The How of Happiness: A Scientific Approach to Getting the Life You Want*, ob. cit.

119 **Fred Luskin, director del:** Luskin, «The Choice to Forgive», art. cit.; Frederic Luskin, *Forgive for Good* (Nueva York: Harper Collins, 2003).

122 **He aquí algunos ejercicios:** Aaron Lazare, «Making Peace through Apology», *Greater Good* (2004).

124 **Según Aaron Lazare:** Ibíd.; *On Apology* (Nueva York: Oxford University Press, 2005).

125 **Comparados con los pesimistas:** Seligman, *Authentic Happiness: Using the New Positive Psychology to Realize Your Potential for Lasting Fulfillment*, ob. cit.; L. Y. Abramson *et al.*, «Optimistic Cognitive Styles and Invulnerability to Depression,» en J. E. Gillham, ed., *The Science of Optimism and Hope: Research Essays in Honor of Martin E. P. Seligman* Radner, Pennsylvania: Templeton Foundation Press, 2000); M. F. Scheier y C. S. Carver, «On the Power of Positive Thinking: The Benefits of Being Optimistic», *Current Directions in Psychological Science* 2, n.º 1 (1993); «Effects of Optimism on Psychological and Physical Well-Being: Theoretical Overview and Empirical Update», *Cognitive Therapy and Research* 16, n.º 2 (1992).

125 **Los investigadores que dirigen:** Para más información sobre el Proyecto de Resiliencia de la Universidad de Pensilvania, ir a http://www.ppc.sas.upenn.edu/prpsum.htm.

126   **Las investigaciones demuestran que los niños:** M. E. P. Seligman *et al.*, *The Optimistic Child* (Nueva York: Houghton Mifflin, 1995). [Trad. cast.: *Niños optimistas* (Barcelona: Nuevas Ediciones de Bolsillo, 2006).]

126   **El optimismo es contagioso:** Ibíd.

126   **Los padres pesimistas son más proclives:** Seligman *et al.*, «Positive Psychology Progress: Empirical Validation of Interventions», art. cit.

127   **Las probabilidades de los niños de diez años:** D. Cicchetti y S. L. Toth, «The Development of Depression in Children and Adolescents», *American Psychologist* 53, n.º 2 (1998); S. Nolen-Howksema, J. S. Girgus y M. E. P. Seligman, «Depression in Children of Families in Turmoil,» manuscrito inédito, Universidad de Pensilvania (1986).

128   **El célebre psicólogo Martin Seligman:** Seligman, *Authentic Happiness: Using the New Positive Psychology to Realize Your Potential for Lasting Fulfillment,* art. cit.; Abramson *et al.*, «Optimistic Cognitive Styles and Invulnerability to Depression», art. cit.; T. R. G. Gladstone y N. J. Kaslow, «Depression and Attributions in Children and Adolescents: A Meta-Analytic Review», *Journal of Abnormal Child Psychology* 23, n.º 5 (1995); P. Schulman, «Explanatory Style and Achievement in School and Work», en G. M. Buchanan y M. E. P. Seligman, eds., *Explanatory Style* (Hillsdale, NJ: Lawrence Erlbaum, 1995); C. Hammen, C. Adrian y D. Hiroto, «A Longitudinal Test of the Attributional Vulnerability Model in Children at Risk for Depression», *British Journal of Clinical Psychology* 27 (1988); C. Peterson, M. E. P. Seligman y G. E. Vaillant, «Pessimistic Explanatory Style Is a Risk Factor for Physical Illness: A Thirty-Five-Year Longitudinal Study», *Journal of Personality and Social Psychology* 55, n.º 3 (1988); D. Rettew y K. Reivich, «Sports and Explanatory Style», en G. M. Buchanan y M. E. P. Seligman, eds., *Explanatory Style* (Hillsdale, Nueva Jersey: Lawrence Erlbaum, 1995).

129   **Como es evidente, las personas que:** T. E. Joiner y K. D. Wagner, «Attributional Style and Depression in Children and Adolescents: A Meta-Analytic Review», *Clinical Psychology Review* 15, n.º 8 (1995); C. J. Robins y A. M. Hayes, «The Role of Causal Attributions in the Prediction of Depression», en G. M. Buchanan y M. E. P. Seligman, eds., *Explanatory Style,* ob. cit.

130   **Ahora bien, la genética no lo es todo:** Seligman *et al.*, *The Optimistic Child,* ob. cit.

130   **Si entre los tuyos hay un pesimista recalcitrante:** Ibíd.

Quinto paso: aumenta la inteligencia emocional de tus hijos

132 **Las investigaciones del psicólogo John Gottman:** J. M. Gottman, *Raising an Emotionally Intelligent Child* (Nueva York: Simon & Schuster, 1997).

133 **Cuando padres y educadores:** Ibíd.

133 **Mejor salud:** J. A. Feeney, «Implication of Attachment Style for Patterns of Health and Illness», *Child: Care, Health and Development* 26, n.º 4 (2000).

133 **Más confianza a la hora de explorar:** M. E. Lamb, «Attachments, Social Networks, and Developmental Contexts», *Human Development* 48 (2005).

134 **Mejores relaciones con sus maestros:** B. Pierrehumbert, R. J. Iannoti, E. M. Cummings, y C. Zahn-Waxler, «Social Functioning with Mother and Peers at 2 and 5 Years: The Influence of Attachment», *International Journal of Behavioral Development* 12, no. 1 (1989).

134 **Menos probabilidades de sufrir acoso:** M. Troy y L. A. Sroufe, «Victimization among Preschoolers: Role of Attachment Relationship History», *Journal of American Academy of Child and Adolescent Psychiatry* 26, n.º 2 (1987).

134 **Mejor comportamiento y menos impulsividad:** L. A. Sroufe, N. E. Fox y V. R. Pancake, «Attachment and Dependency in Developmental Perspective,» *Child Development* 54, n.º 6 (1983).

134 **Los niños que disfrutan de vínculos de apego seguros:** Ibíd.

134 **Unas relaciones de apego fuertes contribuyen:** J. P. Shonkoff y D. Phillips, *From Neurons to Neighborhoods: The Science of Early Child Development* (Washington, DC: National Academy Press, 2000).

134 **Los pequeños que disfrutan de vínculos seguros:** Shonkoff y Phillips, *From Neurons to Neighborhoods: The Science of Early Child Development*, art. cit., pp. 226-237.

134 **Los beneficios de unos lazos seguros:** M. D. S. Ainsworth *et al.*, *Patterns of Attachment* (Hillsdale, Nueva Jersey: L. Erlbaum, 1978).

135 **La coherencia también es importante:** Louis W. C. Tavecchio y M. H. van Ijendoorn, *Attachment in Social Networks: Contributions to the Bowlby-Ainsworth Attachment Theory* (Nueva York: Elsevier Science Publishers B.V., 1987), p. 37.

136 **Las relaciones seguras que más benefician:** M. H. Van Ijendoorn, A. Sagi y M. W. E. Lambermon, «The Multiple Caretaker Paradox: Data from Holland and Israel», *New Directions for Child and Adolescent Development* 57 (1992).

136 **Por ejemplo, cuando se traslada a bebés:** T. Field, «Attachment and Separation in Young Children», *Annual Review in Psychology* 47 (1996), p. 551.

136 **De igual modo, los hermanos pueden constituir:** N. A. Doherty y J. A. Feeney, «The Composition of Attachment Networks Throughout the Adult Years», *Personal Relationships* 11, n.º 4 (2004), véase p. 470.

137 **He aquí algo que tal vez no:** Gottman y DeClaire, *Raising an Emotionally Intelligent Child*, ob. cit.; J. M. Gottman, L. F. Katz y C. Hooven, *Meta-Emotion: How Families Communicate Emotionally* (Mahwah, Nueva Jersey: Lawrence Erlbaum Associates, 1997).

137 **Igual que los vínculos de apego seguro crean:** Gottman, *Raising an Emotionally Intelligent Child*, ob. cit., p. 17.

138 **Gottman enseña a los padres:** Gottman and DeClaire, *Raising an Emotionally Intelligent Child*, ob. cit.

146 **A pesar de que los participantes:** U. Dimberg, M. Thunberg y K. Elmehed, «Unconscious Facial Reactions to Emotional Facial Expressions», *Psychological Science* 11, n.º 1 (2000); U. Hess y S. Blairy, «Facial Mimicry and Emotional Contagion to Dynamic Emotional Facial Expressions and Their Influence on Decoding Accuracy», *International Journal of Psychophysiology* 40, n.º 2 (2001).

146 **De igual modo, escuchar:** D. Keltner, *Born to Be Good: The Science of a Meaningful Life*, ob. cit.

147 **Los buenos sentimientos son contagiosos:** S. G. Barsade, «The Ripple Effect: Emotional Contagion and Its Influence on Group Behavior,» *Administrative Science Quarterly* 47, n.º 4 (2002); E. Hatfield, «Emotional Contagion», *Current Directions in Psychological Science* 2, n.º 3 (2008).

147 **Limítate a sujetar un lápiz:** Fritz Strack, Leonard L. Martin y S. Stepper, «Inhibiting and Facilitating Conditions of the Human Smile: A Nonobtrusive Test of the Facial Feedback Hypothesis», *Sabine Journal of Personality and Social Psychology* 54, n.º 5 (1988).

148 **También reduce la compenetración:** E. A. Butler *et al.*, «The Social Consequences of Expressive Suppression», *Emotion* 3, n.º 1 (2003).

148 **Sonreír fortalece nuestro sistema:** P. Ekman, R. J. Davidson y W. V. Fiesen, «Emotional Expression and Brain Physiology», *Journal of Personality and Social Psychology* 58, n.º 2 (1990); V. Surakka y J. K. Hietanen, «Facial and Emotional Reactions to Duchenne and Non-Duchenne Smiles»,

International Journal of Psychophysiology 29 (1998); L. Harker y D. Keltner, «Expressions of Positive Emotion in Women's College Yearbook Pictures and Their Relationship to Personality and Life Outcomes across Adulthood», *Journal of Personality and Social Psychology* 80, n.º 1 (2001); M. H. Abel y R. Hester, «The Therapeutic Effects of Smiling», en *An Empirical Reflection on the Smile*, M. H. Abel, ed. (Nueva York: Edwin Mellen Press, 2002); G. L. Gladstone y G. B. Parker, «When You're Smiling, Does the Whole World Smile for You?», *Australasian Psychiatry* 10, n.º 2 (2002); A. Papa y G. A. Bonanno, «The Face of Adversity: The Interpersonal and Intrapersonal Functions of Smiling», *Emotion* 8, n.º 1 (2008).

149 **Sucede así, al menos en parte:** Fredrickson, *et al.*, «The Undoing Effect of Positive Emotions», art. cit.

149 **Porque para ser verdaderamente felices:** Fredrickson, *Positivity: Groundbreaking Research Reveals How to Embrace the Hidden Strength of Positive Emotions, Overcome Negativity, and Thrive*, art. cit.

150 **Aunque los investigadores sociales sólo incluyen:** Ibíd.

150 **John Gottman ha demostrado que:** J. M. Gottman, *What Predicts Divorce: The Relationship between Martial Processes and Marital Outcomes* (Nueva York: Lawrence Erlbaum, 1994).

150 **De igual modo, los equipos de alto rendimiento:** M. Losada y E. Heaphy, «The Role of Positivity and Connectivity in the Performance of Business Teams: A Nonlinear Dynamics Model», *American Behavioral Scientist* 47, n.º 6 (2004); M. Losada, «The Complex Dynamics of High Performance Teams», *Mathematical and Computer Modeling* 30, n.º 9-10 (1999).

151 **En particular, una proporción por encima:** Fredrickson, *Positivity: Groundbreaking Research Reveals How to Embrace the Hidden Strength of Positive Emotions, Overcome Negativity, and Thrive*, art. cit.

151 **Hoy día, los neurocientíficos han demostrado:** M. Suda, *et al.*, «Emotional Responses to Music: Towards Scientific Perspectives on Music Therapy», *Neuroreport: For Rapid Communication of Neuroscience Research* 19, n.º 1 (2008); P. Hills y M. Argyle, «Positive Moods Derived from Leisure and Their Relationship to Happiness and Personality», *Personality and Individual Differences* 25, n.º 3 (1998).

151 **La actividad física nos anima:** Ratey y Hagerman, *Spark*, ob. cit.

152 **El ejercicio predispone al cerebro a aprender:** Hills y Argyle, «Positive Moods Derived from Leisure and Their Relationship to Happiness and

Personality», art. cit.; Suda, *et al.*, «Emotional Responses to Music: Towards Scientific Perspectives on Music Therapy», art. cit.

152 **La gente suele recordar:** W. T. Ross e I. Simonson, «Evaluation of Pairs of Experiences: A Preferred Happy Ending», *Journal of Behavioral Decision Making* 4 (1991).

152 **Es lo que Barbara:** B. L. Fredrickson, «Extracting Meaning from Past Affective Experiences: The Importance of Peaks, Ends, and Specific Emotions», *Cognition and Emotion* 14, n.º 4 (2000); D. Ariely y Z. Carmon, «Gestalt Characteristics of Experiences: The Defining Features of Summarized Events», *Journal of Behavioral Decision Making* 13, n.º 2 (2000); D. Kahneman, *et al.*, «When More Pain Is Preferred to Less: Adding a Better End», *Psychological Science* 4, n.º 6 (1993).

152 **Y he aquí lo que me parece:** Fredrickson, «Extracting Meaning from Past Affective Experiences: The Importance of Peaks, Ends, and Specific Emotions», art. cit.

Sexto paso: incúlcales hábitos que contribuyan a su felicidad

159 **Como Jonathan Haidt describe:** J. Haidt, *The Happiness Hyphothesis: Finding Modern Truth in Ancient Wisdom* (Nueva York: Basic Books, 2006). [Trad. cast.: *La hipótesis de la felicidad: la búsqueda de verdades modernas en la sabiduría antigua* (Barcelona: Gedisa, 2006).]

159 **Haidt utiliza la metáfora:** Ibíd., p. 18.

162 **¿Los premios pueden ser un castigo?:** Me baso en el libro más conocido de Alphie Kohn: A. Kohn, *Punished by Rewards: The Trouble with Gold Stars, Incentive Plans, A's, Praise, and Other Bribes* (Boston: Houghton Mufflin, 1993).

162 **Los niños automotivados aprenden:** A. Gottfried, «Academic Intrinsic Motivation in Young Elementary School Children», *Journal of Educational Psychology* 82, n.º 3 (1990).

162 **Los niños motivados extrínsecamente son más:** A. K. Boggiano y M. Barrett, «Gender Differences in Depression in Children as a Function of Motivational Orientation», *Sex Roles* 26, n.º 1-2 (1992).

163 **Orientar a los niños a estar pendientes de las recompensas externas:** Mireille Joussemet, Richard Koestner, Natasha Lekes y Nathalie Houlfort, «Introducing Uninteresting Tasks to Children: A Comparison of

the Effects of Rewards and Autonomy Support», *Journal of Personality* 72, n.º 1 (2004). véase también R. M. Ryan y E. L. Deci, «When Rewards Compete with Nature: The Undermining of Intrinsic Motivation and Self-Regulation», en C. Sansone y J. Jarackiewicz, eds., *Intrinsic and Extrinsic Motivation: The Search for Optimal Motivation and Performance* (Nueva York: Academic Press, 2000); también: E. L. Deci, R. Koestner y R. M. Ryan, «A Meta-Analytic Review of Experiments Examining the Effects of Extrinsic Rewards on Intrinsic Motivation», *Psychological Bulletin* 125 (1999).

164 **Hay una forma especial de pedir:** Joussemet, «Introducing Uninteresting Tasks to Children: A Comparison of the Effects of Rewards and Autonomy Support», art. cit.

166 **He aquí una vntaja adicional:** Ibíd.

167 **Los psicólogos James Prochaska y Carlo DiClemente:** J. Prochaska y C. DiClemente, *Changing for Good* (Nueva York: Collins, 2006); también J. Prochaska, C. DiClemente, J. C. Norcross, «In Search of How People Change», *American Psychologist* 47, n.º 9 (1992).

169 **Otro aspecto clave de la preparación:** R. Byrne, *The Secret* (Nueva York/ Hillsboro, o: Atria Books/Beyond Words, 2006). [Trad. cast.: *El secreto* (Barcelona: Ediciones Urano, 2007).]

169 **La mera convicción de que eres capaz:** J. Norcross, M. Mrykalo y M. Blagys, «Auld Lang Syne: Success Predictors, Change Processes, and Self-Reported Outcomes of New Year's Resolvers and Nonresolvers», *Journal of Clinical Psychology* 58 (2002).

169 **Puedes recurrir:** G. J. Fitzsimons, «Asking Questions Can Change Choice Behavior: Does It Do So Automatically or Effortfully?», *Journal of Experimental Psychology* 6, n.º 3 (2000).

170 **El secreto, según Beck:** M. Beck, *The Four Day Win* (Nueva York: Rodale Inc., 2007), p. 15.

173 **Otra manera de aumentar tus probabilidades:** Prochaska, «In Search of How People Change», art. cit.

173 **Cuando contamos con la ayuda de los demás:** J. Norcross y D. Vangarelli, «The Resolution Solution: Longitudinal Examination of New Year's Change Attempts», *Journal of Substance Abuse* 1 (1989).

174 **Las investigaciones demuestran que:** R. F. Baumeister, M. Gailliot y C. N. DeWall, «Self-Regulation and Personality: How Interventions In-

crease Regulatory Success, and How Depletion Moderates the Effects of Traits on Behavior», *Journal of Personality* 74, n.º 6 (2006).

174   **Los niños son más proclives:** G. P. Latham y E. A. Locke, «Self-Regulation through Goal Setting», *Organizational Behavior and Human Decision Processes* 50 (1991).

174   **Los pasos de tortuga descritos anteriormente:** J. Szente, «Empowering Young Children for Success in School and in Life», *Early Childhood Education Journal* 34, n.º 6 (2007).

175   **A menudo, los nuevos hábitos:** D. T. Neal, W. Wood y J. M. Quinn, «Habits—a Repeat Performance», *Current Directions in Psychological Sciences* 15, n.º 4 (2006). También W. Wood, L. Tam y M. G. Witt, «Changing Circumstances, Disrupting Habits», *Journal of Personality and Social Psychology* 88, n.º 6 (2005).

175   **Las investigaciones preliminaries apuntan a:** Wood, «Changing Circumstances, Disrupting Habits», art. cit.

176   **Una de las mejores estrategias para cambiar:** Baumeister, «Self-Regulation and Personality: How Interventions Increase Regulatory Success, and How Depletion Moderates the Effects of Traits on Behavior», art. cit.

176   **Por ejemplo, los investigadores de la Reserva:** M. Muraven, R. F. Baumeister y D. M. Tice, «Longitudinal Improvement of Self-Regulation through Practice: Building Self-Control Strength through Repeated Exercise», *Journal of Social Psychology* 139, n.º 4 (1999).

Séptimo paso: enséñales autodisciplina

179   **Hace años, un investigador llamado Walter Mischel:** W. Mischel, «Delay of Gratification, Need for Achievement, and Acquiescence in Another Culture,» *Journal of Abnormal and Social Psychology* 62, n.º 3 (1961); W. Mischel y C. Gilligan, «Delay of Gratification, Motivation for the Prohibited Gratification, and Responses to Temptation», *Journal of Abnormal Social Psychology* 69, n.º 4 (1964).

180   **Algunos investigadores han repetido los estudios:** E. O. Smirnova y O. V. Gudareva, «Igra I Proizvol'nost' U Sovremennyh Doshkol'nikov» [Play and Intentionality in Today's Preschoolers], *Voprosy psihologii* 1 (2004); E. O. Smirnova, «Development of Will and Intentionality in Toddlers and Preschool-Age Children», *Modek* (1998); Z. V. Manuilenko,

«The Development of Voluntary Behavior in Preschool-Age Children», *Soviet Psychology* 13 (1948/1975). Los artículos de revistas rusas han sido traducidos [al inglés] mediante correo electrónico personal.

180 **Sucede así, al menos en parte:** M. Pressley, *et al.*, *Cognitive Strategy Training and Children's Self-Control*», en M. Pressley y J. R. Levin, eds., *Cognitive Strategy Research: Psychological Foundations* (Nueva York: Springer-Verlag, 1983); W. Mischel y R. Metzner, «Preference for Delayed Reward as a Function of Age, Intelligence, and Length of Delay Interval», *Journal of Abnormal Social Psychology* 64, n.º 6 (1962); Mischel y Gilligan, «Delay of Gratification, Motivation for the Prohibited Gratification, and Responses to Temptation», art. cit.; J. S. Stumphauzer, «Increased Delay of Gratification in Young Prison Inmates through Imitation of High-Delay Peer Models», *Journal of Personality and Social Psychology* 21, n.º 1 (1972); Mischel, «Delay of Gratification, Need for Achievement, and Acquiescence in Another Culture», art. cit., p. 543.

180 **Además, los niños capaces de regularse a sí mismos:** W. Mischel, Y. Shoda, y M. L. Rodriguez, «Delay of Gratification in Children», *Science* 244, n.º 4907 (1989).

181 **Por otra parte, los niños:** G. J. Madden *et al.*, «Impulsive and Self-Control Choices in Opioid-Dependent Patients and Non-Drug-Using Control Patients: Drug and Monetary Rewards», *Experimental and Clinical Psychopharmacology* 5, n.º 3 (1997); Roy F. Baumeister *et al.*, «Losing Control: How & Why People Fail at Self-Regulation and Handbook of Self-Regulation», *Journal of Psychiatry and Law* 30, n.º 2 (2002); Don R. Cherek *et al.*, «Studies of Violent and Nonviolent Male Parolees: II. Laboratory and Psychometric Measurements of Impulsivity», *Biological Psychiatry* 41, n.º 5 (1997); R. F. Baumeister y T. F. Heatherton, «Self-Regulation Failure: An Overview,» *Psychological Inquiry* 7 (1996); Edelgard Wulfert, *et al.*, «Cognitive, Behavioral, and Personality Correlates of HIV-Positive Persons' Unsafe Sexual Behavior», *Journal of Applied Social Psychology* 29, n.º 2 (1999).

181 **Los investigadores describen dos sistemas:** J. Metcalfe y W. Mischel, «A Hot /Cool-System Analysis of Delay of Gratification: Dynamics of Willpower,» *Psychological Review* 106, n.º 1 (1999).

181 **Eso incrementa los estímulos:** J. Metcalfe y W. Mischel, «A Hot/Cool-System Analysis of Delay of Gratification: Dynamics of Willpower,» *Psychological Review* 106, n.º 1 (1999).

182 **El estrés es otro de los factores que:** Metcalfe y Mischel, «A Hot/Cool-System Analysis of Delay of Gratification: Dynamics of Willpower».

182 **Los mismos investigadores que llevaron:** Mischel, Shoda y Rodriguez, «Delay of Gratification in Children», art. cit.

182 **Los padres de hoy dicen «no»:** Daniel J. Kindlon, *Too Much of a Good Thing: Raising Children of Character in an Indulgent Age* (Nueva York: Hyperion, 2003).

183 **Cuatro décadas de investigación han:** Johannes Keller, «On the Development of Regulatory Focus: The Role of Parenting Styles», *European Journal of Social Psychology* 38, n.º 2 (2008).

184 **Seguramente a consecuencia de ello, sus hijos:** Elizabeth Lecuyer y Gail M. Houck, «Maternal Limit-Setting in Toddlerhood: Socialization Strategies for the Development of Self-Regulation», *Infant Mental Health Journal* 27, n.º 4 (2006); Gail M. Houckand y Elizabeth A. Lecuyer-Maus, «Maternal Limit Setting During Toddlerhood, Delay of Gratification, and Behavioral Problems at Age Five», *Infant Mental Health Journal,* 25, n.º 1 (2004).

184 **Por ejemplo, una investigación demostró que:** aunque se podría deducir que los niños que poseen más capacidad de autocontrol tienden a despertar más cariño en sus progenitores (y que los niños con poca capacidad de autocontrol tienden a recibir castigos), la investigación tuvo en cuenta los efectos a largo plazo de este dato y concluyó de todos modos que el cariño parental favorece la autodisciplina. Rebecca A. Colman, *et al.*, «Early Predictors of Self-Regulation in Middle Childhood», *Infant and Child Development* 15, n.º 4 (2006).

184 **Otro estudio concluyó que los niños de seis años:** Jacobsen, Huss, Fendrich, Kruesi y Ziegenhahn, en Lecuyer, «Maternal Limit-Setting in Toddlerhood: Socialization Strategies for the Development of Self-Regulation», art. cit.

185 **Según otro estudio, madres que animaban:** Holden, en George W. Holden y Meredith J. West, «Proximate Regulation by Mothers: A Demonstration of How Differing Styles Affect Young Children's Behavior», *Child Development* 60, n.º 1 (1989).

185 **Los progenitoress que recalcan la posibilidad:** Los padres que buscan la superación de sus hijos. Keller, «On the Development of Regulatory Focus: The Role of Parenting Styles».

185 **Para orientar a tus hijos hacia**: Nanmathi Manian, Alison A. Papadakis, Timothy J. Strauman y Marilyn J. Essex, «The Development of Children's Ideal and Ought Self-Guides: Parenting, Temperament, and Individual Differences in Guide Strength», *Journal of Personality* 74, n.º 6 (2006).

186 **Los niños ejercitan el autocontrol**: Metcalfe y Mischel, «A Hot/Cool-System Analysis of Delay of Gratification: Dynamics of Willpower», art. cit.

187 **Hablan consigo mismos con el fin de**: Ibíd.

187 **La distracción es una técnica de autocontrol que**: Elliot Aronson, «Review: Back to the Future: Retrospective Review of Leon Festinger's 'A Theory of Cognitive Dissonance'», *American Journal of Psychology* 110, n.º 1 (1997); J. Cooper y R. H. Fazio, «A New Look at Dissonance Theory», *Advances in Experimental Social Psychology* 17 (1984); Leon Festinger, *A Theory of Cognitive Dissonance* (Evanston, IL: Row Peterson, 1957; trad. cast.: *Teoría de la disonancia cognoscitiva*, Inst. de Estudios Políticos, Madrid, 1975); T. R. Shultz y M. R. Lepper, «Cognitive Dissonance Reduction as Constraint Satisfaction», *Psychological Review* 103, n.º 2 (1996); Y. Trope y A. Fishbach, «Counteractive Self-Control in Overcoming Temptation», *Journal of Personality and Social Psychology* 79, n.º 4 (2000); Troy y Sroufe, «Victimization among Preschoolers: Role of Attachment Relationship History».

187 **Cuando no tenían la recompensa**: Walter Mischel y Ebbe B. Ebbesen, «Attention in Delay of Gratification», *Journal of Personality and Social Psychology* 16, n.º 2 (1970).

187 **Esta eficaz maniobra, sin embargo**: Lecuyer, «Maternal Limit-Setting in Toddlerhood: Socialization Strategies for the Development of Self-Regulation», art. cit.

187 **En el transcurso de un estudio, los investigadores**: Metcalfe y Mischel, «A Hot/Cool-System Analysis of Delay of Gratification: Dynamics of Willpower», art. cit.

188 **Las investigaciones demuestran que vivir con niveles de estrés muy altos:** M. Rutter, «Psychosocial Resilience and Protective Mechanisms», *American Journal of Orthopsychiatry* 57 (1987).

188 **Apaga la caja tonta:** V. C. Strasburger, «Children and TV Advertising: Nowhere to Run, Nowhere to Hide», *Journal of Developmental and Behavioral Pediatrics* 22, n.º 3 (2001); Committee on Communications, «Children, Adolescents, and Advertising: Organizational Principles to

Guide and Define the Child Health Care System and/or Improve the Health of All Children», *Pediatrics* 118, n.º 6 (2006); A. M. Aachei-Mejia, *et al.*, «Children with a TV in Their Bedroom at Higher Risk for Being Overweight», *International Journal of Obesity* 31, n.º 4(2007); Elizabeth Vanderwater, E. Beickham y D. Lee, «Time Well Spent? Relating Television Use to Children's Free-Time Activities», *Pediatrics* 117, n.º 2 (2008); F. J. Zimmerman, D. A. Christakis y A. N. Meltzoff, «Television and DVD/Video Viewing in Children Younger Than 2 Years», *Archives of Pediatrics & Adolescent Medicine* 161, n.º 5 (2007); D. A. Christakis *et al.*, «Television, Video, and Computer Game Usage in Children under 11 Years of Age», *The Journal of Pediatrics* 145, n.º 5 (2004); D. A. Christakis *et al.*, «Early Television Exposure and Subsequent Attentional Problems in Children», *Pediatrics* 113, n.º 4 (2004); National Institute on Media and the Family, «Fact Sheet Children and Advertising» (2002), http://www.media family.org/facts/facts_childadv.shtml; W. Gantz *et al.*, «Food for Thought: Television Food Advertising to Children in the United States» (2007), http://www.kff.org/entmedia/upload/7618.pdf.

189 **La autorregulación se desarrolla rápidamente entre:** Mischel, Shoda, y Rodriguez, «Delay of Gratification in Children», art. cit.; Metcalfe y Mischel, «A Hot/Cool-System Analysis of Delay of Gratification: Dynamics of Willpower», art. cit.; J. Altman y S. A. Bayer, *Development of the Cerebellar System: In Relation to Its Evolution, Structure, and Function* (Boca Raton, FL: CRC Press, 1997).

190 **Aunque la generación del «un cachete a tiempo ahorra muchos disgustos»:** Colman, *et al.*, «Early Predictors of Self-Regulation in Middle Childhood», art. cit.

190 **Diversos estudios han establecido:** Ibíd.

191 **Alphie Kohn, el rey de:** Alfie Kohn, *Punished by Rewards: The Trouble with Gold Stars, Incentive Plans, A's, Praise, and Other Bribes* (Boston: Houghton Mifflin Company, 1999).

192 **Como arguye Kohn, «No muevas»:** Kohn, *Punished by Rewards: The Trouble with Gold Stars, Incentive Plans, A's, Praise, and Other Bribes*, ob. cit., p. 230.

192 **Si tu hijo no hace lo que:** M. L. Hoffman, «Power Assertion by the Parent and Its Impact on the Child», *Child Development* 31 (1960).

Octavo paso: *disfruta el momento presente*

196 **También perjudica el rendimiento académico:** M. Napoli, P. R. Krech
y L. C. Holley, «Mindfulness Training for Elementary School Students:
The Attention Academy», *Journal of Applied School Psychology* 21, n.º 1
(2005).

196 **Dado que el estrés emocional suele:** John Medina, *Brain Rules: 12 Prin-*
ciples for Surviving and Thriving at Work, Home and School (Seattle,
Washington: Pear Press, 2009).

196 **Las personas que están así presentes tienden a ser:** K. W. Brown y R. M.
Ryan, «The Benefits of Being Present: Mindfulness and Its Role in Psychological Well-Being», *Journal of Personality and Social Psychology* 84,
n.º 4 (2003); p. 832; S. L. Shapiro, G. E. Schwartz y G. Bonner, «Effects of
Mindfulness-Based Stress Reduction on Medical and Premedical Students», *Journal of Behavioral Medicine* 21, n.º 6 (1998), p. 592.

196 **Sentimientos agradables y positivos más intensos:** Brown, «The Benefits of Being Present: Mindfulness and Its Role in Psychological Well-
Being», art. cit.

197 **Los niños que aprenden a:** E. J. Langer, «A Mindful Education», *Educa-*
tional Psychologist 28, n1. 1 (1993); Napoli, «Mindfulness Training for
Elementary School Students: The Attention Academy», art. cit., p. 101.

197 **Cierto estudio demostró que los niños:** Napoli, «Mindfulness Training
for Elementary School Students: The Attention Academy», art. cit.

197 **La atención plena contribuye:** D. J. Siegel, *The Mindful Brain: Reflection*
and Attunement in the Cultivation of Well— Being (Nueva York: W. W.
Norton & Co., 2007).

197 **Jon Kabat-Zinn, el primer científico:** J. Kabat-Zinn, «Mindfulness-Based
Interventions in Context: Past, Present and Future», *Clinical Psychology:*
Science and Practice 10 (2003), p. 145, citado en K. E. Hooker e I. E. Fodor,
«Teaching Mindfulness to Children», *Gestalt Review* 12, n.º 1 (2008).

199 **Entrega tres uvas pasas a cada uno de tus hijos:** Adaptado de J. Kabat-Zinn,
Vivir con plenitud las crisis: cómo utilizar la sabiduría del cuerpo y la men-
te para afrontar el estrés, el dolor y la ansiedad. (Barcelona: Kairós, 2011).

201 **Siéntate en una silla:** Adaptado de M. J. Ott, «Mindfulness Meditation
in Pediatric Clinical Practice», *Pediatric Nursing* 28, n.º 5 (2000), p. 489;
Hooker, «Teaching Mindfulness to Children», art. cit.

203   **Un grupo de psicólogos y trabajadores sociales:** N. N. Singh, G. E. Lanconi, A. S. W. Winton, J. Singh, W. J. Curtis, R. G. Wahler y K. M. McAleavey, «Mindful Parenting Decreases Aggression and Increases Social Behavior in Children with Developmental Disabilities», *Behavior Modification* 31, n.º 6 (2007).

204   **Si quieres ser un padre o una madre:** M. Kabat-Zinn y J. Kabat-Zinn, *Everyday Blessings: The Inner Work of Mindful Parenting* (Nueva York: Hyperion, 1998).

204   **En conjunto, el tiempo que:** Sandra L. Hofferth y John F. Sandberg, «Changes in American Children's Time 1981—1997», *Advances in Life Course Research* (2000).

205   **Según el estudio que estableció:** Smirnova y Gudareva, «Igra I Proizvol' nost' U Sovremennyh Doshkol'nikov» [Play and Intentionality in Today's Preschoolers], art. cit.

205   **Los investigadores concluyeron que:** Manuilenko, «The Development of Voluntary Behavior in Preschool-Age Children», art. cit.; Smirnova y Gudareva, «Igra I Proizvol'nost' U Sovremennyh Doshkol'nikov» [Play and Intentionality in Today's Preschoolers], art. cit.; Smirnova, «Development of Will and Intentionality in Toddlers and Preschool-Aged Children», art. cit.

205   **Además de ayudar a los niños:** H. L. Burdette y R. C. Whitaker, «Resurrecting Free Play in Young Children: Looking Beyond Fitness and Fatness to Attention, Affiliation, and Affect», *Archives of Pediatrics and Adolescent Medicine* 159 (2005).

205-206   **Neurólogos, biólogos evolutivos:** Stuart Brown y Christopher Vaughan, *Play: How it Shapes the Brain, Opens the Imagination, and Invigorates the Soul* (Nueva York: Avery, 2009). [Trad. cast.: *¡A jugar!: la forma más efectiva de desarrollar el cerebro, enriquecer la imaginación y alegrar el alma* (Barcelona: Ediciones Urano, 2010).]

206   **Según demostró cierto estudio, los niños que asistían:** Susanna Loeb *et al.*, «How Much Is Too Much? The Influence of Preschool Centers on Children's Social and Cognitive Development», *Economics of Education Review* 26, n.º 1 (2007).

209   **Carol Dweck demuestra que los niños:** Dweck, *Mindset: La actitud del éxito*, ob. cit.

209   **En el transcurso de otro estudio, los niños:** Samuel T. Hunter, Katrina E. Bedell y Michael D. Mumford, «Climate for Creativity: A Quantitative Review», *Creativity Research Journal* 19, n.º 1 (2007).

209 **Los trabajos del especialista en salud infantil:** Dimitri A. Christakis, «The Effects of Infant Media Usage: What Do We Know and What Should We Learn?», *Acta Paediatrica* 98, n.º 1 (2008).

209 **Los trabajos del investigador holandés:** T. H. A. Van der Voort, *Television Violence: A Child's-Eye View* (Nueva York: Elsevier, 1986).

210 **Un estudio llevado a cabo por la investigadora:** M. N. Groves, J. K. Sawyers y J. D. Moran, «Reward and Ideation Fluency in Preschool Children», *Early Childhood Research Quarterly*, n.º 2 (1987).

211 **Saborear así el momento presente:** M. M. Tugade y B. L. Fredrickson, «Regulation of Positive Emotions: Emotion Regulation Strategies That Promote Resilience», *Journal of Happiness Studies* 8 (2007).

211 **El hábito de saborear:** Brown, «The Benefits of Being Present: Mindfulness and Its Role in Psychological Well-Being», art. cit.

212 **Imagina que estás experimentando:** F. B. Bryant y J. Veroff, *Savoring: A New Model of Positive Experience* (Mahwah, Nueva Jersey: Erlbaum, 2007).

212 **Practica la gratitud:** J. K. Boehm y S. Lyubomirsky, «The Promise of Sustainable Happiness», en S. J. Lopez, ed., *Handbook of Positive Psychology*, 2ª ed. (Oxford: Oxford University Press, en prensa), p. 16.

213 **Evita la multitarea:** M. Friedman y D. Ulmer, *Treating Type A Behavior and Your Heart* (Nueva York: Ballantine Books, 1985), como se cita en Bryant, *Savoring: A New Model of Positive Experience*, ob. cit.

213 **Procura dar nombre a los sentimientos positivos:** Bryant, *Savoring: A New Model of Positive Experience*, ob. cit., p. 209.

213 **Sí, por lo general, a las mujeres:** C. L. Gohm, «Mood Regulation and Emotional Intelligence: Individual Differences», *Journal of Personality and Social Psychology* 84 (2003), tal como se cita en Bryant, *Savoring: A New Model of Positive Experience*, ob. cit.

213 **Comparte tus experiencias y:** S. L. Gable, H. T. Reis, y A. J. Elliot, «Behavioral Activation and Inhibition in Everyday Life», *Journal of Personality and Social Psychology* 78, n.º 6 (2000); C. A. Langston, «Capitalizing on and Coping with Daily-Life Events: Expressive Responses to Positive Events», *Journal of Personality and Social Psychology* 67, n.º 6 (1994).

214 **Y si bien deleitarse intensifica:** E. Diener, E. Sandvik y W. Pavot, «Happiness Is the Frequency, Not the Intensity, of Positive Versus Negative Affect», en F. Strack, M. Argyle, y N. Schwarz, eds., *Subjective Well-Be-*

ing: An Interdisciplinary Perspective (Elmsford, Nueva York: Pergamon Press, 1991).

215   **[Una] persona que fluye está absolutamente:** M. Csikszentmihalyi, *Finding Flow: The Psychology of Engagement with Every Day Life* (Nueva York: Basic Books, 1997), pp. 31, 32 [trad. cast.: *Aprender a fluir* (Barcelona: Kairós, 2010); M. Csikszentmihalyi, K. Rathunde y S. Whalen, *Talented Teenagers: The Roots of Success and Failure* (Nueva York: Cambridge University Press, 1993).

215   **Fluir es una forma de prestar atención plena:** A. J. Elliott y C. S. Dweck, eds., *Handbook of Competence and Motivation* (Nueva York: Guilford Press, 2005), p. 600.

215   **Este aspecto nos revela una de las claves del flujo:** J. Nakamura y M. Csikszentmihalyi, «The Concept of Flow», en C. R. Snyder y S. J. Lopez, eds., *Handbook of Positive Psychology*(Londres: Oxford University Press, 2002).

215   **Los niños aprenden a fluir:** M. Csikszentmikalyi, *Creativity: Flow and the Psychology of Discovery and Invention* (Nueva York: Harper/Collins, 1996), p. 111.

216   **Experiencias de fluir frecuentes:** S. P. Whalen, «Flow and the Engagement of Talent: Implications for Secondary Schooling», *NASSP Bulletin* 82, n.º 595 (1998), p. 25.

216   **Fluir ayuda a los niños a estar más a gusto:** Ibíd.

216   **Cuando los desafíos empiezan a superar:** Nakamura, «The Concept of Flow», ob. cit., p. 90.

216   **A medida que un niño adquiere:** Elliott, ed., *Handbook of Competence and Motivation*, ob. cit., p. 604.

216   **Los niños deben poseer la suficiente:** Whalen, «Flow and the Engagement of Talent: Implications for Secondary Schooling», art. cit.

216   **El estilo educativo también puede favorecer el flujo:** M. Csikszentmikalyi y B. Schneider, «Conditions for Optimal Development in Adolescence: An Experiential Approach», *Applied Developmental Science* 5, n.º 3 (2001), p. 123.

Noveno paso: preocúpate del entorno para su felicidad

221   **Mi metáfora favorita acerca de:** Barry L. Alexander, *et al.*, «Effect of Early and Later Colony Housing on Oral Ingestion of Morphine in Rats»,

Pharmacology, Biochemistry & Behavior 15 (1981); Robert Hercz, «Rat Trap: Why Canada's Drug Policy Won't Check Addiction», www.wal rusmagazine.com/print/2007.12-health-rattrap/.

222 **Los experimentos con sujetos humanos demuestran:** por ejemplo, de la infinidad de individuos que se hicieron adictos a la heroína durante sus estancias en el hospital, pocos mantuvieron la dependencia cuando fueron dados de alta. En cuanto superaron el dolor, la mayoría renunciaron a la droga encantados. De igual modo, de los miles de hombres que se hicieron adictos a la heroína durante la Guerra de Vietnam, el 88 por ciento superó la adicción sin tratamiento en cuanto abandonaron la zona de conflicto. Hercz, «Rat Trap: Why Canada's Drug Policy Won't Check Addiction».

225 **Jay Belsky, una psicóloga inglesa:** J. Belsky, «Quality, Quantity and Type of Child Care: Effects on Child Development in the USA», http://pro-kopf.de/fileadmin/Downloads/OC_37— Belsky-Effects_on_Child_De velopment.pdf.

226 **Cuando los niños alcanzan:** Ibíd.

226 **Los niños son más propensos a desarrollar:** Red de investigaciones de cuidados infantiles NICHD, «The Effects of Infant Child Care on Infant-Mother Attachment Security: Results of the NICHD Study of Early Child Care», *Child Development* 68, n.º 5 (1997); Belsky, «Quality, Quantity and Type of Child Care: Effects on Child Development in the USA», art. cit.

226 **En cambio, las probabilidades:** Red de investigaciones de cuidados infantiles NICHD, «Child Care and Mother-Child Interaction in the First Three Years of Life», *Developmental Psychology* 35, n.º 6 (1999).

228 **E igual sucede con las guarderías:** J. Belsky, «Quantity Counts: Amount of Child Care and Children's Socioemotional Development», *Journal of Developmental and Behavioral Pediatrics* 23, n.º 3 (2002).

229 **Agresivos: más proclives a:** Red de investigaciones de cuidados infantiles NICHD, «Does Amount of Time Spent in Child Care Predict Socioemo-tional Adjustment During the Transition to Kindergarten?», *Child Development* 74 (2003).

230 **Siempre que sea posible, reduce:** Yvonne M. Caldera y Sybil Hart, «Exposure to Child Care, Parenting Style and Attachment Security», *Infant and Child Development* 13, n.º 1 (2004).

230 **Es preferible concentrarse en:** J. Belsky, «Quantity of Nonmaternal Care and Boys' Problem Behavior/Adjustment at Ages 3 and 5: Exploring the

Mediating Role of Parenting», *Psychiatry: Interpersonal and Biological Processes* 62, n.º 1 (1999).

234 **El juego contribuye enormemente a:** R. J. P. Teague, «Social Functioning in Preschool Children: Can Social Information Processing and Self-Regulation Skills Explain Sex Differences and Play a Role in Preventing Ongoing Problems?» (Brisbane, Australia: Griffith University, 2005).

234 **Psicólogos infantiles y especialistas en educación:** N. Uren y K. Stagnitti, «Pretend Play, Social Competence and Involvement in Children Aged 5-7 Years: The Concurrent Validity of the Child-Initiated Pretend Play Assessment», *Australian Occupational Therapy Journal* 56 (2009).

234 **Los niños que se enfrascan en juegos simbólicos:** E. W. Lindsey y M. J. Colwell, «Preschoolers' Emotional Competence: Links to Pretend and Physical Play», *Child Study Journal* 33, n.º 1 (2003).

234 **Con el juego imaginativo aprenden a personificar:** M. Moore y S. Russ, «Pretend Play as a Resource for Children: Implications for Pediatricians and Health Professionals», *Journal of Developmental and Behavioral Pediatrics* 27 (2006).

235 **Además, las pequeñas peleas entre ellos:** Lindsey, «Preschoolers' Emotional Competence: Links to Pretend and Physical Play», art. cit.

235 **Una inteligencia emocional y social:** M. Bruder y L. Chen, «Measuring Social Competence in Toddlers: Play Tools for Learning», *Early Childhood Services* 1 (2007).

235 **El juego aumenta las probabilidades:** V. Gmitrova y J. Gmitrov, «The Impact of Teacher-Directed and Child-Directed Pretend Play on Cognitive Competence in Kindergarten Children», *Early Childhood Education Journal* 30 (2003); N. Uren y K. Stagnitti, «Pretend Play, Social Competence and Involvement in Children Aged 5-7 Years: The Concurrent Validity of the Child-Initiated Pretend Play Assessment», *Australian Occupational Therapy Journal* 56, n.º 1 (2009).

235 **Además, cuando juegan, los niños ejercitan:** J. A. Chafel, «The Play of Children: Developmental Processes and Policy Implications», *Child & Youth Care Forum* 20, n.º 2 (1991).

235 **Jugar con la fantasía expande:** K. H. Rubin, «Fantasy Play: Its Role in the Development of Social Skills and Social Cognition», *New Directions for Child Development* 9 (1980); G. G. Fein, «Pretend Play in Childhood: An Integrative Review», *Child Development* 52, n.º 4 (1981).

236 **Particularmente en la educación preescolar:** D. Stipek, R. Feiler, D. Daniels y S. Milburn, «Effects of Different Instructional Approaches on Young Children's Achievement and Motivation», *Child Development* 66 (1995).

238 **Evita las escuelas infantiles que dedican:** Ibíd.

239 **Un niño de ocho años reconoce:** R. Banerjee y H. Dittmar, «Individual Differences in Children's Materialism: The Role of Peer Relations», *Personality and Social Psychology Bulletin* 34, n.º 1 (2008).

239 **¿Qué tiene de malo el materialismo?:** R. Banerjee y H. Dittmar, «Individual Differences in Children's Materialism: The Role of Peer Relations», *Personality and Social Psychology Bulletin* 34, n.º 1 (2008); T. Kasser, «Frugality, Generosity, and Materialism in Children and Adolescents», en L. H. Lippman y K. A. Moore, eds., *What Do Children Need to Flourish?: Conceptualizing and Measuring Indicators of Positive Development* (Nueva York: Springer Science + Business Media, 2005).

239 **En el materialismo infantil:** P. Rose y S. P. DeJesus, «A Model of Motivated Cognition to Account for the Link between Self-Monitoring and Materialism», *Psychology & Marketing* 24, n.º 2 (2007); M. E. Goldberg, G. J. Gorn, L. A. Perrachio y G. Bamossy, «Understanding Materialism among Youth», *Journal of Consumer Psychology* 13 (2003).

239 **Hay otra razón menos evidente:** Rose y DeJesus, «A Model of Motivated Cognition to Account for the Link between Self-Monitoring and Materialism», art. cit.; T. Kasser, *The High Price of Materialism* (Cambridge, MA: MIT Press, 2002).

240 **No obstante, si lo que pretenden los niños:** Kasser, *The High Price of Materialism,* ob. cit.

240 **Pese a la creencia popular:** A. Furnham y M. Argyle, *The Psychology of Money* (Londres: Routledge, 1998).

240 **Las personas más ricas disfrutan de:** T. S. Langner y S. T. Michael, *Life Stress and Mental Health* (Nueva York: Free Press, 1963); S. E. Mayer, *What Money Can't Buy: Family Income and Children's Life Chances* (Cambridge, Massachusetts: Harvard University Press, 1997).

241 **Las personas con una renta elevada:** J. B. Wilson, D. T. Ellwood y J. Brooks-Gunn, «Welfare-to-Work through the Eyes of Children», en P. L. Chase-Lansdale y J. Brooks-Gunn, eds., *Escape from Poverty* (Nueva York: Cambridge University Press, 1995); Mayer, *What Money Can't Buy:*

Family Income and Children's Life Chances, ob. cit.; Donald Black, *The Behavior of Law* (Nueva York: Academic Press, 1976).

241 **Entre los adultos, una renta más alta:** 50.000 dólares [35.000 euros aproximadamente] es la cifra más reciente que he encontrado, pero procede de un sondeo de la revista *Time* (véase Easterbrook 2005). Los investigadores sociales establecen la correlación a partir de una renta mucho más baja: 15.000 dólares [10.000 euros] anuales, o incluso 10.000 dólares [7.000 euros]: Ed Diener *et al.*, «The Relationship between Income and Subjective Well-Being: Relative or Absolute?», *Social Indicators Research* 28, n.º 3 (1993); B. S. Frey y A. Stutzer, *Happiness and Economics: How the Economy and Institutions Affect Well-Being* (Princeton, Nueva Jersey: Princeton University Press, 2002); G. Easterbrook, *The Progress Paradox: How Life Gets Better While People Feel Worse* (Nueva York: Random House, 2003). Este «punto» es una valoración subjetiva de la estabilización, no un dato matemático. Lo mires como lo mires, este punto es más bajo de lo que se podría esperar, aunque posiblemente más alto que unos ingresos anuales medios en Estados Unidos, que en 2005 eran de 43.000 dólares (unos 31.000 euros) (Easterbrook, *The Progress Paradox: How Life Gets Better While People Feel Worse*, ob. cit.).

241 **A partir de esta cifra, la correlación:** Michael Argyle, «Causes and Correlates of Happiness», en Daniel Kahneman, Ed Diener y Norbert Schwarz, eds., *Well-Being: The Foundations of Hedonic Psychology* (Nueva York: Russell Sage Foundation, 1999); Ronald Inglehart, *Culture Shift in Advanced Industrial Society* (Princeton, Nueva Jersey: Princeton University Press, 1990). [Trad. cast.: *El cambio cultural en las sociedades industriales avanzadas* (Madrid: Siglo XXI, 1991).]; David Myers, «Human Connections and the Good Life: Balancing Individuality and Community in Public Policy» en P. Alex Linley y Stephen Joseph, eds., *Positive Psychology in Practice* (Hoboken, Nueva Jersey: Wiley, 2004), p. 642.

241 **Por lo visto, los miembros de la lista Forbes 400:** E. Diener, J. Horwitz y R. A. Emmons, «Happiness of the Very Wealthy», *Social Indicators Research* 16 (1985).

241 **Muchos padecen también la disminución de:** Por ejemplo, las investigaciones demuestran que «el desempleo masivo incrementa la incidencia del castigo físico y el abuso infantil»: Jacques D. Lempers, Dania Clark-

Lempers y Ronald L. Simons, «Economic Hardship, Parenting, and Distress in Adolescence», *Child Development* 60, n.º 1 (1989); Mayer, *What Money Can't Buy: Family Income and Children's Life Chances*, ob. cit., p. 120). Sin embargo, eso no significa que las dificultades económicas sean la causa de los abusos. La pérdida del empleo se asocia con muchos cambios familiares, como un incremento del consumo de drogas y alcohol, que bien podría ser el motivo de dichos abusos (Mayer, *What Money Can't Buy: Family Income and Children's Life Chances*, ob. cit.).

241 **Mi propia investigación demuestra:** McLaughlin, «Buying Happiness: Family Income and Adolescent Subjective Well-Being», art. cit.

243 **No obstante, después descubrí:** American Academy of Pediatrics: Comité de Educación Pública, «Children, Adolescents, and Television», *Pediatrics* 107, n.º 2 (2001).

243 **El 59 por ciento de los niños menores de:** Zimmerman, Christakis y Meltzoff, «Television and Dvd/Video Viewing in Children Younger Than 2 Years», art. cit.

243 **Parece ser que una gran:** Vanderwater, Beickham y Lee, «Time Well Spent? Relating Television Use to Children's Free-Time Activities», art. cit.; Inge M. Ahammer y John P. Murray, «Kindness in the Kindergarten: The Relative Influence of Role Playing and Prosocial Television in Facilitating Altruism», *International Journal of Behavioral Development* 2 (1979); Gantz *et al.*, «Food for Thought: Television Food Advertising to Children in the United States», art. cit.; Christakis *et al.*, «Early Television Exposure and Subsequent Attentional Problems in Children», art. cit.; «Television, Video, and Computer Game Usage in Children under 11 Years of Age», art. cit.; «Children, Adolescents, and Advertising: Organizational Principles to Guide and Define the Child Health Care System and/or Improve the Health of All Children», art. cit.; Strasburger, «Children and TV Advertising: Nowhere to Run, Nowhere to Hide», art. cit.; Aachei-Mejia *et al.*, «Children with a TV in Their Bedroom at Higher Risk for Being Overweight», art. cit.; «Fact Sheet Children and Advertising», art. cit.

243 **Incluso los vídeos que afirman ser:** F. J. Zimmerman, D. A. Christakis y A. N. Meltzoff, «Television and Dvd/Video Viewing in Children Younger Than 2 Years», *Archives of Pediatrics & Adolescent Medicine* 161, n.º 5 (2007).

244   **Los chicos que juegan a videojuegos deportivos:** C. Anderson y K. Dill, «Video Games and Aggressive Thoughts, Feelings, and Behavior in the Laboratory and in Life», *Journal of Personality and Social Psychology* 78, n.º 4 (2000); K. Dill y C. Dill, «Video Game Violence: A Review of the Empirical Literature», *Aggression and Violent Behavior* 3, n.º 4 (1998); J. Smith, «Playing the Blame Game», *Greater Good* 4, no. 4 (2008); Rene Weber, Ute Ritterfeld y Klaus Mathiak, «Does Playing Violent Video Games Induce Aggression? Empirical Evidence of a Functional Magnetic Resonance Imaging Study», *Media Psychology* 8, n.º 1 (2006).

244   **Mirar mucha televisión:** G. P. Moschis y G. A. Churchill, «Consumer Socialization: A Theoretical and Empirical Analysis», *Journal of Marketing Research* 15 (1978); G. P. Moschis y R. L. Moorse, «A Longitudinal Study of Television Advertising Effects», *Journal of Consumer Research* 9 (1982).

245   **Se ha demostrado también que**: Moschis, «Consumer Socialization: A Theoretical and Empirical Analysis», art. cit.

246   **De hecho, las investigaciones demuestran que existe:** John P. Robinson y Steven Martin, «What Do Happy People Do?», *Social Indicators Research* 89 (2008).

247   **En el transcurso de mi propia investigación:** McLaughlin, «Buying Happiness: Family Income and Adolescent Subjective Well-Being», art. cit.

248   **Paradójicamente (desde el punto de vista de...):** Jean M. Twenge, Liqing Zhang y Charles Im, «It's Beyond My Control: A Cross-Temporal Meta-Analysis of Increasing Externality in Locus of Control, 1960-2002», *Personality and Social Psychology Review* 8, n.º 3 (2004).

248   **Tal vez les estemos ahorrando:** S. Kobasa, «The Hardy Personality: Toward a Social Psychology of Stress in Health», en Sanders y J. Suls, eds., *Social Psychology of Health and Illness (Environment and Health),* (Hillsdale, New Haven: Lawrence Erlbaum Associates, 1982).

248   **Parece ser que el tesón:** Angela Duckworth, *et al.,* «Grit: Perseverance and Passion for Long-Term Goals», *Journal of Personality and Social Psychology* 92, n.º 6 (2007).

248   **El tesón se reveló más importante que:** Warren Warringham, «Measuring Personal Qualities in Admissions: The Context and the Purpose», *New Directions for Testing and Measurement* 17 (1983).

Décimo paso: cena en familia

251 **Los beneficios de comer con sus padres:** Joseph A. Califano, «The Importance of Family Dinners III», *The National Center on Addiction and Substance Abuse at Columbia University* (2006).

251 **Las investigaciones demuestran que los niños que comen:** Marla E. Eisenberg, Rachel E. Olson y Dianne Neumark— Sztainer, «Correlations between Family Meals and Psychosocial Well-Being among Adolescents», *Archives of Pediatrics & Adolescent Medicine* 158, n.º 8 (2004); Lisa W. Foderaro, «Families with Full Plates, Sitting Down to Dinner», en *New York Times* (nytimes.com, 2006); N. J. Summit, «Family Dinner Linked to Better Grades for Teens: Survey Finds Regular Meal Time Yields Additional Benefits», en *ABC News* (2005); Sally Squires, «To Eat Better, Eat Together» (*Washington Post*, 2005).

252 **Y esa correlación persiste:** M. Weinstein, *The Surprising Power of Family Meals: How Eating Together Makes Us Smarter, Stronger, Healthier, and Happier* (Hanover, NH: Steerforth Press, 2005).

252 **Pero son tantas las estrategias sociales:** Lisa Ann Boyum y Ross D. Parke, «The Role of Family Emotional Expressiveness in the Development of Children's Social Competence», *Journal of Marriage and the Family* 57, n.º 3 (1995).

252 **Las investigaciones alertan de:** Diane E. Beals y Patton O. Tabors, «Arboretum, Bureaucratic, and Carbohydrates: Preschoolers' Exposure to Rare Vocabulary at Home», en *Biennial Meeting of the Society for Research in Child Development* (New Orleans, Louisiana: 1995).

252 **Por ejemplo, un equipo de:** la investigación sobre comprensión y vocabulario entre niños educados en casa fue un estudio longitudinal llevado a cabo por Diane Beals y Patton Tabors que empezó con 81 preescolares de familias de bajos ingresos. Los diálogos entre los miembros de la familia se observaron y se grabaron a lo largo de varios años. Zahava Weizman y Catherine Snow repitieron el estudio más tarde, ampliado, y Rosalind Davidson lo llevó a cabo posteriormente entre familias de clase media. Para una panorámica académica de varias investigaciones en torno a la cena familiar, véase Barbara Pan, Rivka Perlmann y Catherine Snow, «Food for Thought: Dinner Table as a Context for Observing Parent-Child Discourse», en Lise Menn y Nan Bernstein Ratner, eds., *Me-*

thods for Studying Language Production (Lawrence Erlbaum Associates, 2000). Para más información al respecto escrita para el gran público, véase Weinstein, *The Surprising Power of Family Meals: How Eating Together Makes Us Smarter, Stronger, Healthier, and Happier,* ob. cit. Los trabajos originales son: Beals y Tabors, «Arboretum, Bureaucratic, and Carbohydrates: Preschoolers Exposure to Rare Vocabulary at Home», art. cit.; R. Davidson y C. Snow, «The Linguistic Environment of Early Readers», *Journal of Research in Childhood Education* 10, n.º 1 (1995); Zahava O. Weizman y Catherine E. Snow, «Lexical Input as Related to Children's Vocabulary Acquisition: Effect of Sophisticated Exposure and Support for Meaning», *Developmental Psychology* 37, n.º 2 (2001).

254 **Paul Rozin, un antropólogo:** P. Rozin y T. A. Vollmecke, «Food Likes and Dislikes», *Annual Review of Nutrition* 6 (1986).

255 **La nutricionista y psicóloga Ellyn:** Ellyn Satter, «The Feeding Relationship», *Zero to Three Journal* 12, n.º 5 (1992); «Feeding Dynamics: Helping Children to Eat Well», *Journal of Pediatric Health Care* 9 (1995).

255 **Los rituales, o cualquier tipo de:** Barbara H. Fiese, *et al.,* «A Review of 50 Years of Research on Naturally Occurring Family Routines and Rituals: Cause for Celebration?», *Journal of Family Psychology* 16, n.º 4 (2002); Eisenberg, Olson y Neumark-Sztainer, «Correlations between Family Meals and Psychosocial Well-Being among Adolescents», art. cit.

259 **Ni siquiera tienes que:** Robyn Fivush *et al.,* «Family Narratives and the Development of Children's Emotional Well-Being», en M. W. Pratt y B. E. Fiese, eds., *Family Stories and the Lifecourse: Across Time and Generations,* ed. (2003).

Bibliografía

Aachei-Mejia, A. M., M. R. Longacre, J. J. Gibson, M. L. Beach, L. T. Titus-Ernstoff, y M. A. Dalton, «Children with a TV in Their Bedroom at Higher Risk for Being Overweight», *International Journal of Obesity* 31, n.º 4 (2007): 644-651.

Abel, M. H., y R. Hester, «The Therapeutic Effects of Smiling», en M. H. Abel, ed., *An Empirical Reflection on the Smile*, Nueva York: Edwin Mellen Press, 2002, pp. 217-253.

Abramson, L. Y., L. B. Alloy, B. L. Hankin, C. M. Clements, L. Zhu, M. E. Hogan, y W. G. Whitehouse, «Optimistic Cognitive Styles and Invulnerability to Depression», en J. E. Gillham, ed., *The Science of Optimism and Hope: Research Essays in Honor of Martin E. P. Seligman*, Radner, PA, Templeton Foundation Press, 2000.

Ahammer, Inge M., y John P. Murray, «Kindness in the Kindergarten: The Relative Influence of Role Playing and Prosocial Television in Facilitating Altruism», *International Journal of Behavioral Development* 2 (1979): 133-157.

Ainsworth, M. D. S., M. C. Blehar, E. Waters, y S. Wahl, *Patterns of Attachment*, Hillsdale, Nueva Jersey: L. Erlbaum, 1978.

Alexander, Barry L., Patricia F. Beyerstein, Bruce K. Hadaway, y Robert B. Coambs, «Effect of Early and Later Colony Housing on Oral Ingestion of Morphine in Rats», *Pharmacology, Biochemistry & Behavior* 15 (1981): 571-576.

Allen, Joseph P., Susan Philliber, Scott Herrling, y Gabriel P. Kupermine, «Preventing Teen Pregnancy and Academic Failure: Experimental Evaluation of a Developmentally Based Approach», *Child Development* 64, n.º 4 (1997): 729-742.

Allen, S., y K. Daly, «The Effects of Father Involvement: An Updated Research Summary of the Evidence,» en *Report by Centre for Families, Work & Well-Being*, Universidad de Guelph, 2007, 1-53.

Altman, J., y S. A. Bayer, *Development of the Cerebellar System: In Relation to Its Evolution, Structure, and Function*, Boca Ratón, FL: CRC Press, 1997.

Amato, Paul R., Laura Spencer Loomis, y Alan Booth Source, «Parental Divorce, Marital Conflict, and Offspring Well-Being During Early Adulthood», *Social Forces* 73, n.º 3 (1995): 895-915.

American Academy of Pediatrics: Committee on Public Education, «Children, Adolescents, and Television», *Pediatrics* 107, n.º 2 (2001): 423-426.

Anderson, A. M., «Factors Influencing the Father-Infant Relationship», *Journal of Family Nursing* 2, n.º 3 (1996): 306-324.

Anderson, C., y K. Dill, «Video Games and Aggressive Thoughts, Feelings, and Behavior in the Laboratory and in Life», *Journal of Personality and Social Psychology* 78, n.º 4 (2000): 772-790.

Anderson, C., D. Keltner, y O. P. John, «Emotional Convergence between People over Time», *Journal of Personality and Social Psychology* 84, n.º 5 (2003): 1054-1068.

Argyle, Michael, «Causes and Correlates of Happiness», en Daniel Kahneman, ed., *Well-Being: The Foundations of Hedonic Psychology*, , Ed Diener and Norbert Schwarz, Nueva York: Russell Sage Foundation, 1999: 353-373.

Ariely, D., y Z. Carmon, «Gestalt Characteristics of Experiences: The Defining Features of Summarized Events», *Journal of Behavioral Decision Making* 13, n.º 2 (2000): 191-201.

Aronson, Elliot, «Review: Back to the Future: Retrospective Review of Leon Festinger's 'A Theory of Cognitive Dissonance'», *American Journal of Psychology* 110, n.º 1 (1997): 127-137.

Bandura, A., C. Barbaranelli, G. V. Caprara, y C. Pastorelli, «Self— Efficacy Beliefs as Shapers of Children's Aspirations and Career Trajectories», *Child Development* 72, n.º 1 (2001): 187-206.

Bandura, A., y D. H. Schunk, «Cultivating Competence, Self— Efficacy, and Intrinsic Interest through Proximal Self-Motivation», *Journal of Personality and Social Psychology* 41, n.º 3 (1981): 586-598.

Bandura, A., y R. Wood, «Impact of Conceptions of Ability on Self— Regulatory Mechanisms and Complex Decision Making», *Journal of Personality and Social Psychology* 56, n.º 3 (1989): 407-415.

Banerjee, R., y H. Dittmar, «Individual Differences in Children's Materialism: The Role of Peer Relations», *Personality and Social Psychology Bulletin* 34, n.º 1 (2008): 15.

Barsade, S. G., «The Ripple Effect: Emotional Contagion and Its Influence on Group Behavior», *Administrative Science Quarterly* 47, n.º 4 (2002): 644-675.

Baumeister, Roy F., M. Gailliot, y C. N. DeWall, «Self-Regulation and Personality: How Interventions Increase Regulatory Success, and How Depletion Moderates the Effects of Traits on Behavior», *Journal of Personality* 74, n.º 6 (2006): 30.

Baumeister, Roy F., y T. F. Heatherton, «Self-Regulation Failure: An Overview.» *Psychological Inquiry* 7 (1996): 1-15.

Baumeister, Roy F., Todd F. Heatherton, Dianne M. Tice, Monique Boekaerts, Paul R. Pintrich, y Moshe Zeidner, «Losing Control: How & Why People Fail at Self-Regulation and Handbook of Self-Regulation», *Journal of Psychiatry and Law* 30, n.º 2 (2002): 283-284.

Beals, Diane E., y Patton O. Tabors, «Arboretum, Bureaucratic, and Carbohydrates: Preschoolers Exposure to Rare Vocabulary at Home», en *Biennial Meeting of the Society for Research in Child Development*, Nueva Orleans, Los Ángeles: 1995, 57-76.

Beck, M., *The Four Day Win*, Nueva York: Rodale Inc., 2007.

Begley, Sharon, *Train Your Mind, Change Your Brain*, Nueva York: Random House, 2007.

Belsky, J., «Quality, Quantity and Type of Child Care: Effects on Child Development in the USA», http://pro— kopf.de/fileadmin/Downloads/OC_37-Belsky-Effects_on_Child_Development.pdf.

— «Quantity Counts: Amount of Child Care and Children's Socioemotional Development», *Journal of Developmental and Behavioral Pediatrics* 23, n.º 3 (2002): 167-170.

— «Quantity of Nonmaternal Care and Boys' Problem Behavior/Adjustment at Ages 3 and 5: Exploring the Mediating Role of Parenting», *Psychiatry: Interpersonal and Biological Processes* 62, n.º 1 (1999): 1-20.

Benson, Peter L., E. Gil Clary, y Peter C. Scales, «Altruism and Health: Is There a Link During Adolescence», en Stephen G. Post, ed., *Altruism and Health: Perspectives from Empirical Research*, Nueva York: Oxford University Press, 2007.

Berman, M. G., J. Jonides, y S. Kaplan, «The Cognitive Benefits of Interacting with Nature», *Psychological Science* 19, n.º 12 (2008): 1207-1212.

Bernieri, F. J., «Coordinated Movement and Rapport in Teacher-Student Interactions», *Journal of Nonverbal Behavior* 12, n.º 2 (1988): 120-138.

— «Interpersonal Sensitivity in Teacher-Student Interactions», *Personality and Social Psychology Bulletin* 17, n.º 1 (1991): 98-103.

Bianchi, Suzanne, John P. Robinson, y Melissa A. Milkie, *Changing Rhythms of American Family Life*, Nueva York: Russell Sage Foundation, 2007.

Black, Donald, *The Behavior of Law*, Nueva York: Academic Press, 1976.

Boehm, J. K., y Sonja Lyubomirsky, «The Promise of Sustainable Happiness», en S. J. Lopez, ed., *Handbook of Positive Psychology*, 2ª ed., Oxford: Oxford University Press, en prensa.

Boggiano, A. K., y M. Barrett, «Gender Differences in Depression in Children as a Function of Motivational Orientation», *Sex Roles* 26, n.º 1-2 (1992): 7.

Bonari, L., H. Bennett, A. Einarson, y G. Koren, «Risks of Untreated Depression During Pregnancy», *Canadian Family Physician* 50 (enero 2004): 37-39.

Bono, G., M. E. McCullough, y L. M. Root, «Forgiveness, Feeling Connected to Others, and Well-Being: Two Longitudinal Studies», *Personality and Social Psychology Bulletin* 34, n.º 2 (2008): 182-195.

Bowhm, Julia K., y Sonja Lyubomirsky, «Does Happiness Promote Career Success?», *Journal of Career Assessment* 16, n.º 1 (2008): 101-116.

Boyum, Lisa Ann, y Ross D. Parke, «The Role of Family Emotional Expressiveness in the Development of Children's Social Competence», *Journal of Marriage and the Family* 57, n.º 3 (1995): 593-608.

Branje, S. J. T., W. H. J. Meeus, y M. D. Van Doorn, «Longitudinal Transmission of Conflict Resolution Styles from Marital Relationships to Adolescent-Parent Relationships», *Journal of Family Psychology* 21, n.º 3 (2007): 426-434.

Brody, G. H., S. R. H. Beach, R. A. Philibert, Y. Chen, M. Lei, y V. M. Murry. «Parenting Moderates a Genetic Vulnerability Factor in Longitudinal Increases in Youths' Substance Use», *Journal of Consulting and Clinical Psychology* 77, n.º 1 (feb 2009): 1-11.

Brown, K. W., y R. M. Ryan, «The Benefits of Being Present: Mindfulness and Its Role in Psychological Well-Being», *Journal of Personality and Social Psychology* 84, n.º 4 (2003): 27.

Brown, Stuart, y Christopher Vaughan, *Play: How It Shapes the Brain, Opens the Imagination, and Invigorates the Soul*, Nueva York: Avery, 2009. [Trad.

cast.: *¡A jugar!: la forma más efectiva de desarrollar el cerebro, enriquecer la imaginación y alegrar el alma*, Barcelona: Ediciones Urano, 2010.]

Bruder, M., y L. Chen, «Measuring Social Competence in Toddlers: Play Tools for Learning», *Early Childhood Services* 1 (2007): 22.

Bryant, F. B., y J. Veroff, *Savoring: A New Model of Positive Experience*. Mahwah, Nueva Jersey: Erlbaum, 2007.

Buckley, Norman, Linda S. Siegel, y Steven Ness, «Egocentrism, Empathy and Altruistic Behavior in Young Children», *Developmental Psychology* 5, n.º 3 (1979): 329-331.

Burdette, H. L., y R. C. Whitaker, «Resurrecting Free Play in Young Children: Looking Beyond Fitness and Fatness to Attention, Affiliation, and Affect», *Archives of Pediatrics and Adolescent Medicine* 159 (2005): 5.

Butler, E. A., B. Egloff, F. H. Wilhelm, N. C. Smith, E. A. Erickson, y J. J. Gross, «The Social Consequences of Expressive Suppression», *Emotion* 3, n.º 1 (2003): 48-67.

Byrne, Rhoda, *The Secret*, Nueva York/Hillsboro, OR: Atria Books/Beyond Words, 2006. [Trad. cast.: *El secreto*, Barcelona: Ediciones Urano, 2007.]

Caldera, Yvonne M., y Sybil Hart, «Exposure to Child Care, Parenting Style and Attachment Security», *Infant and Child Development* 13, n.º 1 (2004): 21-33.

Califano, Joseph A., «The Importance of Family Dinners III», *The National Center on Addiction and Substance Abuse at Columbia University* (2006): 1-17.

Call, Vaughahn; Susan Sprecher, y Pepper Schwartz, «The Incidence and Frequency of Marital Sex in a National Sample», *Journal of Marriage and the Family* 57, n.º 3 (1995): 639-652.

Campbell, S. B., P. Matestic, C. von Stauffenberg, R. Mohan, y T. Kirchner, «Trajectories of Maternal Depressive Symptoms, Maternal Sensitivity, and Children's Functioning at School Entry», *Developmental Psychology* 43, n.º 5 (2007): 1202-1215.

Carlo, Gustavo, Meredith McGinley, Rachel Hayes, Candice Batenhorst, y Jamie Wilkinson, «Parenting Styles or Practices? Parenting, Sympathy, and Prosocial Behaviors among Adolescents», *Journal of Genetic Psychology* 168, n.º 2 (2007): 147-176.

Casas, Ferrán; Germa Coenders, Robert Cummins, Mónica González, Cristina Figuer, y Sara Malo, «Does Subjective Well-Being Show a Relationship between Parents and Their Children?», *Journal of Happiness Studies* 9, n.º 2 (2008): 197-205.

Chafel, J. A., «The Play of Children: Developmental Processes and Policy Implications», *Child & Youth Care Forum* 20, n.º 2 (1991): 18.

Chen, D., «Preventing Violence by Promoting the Development of Competent Conflict Resolution Skills: Exploring Roles and Responsibilities», *Early Childhood Education Journal* 30, n.º 4 (2003): 203-208.

Cherek, Don R., F. Gerard Moeller, Donald M. Dougherty, y Howard Rhoades, «Studies of Violent and Nonviolent Male Parolees: II. Laboratory and Psychometric Measurements of Impulsivity», *Biological Psychiatry* 41, n.º 5 (1997): 523-529.

Christakis, D. A., F. Ebel, F. Rivara, y F. J. Zimmerman, «Television, Video, and Computer Game Usage in Children under 11 Years of Age», *Journal of Pediatrics* 145, n.º 5 (2004): 652-656.

Christakis, D. A., F. J. Zimmerman, D. L. DiGiuseppe, y C. A. McCarthy, «Early Television Exposure and Subsequent Attentional Problems in Children», *Pediatrics* 113, n.º 4 (2004): 708-713.

Christakis, Dimitri A., «The Effects of Infant Media Usage: What Do We Know and What Should We Learn?», *Acta Paediatrica* 98, n.º 1 (2008): 8-16.

Cicchetti, D., y S. L. Toth, «The Development of Depression in Children and Adolescents», *American Psychologist* 53, n.º 2 (1998): 221-242.

Colman, Rebecca A., Sam A. Hardy, Myesha Albert, Marcela Raffaelli, y Lisa Crocket, «Early Predictors of Self-Regulation in Middle Childhood», *Infant and Child Development* 15, n.º 4 (2006): 421-437.

Colvin, Geoffrey, «What It Takes to Be Great», CNNMoney.com, http://mon ey.cnn.com/magazines/fortune/fortune_archive/2006/10/30/8391794/in dex.htm.

Committee on Communications, «Children, Adolescents, and Advertising: Organizational Principles to Guide and Define the Child Health Care System and/or Improve the Health of All Children», *Pediatrics* 118, n.º 6 (2006): 2563-2569.

Cooper, J., y R. H. Fazio, «A New Look at Dissonance Theory», *Advances in Experimental Social Psychology* 17 (1984): 229-266.

Coussons-Read, M. E., M. L. Okun, y C. D. Nettles, «Psychosocial Stress Increases Inflammatory Markers and Alters Cytokine Production across Pregnancy», *Brain, Behavior, and Immunity* 21, n.º 3 (marzo 2007): 343-350.

Cowan, C. P., y P. A. Cowan, *When Partners Become Parents: The Big Life Change for Couples*, Mahwah, NJ: Lawrence Erlbaum Associates, 2000.

Cowan, C. P., P. A. Cowan, M. K. Pruett, y K. Pruett, «An Approach to Preventing Coparenting Conflict and Divorce in Low-Income Families: Strengthening Couple Relationships and Fostering Fathers' Involvement», *Family Process* 46, n.º 1 (2006): 109-121.

Cowan, P. A., y C. P. Cowan, «Strengthening Couples to Improve Children's Well-Being: What We Know Now», *Poverty Research News* 6, n.º 3 (2002): 18-21.

Csikszentmihalyi, M., *Creativity: Flow and the Psychology of Discovery and Invention*, Nueva York: Harper/Collins, 1996. [Trad. cast.: *Creatividad: el fluir y la psicología del descubrimiento y la invención*, Barcelona, Paidós, 1998.]

Csikszentmihalyi, M., *Finding Flow: The Psychology of Engagement with Everyday Life*, Nueva York: Basic Books, 1997. [Trad. cast.: *Aprender a fluir*, Barcelona: Kairós, 1998.]

Csikszentmihalyi, M., K. Rathunde, y S. Whalen, *Talented Teenagers: The Roots of Success and Failure*, Nueva York: Cambridge University Press, 1993.

Csikszentmihalyi, M., y B. Schneider, «Conditions for Optimal Development in Adolescence: An Experiential Approach», *Applied Developmental Science* 5, n.º 3 (2001): 3.

Cummings, E. M., K. S. Simpson, y A. Wilson, «Children's Responses to Interadult Anger as a Function of Information About Resolution», *Developmental Psychology* 29, n.º 6 (1993): 978-985.

Cummings, E. M., D. Vogel, J. S. Cummings, y M. el-Sheikh, «Children's Responses to Different Forms of Expression of Anger between Adults», *Child Development* 60, no. 6 (1989): 1392-1404.

Davidson, R., y C. Snow, «The Linguistic Environment of Early Readers», *Journal of Research in Childhood Education* 10, n.º 1 (1995): 5-21.

Davis, E. P., C. Hobel, C. A. Sandman, L. M. Glynn, y P. D. Wadhwa, eds., *Prenatal Stress and Stress Physiology Influence Human Fetal and Infant Development, Placenta and Brain, Birth and Behavior, Health and Disease*, Cambridge University Press, 2006.

Deci, E. L., R. Koestner, y R. M. Ryan, «A Meta-Analytic Review of Experiments Examining the Effects of Extrinsic Rewards on Intrinsic Motivation», *Psychological Bulletin* 125 (1999): 42.

De la Garza-Mercer, Felicia, Andrew Christensen, y Brian Doss, «Sex and Affection in Heterosexual and Homosexual Couples: An Evolutionary Perspective», *Electronic Journal of Human Sexuality* (2006), http://www.ejhs.org/volume9/Garza.htm.

Diener, Ed, J. Horwitz, y R. A. Emmons, «Happiness of the Very Wealthy», *Social Indicators Research* 16 (1985): 263-274.

Diener, Ed, E. Sandvik, y W. Pavot, «Happiness Is the Frequency, Not the Intensity, of Positive Versus Negative Affect», en F. Strack, M. Argyle, y N. Schwarz, eds., *Subjective Well-Being: An Interdisciplinary Perspective*, Elmsford, Nueva York: Pergamon Press, 1991.

Diener, Ed, y M. E. P. Seligman, «Very Happy People», *Psychological Science* 13, no. 1 (2002): 81-84.

Diener, Ed, y Robert Biswas-Diener, *Happiness: Unlocking the Mysteries of Psychological Wealth*, Malden, MA: Blackwell Publishing, 2008.

Diener, Ed, Ed Sandvik, Larry Seidlitz, y Marissa Diener, «The Relationship between Income and Subjective Well-Being: Relative or Absolute?» *Social Indicators Research* 28, n.º 3 (1993): 195-223.

Dill, K., y C. Dill, «Video Game Violence: A Review of the Empirical Literature», *Aggression and Violent Behavior* 3, n.º 4 (1998): 407-428.

Dimberg, U., M. Thunberg, y K. Elmehed, «Unconscious Facial Reactions to Emotional Facial Expressions», *Psychological Science* 11, n.º 1 (2000): 86-89.

Dixon, M., N. Booth, y R. Powell, «Sex and Relationships Following Childbirth: A First Report from General Practice of 131 Couples», *British Journal of General Practice* 50, n.º 452 (2000): 223-224.

Doherty, N. A., y J. A. Feeney, «The Composition of Attachment Networks Throughout the Adult Years», *Personal Relationships* 11, n.º 4 (2004): 469-488.

Duckworth, Angela, Christopher Peterson, Michael Matthews, y Dennis Kelly, «Grit: Perseverance and Passion for Long-Term Goals», *Journal of Personality and Social Psychology* 92, n.º 6 (2007): 1087-1101.

— *Mindset: The New Psychology of Success*, Nueva York: Random House, 2006.

Dweck, C. S., «Caution-Praise Can Be Dangerous», en Bruce A. Marlowe y Alan S. Canestrari, eds., *Educational Psychology in Context: Readings for Future Teachers*, SAGE, 2005.

Dweck, C. S., y M. L. Kamins, «Person Versus Process Praises and Criticism: Implications for Contingent Self-Worth and Coping», *Developmental Psychology* 35, n.º 3 (1999): 835-847.

Easterbrook, G., *The Progress Paradox: How Life Gets Better While People Feel Worse*, Nueva York: Random House, 2003.

Eisenberg, Marla E., Rachel E. Olson, y Dianne Neumark-Sztainer, «Correlations between Family Meals and Psychosocial Well-Being among Adolescents», *Archives of Pediatrics & Adolescent Medicine* 158, n.º 8 (2004): 792-796.

Eisenberg-Berg, Nancy, y Elizabeth Geisheker, «Content of Preachings and Power of the Model/Preacher: The Effect on Children Generosity», *Developmental Psychology* 15, n.º 2 (1979): 168-185.

Ekman, P., R. J. Davidson, y W. V. Fiesen, «Emotional Expression and Brain Physiology: II», *Journal of Personality and Social Psychology* 58, n.º 2 (1990): 342-353.

Elliott, A. J., y C. S. Dweck, eds., *Handbook of Competence and Motivation*, Nueva York: Guilford Press, 2005.

Emmons, Robert A., «Pay It Forward», *Greater Good* (2007).

Emmons, Robert A., y Michael E. McCullough, «Counting Blessings Versus Burdens: An Experimental Investigation of Gratitude and Subjective Well-Being in Daily Life», *Journal of Personality and Social Psychology* 84, n.º 2 (2003): 377-383.

— *The Psychology of Gratitude*, Nueva York: Oxford University Press, 2004.

Ericsson, K. A., R. T. Krampe, y C. Tesch-Romer, «The Role of Deliberate Practice in the Acquisition of Expert Performance», *Psychological Review* 100, n.º 3 (1993): 363-406.

Feeney, J. A., «Implication of Attachment Style for Patterns of Health and Illness», *Child: Care, Health and Development* 26, n.º 4 (2000): 277-288.

Fein, G. G., «Pretend Play in Childhood: An Integrative Review», *Child Development* 52, n.º 4 (1981): 24.

Feng, Xin; Daniel S. Shaw, y Jennifer S. Silk, «Developmental Trajectories of Anxiety Symptoms among Boys across Early and Middle Childhood», *Journal of Abnormal Psychology* 117, n.º 1 (2008): 32-47.

Feng, Xin; Daniel S. Shaw, Emily M. Skuban, y Tonya Lane, «Emotional Exchange in Mother-Child Dyads: Stability, Mutual Influence, and Associations with Maternal Depression and Child Problem Behavior», *Journal of Family Psychology* 21, n.º 4 (2007): 714-725.

Festinger, Leon, *A Theory of Cognitive Dissonance*, Evanston, IL: Row Peterson, 1957. [Trad. cast.: *Teoría de la disonancia cognoscitiva*, Madrid: Instituto de Estudios Políticos, 1975.]

Field, T., «Attachment and Separation in Young Children», *Annual Review in Psychology* 47 (1996): 541-561.

Fiese, Barbara H., Thomas J. Tomcho, Michael Douglas, Kimberly Josephs, Scott Poltrock, y Tim Baker, «A Review of 50 Years of Research on Naturally Occurring Family Routines and Rituals: Cause for Celebration?», *Journal of Family Psychology* 16, n.º 4 (2002): 381-390.

Fischman, Susan H., Elizabeth A. Rankin, Elaren L. Soeken, y Elizabeth R. Lenz, «Changes in Sexual Relationships in Postpartum Couples», *Journal of Obstetric, Gynecologic, & Neonatal Nursing* 15, n.º 1 (1986): 58-63.

Fitzsimons, G. J., «Asking Questions Can Change Choice Behavior: Does It Do So Automatically or Effortfully?», *Journal of Experimental Psychology* 6, n.º 3 (2000): 12.

Fivush, Robyn, Jennifer Bohanek, Rachel Robertson, y Marshall Duke, «Family Narratives and the Development of Children's Emotional Well-Being», en M. W. Pratt y B. E. Fiese, eds., *Family Stories and the Lifecourse: Across Time and Generations*, (2003).

Flouri, E., «Fathering and Adolescents' Psychological Adjustment: The Role of Fathers'Involvement, Residence and Biology Status», *Child: Care, Health, and Development*, 34, n.º 2 (2007): 152-161.

Foderaro, Lisa W., «Families with Full Plates, Sitting Down to Dinner», en el *New York Times*: nytimes.com, 2006.

Fowler, J. H., y N. A. Christakis, «Dynamic Spread of Happiness in a Large Social Network: Longitudinal Analysis over 20 Years in the Framingham Heart Study», *British Medical Journal* 337, n.º a2338 (2008).

Franck, Karen L., y Cheryl Beuehler, «A Family Process Model of Marital Hostility, Parental Depressive Affect, and Early Adolescent Problem Behavior: The Roles of Triangulation and Parental Warmth», *Journal of Family Psychology* 21, n.º 4 (2007): 614-625.

Fredrickson, Barbara L., «Extracting Meaning from Past Affective Experiences: The Importance of Peaks, Ends, and Specific Emotions», *Cognition and Emotion* 14, n.º 4 (2000): 577-606.

— «Why Positive Emotions Matter in Organizations: Lessons from the Broaden-and-Build Model», *Psychologist-Manager Journal* 4, n.º 2 (2000): 131-142.

Fredrickson, B. L., R. A. Mancuso, C. Branigan, y M. M. Tugade, «The Undoing

Effect of Positive Emotions», *Motivation and Emotion* 24, n.º 4 (2000): 237-258.

Fredrickson, Barbara L., *Positivity: Groundbreaking Research Reveals How to Embrace the Hidden Strength of Positive Emotions, Overcome Negativity, and Thrive,* Nueva York: Crown Publishers, 2009.

Frey, B. S., y A. Stutzer, *Happiness and Economics: How the Economy and Institutions Affect Well-Being,* Princeton, NJ: Princeton University Press, 2002.

Friedman, Meyer, y D. Ulmer, *Treating Type A Behavior and Your Heart,* Nueva York: Ballantine Books, 1985. [Trad. cast.: *Conducta tipo «A» y su corazón,* Barcelona: Grijalbo, 1976.]

Frost, Randy O., y Patricia A. Marten, «Perfectionism and Evaluative Threat», *Cognitive Therapy and Research* 14, n.º 6 (1990): 559-572.

Frost, Randy O., Theresa A. Turcotte, Richard G. Heimberg, Jill I. Mattia, Craig S. Holt, y Debra A. Hope, «Reactions to Mistakes among Subjects High and Low in Perfectionistic Concern over Mistakes», *Cognitive Therapy and Research* 19, n.º 2(1995): 195-205.

Fujita, Frank, y Ed Diener, «Life Satisfaction Set Point: Stability and Change», *Journal of Personality and Social Psychology* 88, n.º 1 (2005): 158-164.

Furnham, A., y M. Argyle, *The Psychology of Money,* Londres: Routledge, 1998.

Gable, S. L., H. T. Reis, y A. J. Elliot, «Behavioral Activation and Inhibition in Everyday Life», *Journal of Personality and Social Psychology* 78, n.º 6 (2000): 15.

Gantz, W., N. Schwartz, J. Angelini, y V. Rideout, «Food for Thought: Television Food Advertising to Children in the United States», (2007), http://www.kff.org/entmedia/upload/7618.pdf.

Geoeke-Morey, Marcie C., E. Mark Cummings, y Lauren M. Papp, «Children and Marital Conflict Resolution: Implications for Emotional Security and Adjustment», *Journal of Family Psychology* 21, n.º 4 (2007): 744-753.

Gladstone, G. L., y G. B. Parker, «When You're Smiling, Does the Whole World Smile for You?», *Australasian Psychiatry* 10, n.º 2 (2002): 144-146.

Gladstone, T. R. G., y N. J. Kaslow, «Depression and Attributions in Children and Adolescents: A Meta-Analytic Review», *Journal of Abnormal Child Psychology* 23, n.º 5 (1995): 597-606.

Gmitrova, V., y J. Gmitrov, «The Impact of Teacher-Directed and Child-Directed Pretend Play on Cognitive Competence in Kindergarten Children», *Early Childhood Education Journal* 30 (2003): 6.

Gohm, C. L., «Mood Regulation and Emotional Intelligence: Individual Differences», *Journal of Personality and Social Psychology* 84 (2003): 13.

Goldberg, M. E., G. J. Gorn, L. A. Perrachio, y G. Bamossy, «Understanding Materialismamong Youth», *Journal of Consumer Psychology* 13 (2003): 11.

Goleman, Daniel, *Social Intelligence: The New Science of Human Relationships,* Nueva York: Bantam Dell, 2006. [Trad. cast.: *Inteligencia social: la nueva ciencia de las relaciones humanas,* Barcelona: Kairós, 2010.]

Gottfried, A., «Academic Intrinsic Motivation in Young Elementary School Children», *Journal of Educational Psychology* 82, n.º 3 (1990): 14.

Gottman, J. M., *What Predicts Divorce: The Relationship between Martial Processes and Marital Outcomes,* Nueva York: Lawrence Erlbaum, 1994.

Gottman, J. M., L. F. Katz, y C. Hooven, *Meta-Emotion: How Families Communicate Emotionally,* Mahwah, NJ: Lawerence Erlbaum Associates, 1997.

Gottman, J. M., y Nan Silver, *The Seven Principles for Making Marriage Work,* Nueva York: Crown Publishers, 1999. [Trad. cast.: *Siete reglas de oro para vivir en pareja,* Barcelona: Plaza & Janés, 2000; Barcelona: Debolsillo, 2004.]

Gottman, John, y Joan DeClaire, *Raising an Emotionally Intelligent Child,* Nueva York: Simon & Schuster Paperbacks, 1997.

Groves, M. N., J. K. Sawyers, y J. D. Moran, «Reward and Ideation Fluency in Preschool Children», *Early Childhood Research Quarterly* n.º 2 (1987): 332-340.

Haidt, Jonathan, *The Happiness Hypothesis: Finding Modern Truth in Ancient Wisdom,* Nueva York: Basic Books, 2006. [Trad. cast.: *La hipótesis de la felicidad: la búsqueda de verdades modernas en la sabiduría antigua,* Barcelona: Gedisa, 2006.]

Hammen, C., C. Adrian, y D. Hiroto, «A Longitudinal Test of the Attributional Vulnerability Model in Children at Risk for Depression», *British Journal of Clinical Psychology* 27 (1988): 37-46.

Harker, L., y D. Keltner, «Expressions of Positive Emotion in Women's College Yearbook Pictures and Their Relationship to Personality and Life Outcomes across Adulthood», *Journal of Personality and Social Psychology* 80, n.º 1 (2001): 112-124.

Harlow, H. F., y M. A. Novak, «Psychopathological Perspectives», *Perspectives in Biology and Medicine* 16, n.º 3 (1973): 461-478.

Harold, G. T., J. J. Aitken, y K. H. Shelton, «Inter-Parental Conflict and Children's Academic Attainment: A Longitudinal Analysis», *Journal of Child Psychology and Psychiatry* 48, n.º 12 (2007): 1223-1232.

Hatfield, E., «Emotional Contagion», *Current Directions in Psychological Science* 2, n.º 3 (2008): 96-100.

Healy, Eileen D., *EQ and Your Child: 8 Proven Skills to Increase Your Child's Emotional Intelligence*, San Carlos, CA: Familypedia Publishing, 2005.

Hercz, Robert, «Rat Trap: Why Canada's Drug Policy Won't Check Addiction», www.walrusmagazine.com/print/2007.12-health-rat-trap/.

Hess, U., y S. Blairy, «Facial Mimicry and Emotional Contagion to Dynamic Emotional Facial Expressions and Their Influence on Decoding Accuracy», *International Journal of Psychophysiology* 40, n.º 2 (2001): 129-141.

Hills, P., y M. Argyle, «Positive Moods Derived from Leisure and Their Relationship to Happiness and Personality», *Personality and Individual Differences* 25, n.º 3 (1998): 523-535.

Hofferth, Sandra L., y John F. Sandberg, «Changes in American Children's Time 1981-1997», *Advances in Life Course Research* (2000): 1-49.

Hoffman, Martin L., «Power Assertion by the Parent and Its Impact on the Child», *Child Development* 31 (1960): 129-143.

Hoffman, Martin L., «Altruistic Behavior and the Parent-Child Relationship», *Journal of Personality and Social Psychology* 31, n.º 5 (1975): 937-943.

Holden, George W., y Meredith J. West, «Proximate Regulation by Mothers: A Demonstration of How Differing Styles Affect Young Children's Behavior,» *Child Development* 60, n.º 1 (1989): 64-69.

Hooker, K. E., y I. E. Fodor, «Teaching Mindfulness to Children», *Gestalt Review* 12, n.º 1 (2008): 17.

Houck, Gail M., y Elizabeth A. Lecuyer-Maus, «Maternal Limit Setting During Toddlerhood, Delay of Gratification, y Behavioral Problems at Age Five», *Infant Mental Health Journal* 25, n.º 1 (2004): 28-46.

Howe, Michael, J. A., Jane W. Davidson, y John A. Sloboda, «Innate Talents: Reality or Myth?», *Behavioral and Brain Sciences* 21 (1998): 399-442.

Huang, Julie Y., y John A. Bargh, «Peak of Desire: Activating the Mating Goal Changes Life-Stage Preferences across Living Kinds», *Psychological Science* 19, n.º 6 (2008): 573-578.

Hunter, Samuel T., Katrina E. Bedell, y Michael D. Mumford, «Climate for Creativity: A Quantitative Review», *Creativity Research Journal* 19, n.º 1 (2007): 69-90.

Inglehart, Ronald, *Culture Shift in Advanced Industrial Society*, Princeton, NJ: Princeton University Press, 1990. [Trad. cast.: *El cambio cultural en las sociedades industriales avanzadas*, Madrid: Siglo XXI de España, 1991.]

Johnson, D. W., R. Johnson, B. Dudley, y K. Acikgoz, «Effects of Conflict Resolution Training on Elementary School Students», *Journal of Social Psychology* 134, n.º 6 (2001): 803-817.

Johnson, David P., David L. Penn, Barbara L. Fredrickson, Piper S. Meyer, Ann M. Kring, y Mary Brantley, «Loving-Kindness Meditation to Enhance Recovery from Negative Symptoms of Schizophrenia», *Journal of Clinical Psychology* 65, n.º 5 (2009): 499-509.

Joiner, T. E., y K. D. Wagner, «Attributional Style and Depression in Children and Adolescents: A Meta-Analytic Review», *Clinical Psychology Review* 15, n.º 8 (1995): 777-798.

Jorge, Moll; Frank Krueger, Roland Zahn, Matteo Pardini, Ricardo de Oliveira-Souza, y Jordan Grafman, «Human Fronto-Mesolimbic Networks Guide Decisions About Charitable Donation», *Proceedings of the National Academy of Sciences of the United States of America* 103, n.º 42 (2006): 15623-15628.

Joussemet, Mireille; Richard Koestner, Natasha Lekes, y Nathalie Houlfort, «Introducing Uninteresting Tasks to Children: A Comparison of the Effects of Rewards and Autonomy Support», *Journal of Personality* 72, n.º 1 (2004): 139-166.

Kabat-Zinn, Jon, *Full Catastrophe Living: Using the Wisdom of Your Body and Mind to Face Stress, Pain and Illness*, Nueva York: Delacorte, 1990. [Trad. cast.: *Vivir en plenitud las crisis: cómo utilizar la sabiduría del cuerpo y de la mente para afrontar el estrés, el dolor y la enfermedad*, Barcelona: Kairós, 2006.]

— «Mindfulness-Based Interventions in Context: Past, Present and Future», *Clinical Psychology: Science and Practice* 10 (2003): 13.

Kabat-Zinn, M., y J. Kabat-Zinn, *Everyday Blessings: The Inner Work of Mindful Parenting*, Nueva York: Hyperion, 1998.

Kahneman, D., B. L. Fredrickson, C. A. Schreiber, y D. A. Redelmeier, «When More Pain Is Preferred to Less: Adding a Better End», *Psychological Science* 4, n.º 6 (1993): 401-405.

Kasser, T., «Frugality, Generosity, and Materialism in Children and Adolescents», en K. A. Moore y L. H. Lippman, eds., *What Do Children Need to Flourish? Conceptualizing and Measuring Indicators of Positive Development*, Nueva York: Springer Science + Business Media, 2005.

— *The High Price of Materialism*, Cambridge, MA: MIT Press, 2002.

Kawamura, Kathleen Y., Sandra L. Hunt, Randy O. Frost, y Patricia Marten DiBartolo, «Perfectionism, Anxiety, and Depression: Are the Relationships Independent?», *Cognitive Therapy and Research* 25, n.º 3 (2001): 291-301.

Keller, Johannes, «On the Development of Regulatory Focus: The Role of Parenting Styles», *European Journal of Social Psychology* 38, n.º 2 (2008): 354-364.

Keltner, Dacher, *Born to Be Good: The Science of a Meaningful Life*, Nueva York: W. W. Norton & Company, 2009.

Kindlon, Daniel J., *Too Much of a Good Thing: Raising Children of Character in an Indulgent Age*, Nueva York: Hyperion, 2003.

Knafo, Ariel, y Robert Plomin, «Parental Discipline and Affection and Children's Prosocial Behavior: Genetic and Environmental Links», *Journal of Personality and Social Psychology* 90, n.º 1 (2006): 147-164.

— «Prosocial Behavior from Early to Middle Childhood: Genetic and Environmental Influences on Stability and Change», *Developmental Psychology* 42, n.º 5 (2006): 771-786.

Kobasa, S., «The Hardy Personality: Toward a Social Psychology of Stress in Health», en G. G. Sanders y J. Suls, eds., *Social Psychology of Health and Illness (Environment and Health)*, Hillsdale, Nueva Jersey: Lawrence Erlbaum Associates, 1982.

Kohn, Alfie, *Punished by Rewards: The Trouble with Gold Stars, Incentive Plans, A's, Praise, and Other Bribes*, Boston: Houghton Mifflin Company, 1999.

Koutsos, P., E. H. Wertheim, y J. Kornblum, «Paths to Interpersonal Forgiveness: The Roles of Personality, Disposition to Forgive and Contextual Factors in Predicting Forgiveness», *Personality and Individual Differences* 44, n.º 2 (2008): 337-348.

Krause, Neal, «Church-Based Social Support and Mortality», *Journal of Gerontology* 61B, n.º 3 (2006): S140-S146.

Krause, Neal; Christopher G. Ellison, y Keith M. Wuff, «Church-Based Emotional Support, Negative Interaction, and Psychological Well-Being: Findings from a National Sample of Presbyterians», *Journal for the Scientific Study of Religion* 37, n.º 4 (1998): 725-741.

Lamb, M. E., «Attachments, Social Networks, and Developmental Contexts», *Human Development* 48 (2005): 108-112.

Langer, E. J., «A Mindful Education», *Educational Psychologist* 28, n.º 1 (1993): 8.

Langner, T. S., y S. T. Michael, *Life Stress and Mental Health,* Nueva York: Free Press, 1963.

Langston, C. A., «Capitalizing on and Coping with Daily-Life Events: Expressive Responses to Positive Events», *Journal of Personality and Social Psychology* 67, n.º 6 (1994): 14.

Latham, G. P., y E. A. Locke, «Self-Regulation through Goal Setting», *Organizational Behavior and Human Decision Processes* 50 (1991): 36.

Lazare, Aaron, «Making Peace through Apology», *Greater Good* (2004): 16-19.
— *On Apology,* Nueva York: Oxford University Press, 2005.

Lecuyer, Elizabeth, y Gail M. Houck, «Maternal Limit-Setting in Toddlerhood: Socialization Strategies for the Development of Self-Regulation», *Infant Mental Health Journal* 27, n.º 4 (2006): 344-370.

Lempers, Jacques D., Dania Clark-Lempers, y Ronald L. Simons, «Economic Hardship, Parenting, and Distress in Adolescence», *Child Development* 60, n.º 1 (1989): 25-39.

Lewis, Jone Johnson, «Diane Ackerman Quotes», http://womenshistory.about.com/od/quotes/a/ackerman.htm.

Lindsey, E. W., y M. J. Colwell, «Preschoolers' Emotional Competence: Links to Pretend and Physical Play», *Child Study Journal* 33, n.º 1 (2003): 14.

Loeb, Susanna; Margaret Bridges, Daphna Bassok, Brue Fuller, y Russell W. Rumberger, «How Much Is Too Much? The Influence of Preschool Centers on Children's Social and Cognitive Development», *Economics of Education Review* 26, n.º 1 (2007): 52-66.

Loehr, J., y T. Schwartz, *The Power of Full Engagement,* Nueva York: Free Press, 2003.

Losada, M., «The Complex Dynamics of High Performance Teams», *Mathematical and Computer Modeling* 30, n.º 9-10 (1999): 179-192.

Losada, M., y E. Heaphy, «The Role of Positivity and Connectivity in the Performance of Business Teams: A Nonlinear Dynamics Model», *American Behavioral Scientist* 47, n.º 6 (2004): 740-765.

Luks, Allan, «Doing Good: Helper's High», *Psychology Today* 22, n.º 10 (1988).

Luskin, Frederic, «The Choice to Forgive», *Greater Good* (2004): 13-15.

— *Forgive for Good,* Nueva York: Harper Collins, 2003.

Luthar, Suniya S., «The Culture of Affluence: Psychological Costs of Material Wealth», *Child Development* 74, n.º 6 (2003): 1581-1593.

Luthar, Suniya S., y Bronwyn E. Becker, «Privileged but Pressured? A Study of Affluent Youth», *Child Development* 73, n.º 5 (2002): 1593-1610.

Luthar, Suniya S., y K. D'Avanzo, «Contextual Factors in Substance Use: A Study of Suburban and Inner-City Adolescents», *Development and Psychopathology* 11 (1999): 845-867.

Luthar, Suniya S., y S. Latendresse, «Children of the Affluent: Challenges to Well-Being», *American Psychological Society* 14, n.º 1 (2005): 49-53.

Luthar, Suniya S., y C. C. Sexton, «The High Price of Affluence», en R. Kail, ed., *Advances in Child Development and Behavior,* San Diego, California: Academic Press, 2005.

Lyubomirsky, Sonja, *The How of Happiness: A Scientific Approach to Getting the Life You Want,* Nueva York: Penguin Press, 2007. [Trad. cast.: *La ciencia de la felicidad: un método probado para conseguir bienestar*, Barcelona: Ediciones Urano, 2008.]

Lyubomirsky, S., L. A. King, y E. Diener. «The Benefits of Frequent Positive Affect: Does Happiness Lead to Success?», *Psychological Bulletin* 131 (2005): 803-855.

— «Pursuing Happiness: The Architecture of Sustainable Change», *Review of General Psychology* 9, n.º 2 (2005): 111-131.

Madden, G. J., N. M. Petry, G. J. Badger, y Warren K. Bickel, «Impulsive and Self-Control Choices in Opioid-Dependent Patients and Non-Drug-Using Control Patients: Drug and Monetary Rewards», *Experimental and Clinical Psychopharmacology* 5, n.º 3 (1997): 256-262.

Magen, Zipora, «Commitment Beyond Self and Adolescence.» *Social Indicators Research* 37 (1996): 235-67.

Manian, Nanmathi, Alison A. Papadakis, Timothy J. Strauman, y Marilyn J. Essex, «The Development of Children's Ideal and Ought Self-Guides:

Parenting, Temperament, and Individual Differences in Guide Strength»,
Journal of Personality 74, n.º 6 (2006): 619-645.

Manuilenko, Z. V., «The Development of Voluntary Behavior in Preschool-
Age Children», *Soviet Psychology* 13 (1948/1975).

Marano, Hara Estroff, «Pitfalls of Perfectionism», *Psychology Today* (2008).

Maruyama, Geoffrey, Scott C. Fraser, y Norman Miller, «Personal Responsibility and Altruism in Children», *Journal of Personality and Social Psychology* 42, n.º 4 (1982): 658-664.

Mayer, S. E., *What Money Can't Buy: Family Income and Children's Life Chances,* Cambridge, MA: Harvard University Press, 1997.

McClelland, D. C., y C. Kirshnit, «The Effect of Motivational Arousal through
Films on Salivary Immunoglobulin A», *Psychology & Health* 2, n.º 1 (1988):
31-52.

McCullough, M. E., G. Bono, y L. M. Root, «Rumination, Emotion, and Forgiveness: Three Longitudinal Studies», *Journal of Personality and Social Psychology* 92, n.º 3 (2007): 490-505.

McCullough, M. E., E. L. Worthington, y K. C. Rachal, «Interpersonal Forgiving in Close Relationships», *Journal of Personality and Social Psychology* 73, n.º 2 (1997): 321-336.

McCullough, Michael E., «Forgiveness: Who Does It and How Do They Do
It?», *Current Directions in Psychological Science* 10, n.º 6 (2002): 194-197.

McCullough, Michael E., y Robert A. Emmons, «The Grateful Disposition: A
Conceptual and Empirical Topography», *Journal of Personality and Social
Psychology* 82, n.º 1 (2002): 112-127.

McCullough, Michael E., y Charlotte van Oyen Witvliet, «The Psychology of
Forgiveness», en C. R. Snyder y S. J. Lopez, eds., *Handbook of Positive Psychology,* Nueva York: Oxford University Press, 2002.

McGurk, Harry; Marlene Caplan, Elilis Hennessy, y Peter Moss, «Controversy, Theory and Social Context in Contemporary Day Care Research», *Journal of Child Psychology and Psychiatry* 34, n.º 1 (1993): 3-23.

McLaughlin, Christine Carter, «Buying Happiness: Family Income and Adolescent Subjective Well-Being», Berkeley: Universidad de California, Berkeley, 2007.

Medina, John, *Brain Rules: 12 Principles for Surviving and Thriving at Work,
Home and School,* Seattle, WA: Pear Press, 2009.

Meltzoff, A. N., «Imitation and Other Minds: The 'Like Me' Hypothesis», en S.

Hurley y N. Chater, eds., *Perspectives on Imitation: From Cognitive Neuroscience to Social Science*, Cambridge, MA: MIT Press, 2005, 55-77.

Metcalfe, J., y W. Mischel, «A Hot/Cool-System Analysis of Delay of Gratification: Dynamics of Willpower», *Psychological Review* 106, n.º 1 (1999): 3-19.

Mikulincer, Mario; Phillip R. Shaver, y Dana Pereg, «Attachment Theory and Affect Regulation: The Dynamics, Development, and Cognitive Consequences of Attachment-Related Strategies», *Motivation and Emotion* 27, n.º 2 (2003): 77-102.

Miller, C., «Teaching the Skills of Peace: More Elementary and Preschools Are Going Beyond 'Conflict Resolution' To Teach Positive Social Behavior», *Children's Advocate* (2001), http://www.4children.org/news/501teach.htm.

Miller, Gregory E., y Carsten Wrosch, «You've Gotta Know When to Fold 'em: Goal Disengagement and Systemic Inflammation in Adolescence», *Psychological Science* 19, n.º 9 (2007): 773.

Mischel, Walter, «Delay of Gratification, Need for Achievement, and Acquiescence in Another Culture», *Journal of Abnormal and Social Psychology* 62, n.º 3 (1961): 543-552.

Mischel, W., y C. Gilligan, «Delay of Gratification, Motivation for the Prohibited Gratification, and Responses to Temptation», *Journal of Abnormal Social Psychology* 69, n.º 4 (1964): 411-417.

Mischel, W., y R. Metzner, «Preference for Delayed Reward as a Function of Age, Intelligence, and Length of Delay Interval», *Journal of Abnormal Social Psychology* 64, n.º 6 (1962): 425-431.

Mischel, W., Y. Shoda, y M. L. Rodriguez, «Delay of Gratification in Children», *Science* 244, n.º 4907 (1989): 933-938.

Mischel, W., y Ebbe B. Ebbesen, «Attention in Delay of Gratification», *Journal of Personality and Social Psychology* 16, n.º 2 (1970): 329-337.

Moore, K. A., E. C. Hair, S. Vandivere, C. B. McPhee, M. McNamara, y T. Ling, «Depression among Moms: Prevalence, Predictors, and Acting Out among Third-Grade Children», Washington, DC: Child Trends, 2006.

Moore, M., y S. Russ, «Pretend Play as a Resource for Children: Implications for Pediatricians and Health Professionals», *Journal of Developmental and Behavioral Pediatrics* 27 (2006): 12.

Morrison, Donna Ruane, y Mary Jo Coiro, «Parental Conflict and Marital Disruption: Do Children Benefit When High-Conflict Marriages Are Dissolved?», *Journal of Marriage and the Family* 61, n. 3 (1999): 626-637.

Moschis, G. P., y G. A. Churchill, «Consumer Socialization: A Theoretical and Empirical Analysis», *Journal of Marketing Research* 15 (1978): 11.

Moschis, G. P., y R. L. Moorse, «A Longitudinal Study of Television Advertising Effects», *Journal of Consumer Research* 9 (1982): 8.

Mueller, C. M., y C. S. Dweck, «Praise for Intelligence Can Undermine Children's Motivation and Performance», *Journal of Personality and Social Psychology* 75, n.º 1 (1998): 33-52.

Muraven, M., R. F. Baumeister, y D. M. Tice, «Longitudinal Improvement of Self-Regulation through Practice: Building Self-Control Strength through Repeated Exercise», *Journal of Social Psychology* 139, n.º 4 (1999): 12.

Musick, Marc A., y John Wilson, «Volunteering and Depression: The Role of Psychological and Social Resources in Different Age Groups», *Social Science & Medicine* 56 (2003): 259-269.

Myers, D. G., *The American Paradox: Spiritual Hunger in an Age of Plenty*, New Haven, CT: Yale University Press, 2000.

Myers, David, «Human Connections and the Good Life: Balancing Individuality and Community in Public Policy», en P. Alex Linley y Stephen Joseph, eds., *Positive Psychology in Practice*, Hoboken, NJ: Wiley, 2004, 641-657.

Nakamura, J., y M. Csikszentmihalyi, «The Concept of Flow», en C. R. Snyder and S. J. Lopez, eds., *Handbook of Positive Psychology*, London: Oxford University Press, 2002, 89-105.

Napoli, M., P. R. Krech, y L. C. Holley, «Mindfulness Training for Elementary School Students: The Attention Academy», *Journal of Applied School Psychology* 21, n.º 1 (2005): 27.

National Institute on Media and the Family, «Fact Sheet Children and Advertising» (2002), ttp://www.mediafamily.org/facts/facts_childadv.shtml.

Neal, D. T., W. Wood, y J. M. Quinn, «Habits-a Repeat Performance», *Current Directions in Psychological Sciences* 15, n.º 4 (2006): 5.

NICHD Early Child Care Research Network, «Child Care and Mother-Child Interaction in the First Three Years of Life», *Developmental Psychology* 35, n.º 6 (1999): 1399-1413.

— «Does Amount of Time Spent in Child Care Predict Socioemotional Adjustment During the Transition to Kindergarten?», *Child Development* 74 (2003): 976-1005.

— «The Effects of Infant Child Care on Infant-Mother Attachment Security:

Results of the NICHD Study of Early Child Care», *Child Development* 68, n.º 5 (1997): 860-879.

Nolen-Howksema, S., J. S. Girgus, y M. E. P. Seligman, «Depression in Children of Families in Turmoil», manuscrito inédito, University of Pennsylvania (1986).

Norcross, J., M. Mrykalo, y M. Blagys, «Auld Lang Syne: Success Predictors, Change Processes, and Self-Reported Outcomes of New Year's Resolvers and Nonresolvers», *Journal of Clinical Psychology* 58 (2002): 9.

Norcross, J., y D. Vangarelli, «The Resolution Solution: Longitudinal Examination of New Year's Change Attempts», *Journal of Substance Abuse* 1 (1989): 8.

Oishi, Shigehiro; Ed Diener, y Richard E. Lucas, «The Optimum Level of Well-Being: Can People Be Too Happy?», *Perspectives on Psychological Science* 2, n.º 4 (2007): 346-360.

Oman, Doug; Carl E. Thoresen, y Kay McMahon, «Volunteerism and Mortality among the Community-Dwelling Elderly», *Journal of Health Psychology* 4, n.º 3 (1999): 301-316.

Ott, M. J., «Mindfulness Meditation in Pediatric Clinical Practice», *Pediatric Nursing* 28, n.º 5 (2000): 4.

Palkovitz, R., «Reconstructing 'Involvement': Expanding Conceptualizations of Men's Caring in Contemporary Families», en A. J. Hawkins y D. C. Dollahite, eds., *Generative Fathering: Beyond Deficit Perspectives,* Thousand Oaks, CA: Sage, 1997, 200-216.

Pamuk, E., D. Makuc, K. Heck, C. Reuben, y K. Lochner, *Socioeconomic Status and Health Chartbook: Health, United States, 1998,* Hyattsville, MD: National Center for Health Statistics, 1998.

Pan, Barbara, Rivka Perlmann, y Catherine Snow, «Food for Thought: Dinner Table as a Context for Observing Parent-Child Discourse», en Lise Menn y Nan Bernstein Ratner, *Methods for Studying Language Production,* Lawrence Erlbaum Associates, 2000, 205-224.

Papa, A., y G. A. Bonanno, «The Face of Adversity: The Interpersonal and Intrapersonal Functions of Smiling», *Emotion* 8, n.º 1 (2008): 1-12.

Parker-Pope, Tara, «Is It Love or Mental Illness? They're Closer Than You Think», *Wall Street Journal* (13 de febrero 2007): D1.

Pearlman, C., «Finding the 'Win-Win': Nonviolent Communication Skills Help Kids —and Adults— Resolve Conflicts in Ways That Work for Everybody», *Children's Advocate* (2007), www.4children.org/news/1107hcone.htm.

Peterson, Bill E., «Generativity and Successful Parenting: An Analysis of Young Adult Outcomes», *Journal of Personality* 74, n.º 3 (2006): 847-869.

Peterson, C., Martin E. P. Seligman, y G. E. Vaillant, «Pessimistic Explanatory Style Is a Risk Factor for Physical Illness: A Thirty-Five-Year Longitudinal Study», *Journal of Personality and Social Psychology* 55, n.º 3 (1988): 23-27.

Pierrehumbert, B., R. J. Iannoti, E. M. Cummings, y C. Zahn-Waxler, «Social Functioning with Mother and Peers at 2 and 5 Years: The Influence of Attachment», *International Journal of Behavioral Development* 12, n.º 1 (1989): 85-100.

Polak, Emily L., y Michael E. McCullough, «Is Gratitude an Alternative to Materialism?», *Journal of Happiness Studies* 7, n.º 3 (2006): 343-360.

Post, Stephen G., «Altruism, Happiness, and Health: It's Good to Be Good», *International Journal of Behavioral Medicine* 12, n.º 2 (2005): 66-77.

Post, Stephen, y Jill Neimark, *Why Good Things Happen to Good People,* Nueva York: Broadway Books, 2007.

Pressley, M., W. M. Reynolds, K. D. Stark, y M. Gettinger, «Cognitive Strategy Training and Children's Self-Control», en M. Pressley y J. R. Levin, *Cognitive Strategy Research: Psychological Foundations, eds.,* Nueva York: Springer-Verlag, 1983.

Prochaska, J., y C. DiClemente. *Changing for Good,* Nueva York: Collins, 2006.

Prochaska, J., C. DiClemente, y J. C. Norcross, «In Search of How People Change», *American Psychologist* 47, n.º 9 (1992): 13.

Putnam, Robert D., *Bowling Alone: The Collapse and Revival of American Community,* Nueva York: Simon and Schuster, 2001. [Trad cast.: *Solo en la bolera: colapso y resurgimiento de la comunidad norteamericana,* Barcelona: Galaxia Gutenberg, 2002.]

Ratey, John J., y Eric Hagerman, *Spark,* Nueva York: Little, Brown and Company, 2008.

Rettew, D., y K. Reivich, «Sports and Explanatory Style», en G. M. Buchanan y M. E. P. Seligman, eds., *Explanatory Style,* Hillsdale, Nueva Jersey: Lawrence Erlbaum, 1995, 173-186.

Rinaldi, Christina M., y Nina Howe, «Perceptions of Constructive and Destructive Conflict within and across Family Subsystems», *Infant and Child Development* 12 (2003): 441-489.

Risen, Clay, «Quitting Can Be Good for You», *New York Times* (19 de diciembre 2007).

Robins, C. J., y A. M. Hayes, «The Role of Causal Attributions in the Prediction of Depression», G. M. Buchanan y M. E. P. Seligman, eds., *Explanatory Style*, Hillsdale, NJ: Lawrence Erlbaum, 1995, 71-98.

Robinson, John P., y Steven Martin, «What Do Happy People Do?», *Social Indicators Research* 89 (2008): 565-571.

Rose, P., y S. P. DeJesus, «A Model of Motivated Cognition to Account for the Link between Self-Monitoring and Materialism», *Psychology & Marketing* 24, n.º 2 (2007): 23.

Ross, W. T., e I. Simonson, «Evaluation of Pairs of Experiences: A Preferred Happy Ending», *Journal of Behavioral Decision Making* 4 (1991): 273-282.

Rozin, P., y T. A. Vollmecke, «Food Likes and Dislikes», *Annual Review of Nutrition* 6 (1986): 433-456.

Rubin, K. H., «Fantasy Play: Its Role in the Development of Social Skills and Social Cognition», *New Directions for Child Development* 9 (1980): 16.

Rubin, K. H.; W. Bukowski, *et al.*, *Peer Interactions, Relationships, and Groups. Handbook of Child Psychology*, 5ª. ed., vol. 3: *Social, Emotional, and Personality Development*, W. Damon, ed., Nueva York: John Wiley & Sons, 1998.

Rutter, M., «Psychosocial Resilience and Protective Mechanisms», *American Journal of Orthopsychiatry* 57 (1987): 316-331.

Ryan, R. M., y E. L. Deci, «When Rewards Compete with Nature: The Undermining of Intrinsic Motivation and Self-Regulation», en C. Sansone y J. Jarackiewicz, eds., *Intrinsic and Extrinsic Motivation: The Search for Optimal Motivation and Performance*, Nueva York: Academic Press, 2000, 13-54.

Satter, Ellyn, «Feeding Dynamics: Helping Children to Eat Well», *Journal of Pediatric Health Care* 9 (1995): 178-184.

— «The Feeding Relationship», *Zero to Three Journal* 12, n.º 5 (1992): 1-9.

Sayer, Liana C., Suzanne M. Bianchi, y John P. Robinson, «Are Parents Investing Less in Children? Trends in Mothers' and Fathers' Time with Children», *American Journal of Sociology* 110, n.º 1 (2004): 1-43.

Scheier, M. F., y C. S. Carver, «Effects of Optimism on Psychological and Physical Well-Being: Theoretical Overview and Empirical Update», *Cognitive Therapy and Research* 16, n.º 2 (1992): 201-228.

— «On the Power of Positive Thinking: The Benefits of Being Optimistic», *Current Directions in Psychological Science* 2, n.º 1 (1993): 26-30.

Scheier, M. F., C. S. Carver, y M. W. Bridges, «Distinguising Optimism from Neuroticism (and Trait Anxiety, Self-Mastery, and Self-Esteem): A Re-Evaluation of the Life Orientation Test», *Journal of Personality and Social Psychology* 67, n.º 6 (1994): 1063-1078.

Scherwitz, Larry, Robert McKelvain, Carol Laman, John Patterson, Laverne Dutton, Solomon Yusim, Jerry Lester, Irvin Kraft, Donald Rochelle, y Robert Leachman, «Type A Behavior, Self Involvement, and Coronary Atherosclerosis», *Psychosomatic Medicine* 45, n.º 1 (1983): 47-57.

Schmitt, David P., Todd K. Shackelford, Joshua Duntley, William Tooke, David M. Buss, Maryanne L. Fisher, Marguerite Lavallee, y Paul Vasey, «Is There an Early-30s Peak in Female Sexual Desire? Cross-Sectional Evidence from the United States and Canada», *Canadian Journal of Human Sexuality* 11 (2002): 1-18.

Schoppe-Sullivan, Sarah, G. L. Brown, E. A. Cannon, S. C. Mangelsdorf, y M. Szewczyk Sokolowski, «Maternal Gatekeeping, Coparenting Quality, and Fathering Behavior in Families with Infants», *Journal of Family Psychology* 22, n.º 3 (2008): 389-398.

Schor, Juliet, *Born to Buy: The Commercialized Child and the New Consumer Culture*, Nueva York: Simon & Schuster, 2004.

Schulman, P., «Explanatory Style and Achievement in School and Work», en G. M. Buchanan y M. E. P. Seligman, eds., *Explanatory Style*, Hillsdale, Nueva Jersey: Lawrence Erlbaum, 1995, 159-171.

Schwartz, Barry, *The Paradox of Choice: Why More Is Less*, Nueva York: HarperCollins Publishers Inc., 2004. [Trad. cast.: *Por qué más es menos: la tiranía de la abundancia*, Madrid: Taurus, 2005.]

Schwartz, Carolyn E., Janice Bell Meisenhelder, Yunsheng Ma, y George Reed, «Altruistic Social Interest Behaviors Are Associated with Better Mental Health», *Psychosomatic Medicine* 65 (2003): 778-785.

Schwartz, Carolyn E., y Rabbi Meir Sendor, «Helping Others Helps Oneself: Response Shift Effects in Peer Support», *Social Science & Medicine* 48, n.º 11 (1999): 1563-1575.

Seligman, Martin E. P., *Authentic Happiness: Using the New Positive Psychology to Realize Your Potential for Lasting Fulfillment,* Nueva York: Simon & Schuster, 2002. [Trad. cast.: *La auténtica felicidad,* Barcelona: Vergara, 2003; Ediciones B, 2005; Zeta, 2011.]

Seligman, M. E. P., K. J. Reivich, L. H. Jaycox, y J. Gillham, *The Optimistic Child,* Nueva York: Houghton Mifflin, 1995.

Seligman, Martin E. P., Tracy A. Steen, Nansook Park, y Christopher Peterson, «Positive Psychology Progress: Empirical Validation of Interventions», *American Psychologist* 60, n.° 5 (2005): 410-421.

Shapiro, Alyson, John Gottman, y Sybil Carrere, «The Baby and the Marriage: Identifying Factors That Buffer against Decline in Marital Satisfaction after the First Baby Arrives», *Journal of Family Psychology* 14, n.° 1 (2000): 59-70.

Shapiro, S. L., G. E. Schwartz, y G. Bonner, «Effects of Mindfulness-Based Stress Reduction on Medical and Premedical Students», *Journal of Behavioral Medicine* 21, n.° 6 (1998): 19.

Sheldon, K. M., y S. Lyubomirsky, «Achieving Sustainable Gains in Happiness: Change Your Actions, Not Your Circumstances», *Journal of Happiness Studies* 7 (2006): 55-86.

Shelton, K. H., y G. T. Harold, «Marital Conflict and Children's Adjustment: The Mediating and Moderating Role of Children's Coping Strategies», *Social Development* 16, n.° 3 (2007): 497-512.

Shonkoff, J. P., y D. Phillips, *From Neurons to Neighborhoods: The Science of Early Child Development,* Washington, DC: National Academy Press, 2000.

Shultz, T. R., y M. R. Lepper, «Cognitive Dissonance Reduction as Constraint Satisfaction», *Psychological Review* 103, n.° 2 (1996): 219-240.

Siegel, Daniel J., *The Mindful Brain: Reflection and Attunement in the Cultivation of Well-Being,* Nueva York: W. W. Norton & Co., 2007. [Trad. cast.: *Cerebro y mindfulness: la reflexión y la atención plena para cultivar el bienestar,* Barcelona: Paidós, 2010.]

Singh, N. N., G. E. Lanconi, A. S. W. Winton, J. Singh, W. J. Curtis, R. G. Wahler, y K. M. McAleavey, «Mindful Parenting Decreases Aggression and Increases Social Behavior in Children with Developmental Disabilities», *Behavior Modification* 31, n.° 6 (2007): 23.

Smirnova, E. O., «Development of Will and Intentionality in Toddlers and Preschool-Aged Children», *Modek* (1998).

Smirnova, E. O., y O. V. Gudareva, «Igra I Proizvol'nost' U Sovremennyh

Doshkol'nikov» [Play and Intentionality in Today's Preschoolers]. *Voprosy psihologii* 1 (2004): 91-103.

Smith, J., «Playing the Blame Game», *Greater Good* 4, n.º 4 (2008): 24-27.

Squires, Sally, «To Eat Better, Eat Together», *Washington Post*, 2005.

Sroufe, L. A., N. E. Fox, y V. R. Pancake, «Attachment and Dependency in Developmental Perspective», *Child Development* 54, n.º 6 (1983): 1615-1627.

Stipek, D., R. Feiler, D. Daniels, y S. Milburn, «Effects of Different Instructional Approaches on Young Children's Achievement and Motivation», *Child Development* 66 (1995): 15.

Strack, Fritz, Leonard L. Martin, y S. Stepper, «Inhibiting and Facilitating Conditions of the Human Smile: A Nonobtrusive Test of the Facial Feedback Hypothesis», *Sabine Journal of Personality and Social Psychology* 54, n.º 5 (1988): 768-777.

Strasburger, V. C., «Children and TV Advertising: Nowhere to Run, Nowhere to Hide», *Journal of Developmental and Behavioral Pediatrics* 22, n.º 3 (2001): 185-187.

Stumphauzer, J. S., «Increased Delay of Gratification in Young Prison Inmates through Imitation of High-Delay Peer Models», *Journal of Personality and Social Psychology* 21, n.º 1 (1972): 10-17.

Suda, M., K. Morimoto, A. Obata, H. Koizumi, y A. Maki, «Emotional Responses to Music: Towards Scientific Perspectives on Music Therapy», *Neuroreport: For Rapid Communication of Neuroscience Research* 19, n.º 1 (2008): 75-78.

Sullivan, Oriel, y Scott Coltrane, «Men's Changing Contribution to Housework and Child Care: A Discussion Paper on Changing Family Roles», en *11th Annual Conference of the Council on Contemporary Families*, Chicago: Universidad de Illinois, 2008.

Summit, N. J., «Family Dinner Linked to Better Grades for Teens: Survey Finds Regular Meal Time Yields Additional Benefits», en *ABC News*, 2005.

Suomi, Stephen J., y Harry F. Harlow, «Social Rehabilitation of Isolate— Reared Monkeys», *Developmental Psychology* 6, n.º 3 (1972): 487-496.

Surakka, V., y J. K. Hietanen, «Facial and Emotional Reactions to Duchenne and Non-Duchenne Smiles», *International Journal of Psychophysiology* 29 (1998): 23-33.

Szente, J., «Empowering Young Children for Success in School and in Life», *Early Childhood Education Journal* 34, n.º 6 (2007): 5.

Tavecchio, Louis W. C., y M. H. van Ijendoorn, *Attachment in Social Networks: Contributions to the Bowlby-Ainsworth Attachment Theory,* Nueva York: Elsevier Science Publishers B.V., 1987.

Teague, R. J. P., «Social Functioning in Preschool Children: Can Social Information Processing and Self-Regulation Skills Explain Sex Differences and Play a Role in Preventing Ongoing Problems?», Brisbane, Australia, Griffith University, 2005.

Tickle-Degnen, Linda, y Robert Rosenthal, «The Nature of Rapport and Its Nonverbal Correlates», *Psychological Inquiry* 1, n.º 4 (1990): 324-329.

Tkach, C., y S. Lyubomirsky, «How Do People Pursue Happiness?: Relating Personality, Happiness-Increasing Strategies, and Well-Being», *Journal of Happiness Studies* 7, (2006): 183-225.

Tronick, E. Z., S. Winn, y G. A. Morelli, «Multiple Caretaking in the Context of Human Evolution: Why Don't the Efe Know the Western Prescription to Child Care?», en M. Reite y T. Field, eds., *The Psychobiology of Attachment and Separation,* Nueva York: Academic Press, 1985, 293-321.

Trope, Y., y A. Fishbach, «Counteractive Self-Control in Overcoming Temptation», *Journal of Personality and Social Psychology* 79, n.º 4 (2000): 493-506.

Troy, M., y L. A. Sroufe, «Victimization among Preschoolers: Role of Attachment Relationship History», *Journal of American Academy of Child and Adolescent Psychiatry* 26, n.º 2 (1987): 166-172.

Tugade, M. M., y B. L. Fredrickson, «Regulation of Positive Emotions: Emotion Regulation Strategies That Promote Resilience», *Journal of Happiness Studies* 8 (2007): 23.

Twenge, Jean M., Liqing Zhang, y Charles Im, «It's Beyond My Control: A Cross-Temporal Meta-Analysis of Increasing Externality in Locus of Control, 1960-2002», *Personality and Social Psychology Review* 8, n.º 3 (2004): 308-319.

Uren, N., y K. Stagnitti, «Pretend Play, Social Competence and Involvement in Children Aged 5-7 Years: The Concurrent Validity of the Child-Initiated Pretend Play Assessment», *Australian Occupational Therapy Journal* 56, n.º 1 (2009).

Van der Voort, T. H. A., *Television Violence: A Child's-Eye View,* Nueva York: Elsevier, 1986.

Vanderwater, E. Beickham, y D. Lee, «Time Well Spent? Relating Television Use to Children's Free-Time Activities», *Pediatrics* 117, n.º 2 (2008): 181-191.

Van Ijendoorn, M. H., A. Sagi, y M. W. E. Lambermon, «The Multiple Caretaker Paradox: Data from Holland and Israel», *New Directions for Child and Adolescent Development* 57 (1992): 5-24.

Wallerstein, Judith S., *The Unexpected Legacy of Divorce: The 25 Year Landmark Study*, Nueva York: Hyperion, 2001.

Warneken, Felix, y Michael Tomasello, «Extrinsic Rewards Undermine Altruistic Tendencies in 20-Month-Olds», *Developmental Psychology* 44, n.º 6 (2008): 1785-1788.

Warringham, Warren, «Measuring Personal Qualities in Admissions: The Context and the Purpose», *New Directions for Testing and Measurement* 17 (1983): 45-54.

Weber, Rene; Ute Ritterfeld, y Klaus Mathiak, «Does Playing Violent Video Games Induce Aggression? Empirical Evidence of a Functional Magnetic Resonance Imaging Study», *Media Psychology* 8, n.º 1 (2006): 39-60.

Weinstein, M. *The Surprising Power of Family Meals: How Eating Together Makes Us Smarter, Stronger, Healthier, and Happier*, Hanover, New Haven: Steerforth Press, 2005.

Weizman, Zahava O., y Catherine E. Snow, «Lexical Input as Related to Children's Vocabulary Acquisition: Effect of Sophisticated Exposure and Support for Meaning», *Developmental Psychology* 37, n.º 2 (2001): 265-279.

Whalen, S. P., «Flow and the Engagement of Talent: Implications for Secondary Schooling», *NASSP Bulletin* 82, n.º 595 (1998): 16.

Wilson, J. B., D. T. Ellwood, y J. Brooks-Gunn, «Welfare-to-Work through the Eyes of Children», en P. L. Chase-Lansdale y J. Brooks-Gunn *Escape from Poverty*, Nueva York: Cambridge University Press, 1995.

Wink, Paul, y Michele Dilon, «Religiousness, Spirituality, and Psychological Fuctioning in Late Adulthood: Findings from a Longitudinal Study», *Psychology of Religion and Spirituality* 5, n.º 1 (2008): 916-924.

Wirtz, Petra H., Sigrid Elssenbruch, Luljeta Emini, Katharina Rudisuli, Sara Groessbauer, y Ulrike Ehlert, «Perfectionism and the Cortical Response to Psychosocial Stress in Men», *Psychosomatic Medicine* 69 (2007): 249-255.

Witvliet, C. V. O., T. E. Ludwig, y K. L. Vander Laan, «Granting Forgiveness of Harboring Grudges: Implications for Emotion, Physiology, and Health», *Psychological Science* 12, n.º 2 (2001): 117-123.

Wood, W., L. Tam, y M. G. Witt, «Changing Circumstances, Disrupting Habits», *Journal of Personality and Social Psychology* 88, n.º 6 (2005): 16.

Worthington, Everett L., «The New Science of Forgiveness», *Greater Good* (2004): 6-9.

Wulfert, Edelgard, Steven A. Safren, Irving Brown, y Choi K. Wan, «Cognitive, Behavioral, and Personality Correlates of HIV-Positive Persons' Unsafe Sexual Behavior», *Journal of Applied Social Psychology* 29, n.º 2 (1999): 223-244.

Yarrow, Marian Radke, Phyllis M. Scott, y Carolyn Zahn Waxler, «Learning Concern for Others», *Developmental Psychology* 8, n.º 2 (1973): 240-260.

Zimmerman, F. J., D. A. Christakis, y A. N. Meltzoff, «Television and DVD/Video Viewing in Children Younger Than 2 Years», *Archives of Pediatrics & Adolescent Medicine* 161, n.º 5 (2007): 473-479.

Zimmerman, Rachel, «Researchers Target Toll Kids Take on Parents' Sex Lives», *Wall Street Journal* (24 de abril 2007).

Índice temático